BAEDEKER

S

SYLT

»
An diesem Meere habe
ich tief gelebt
«

Thomas Mann

baedeker.com

DAS IST SYLT

TOUREN

LEGENDE

Baedeker Wissen

● Textspecial, Infografik & 3D

Baedeker-Sterneziele

★★ Top-Sehenswürdigkeiten

★ Herausragende Sehenswürdigkeiten

ZIELE AUF SYLT

ZIELE AUF AMRUM

ZIELE AUF FÖHR

ZIELE AUF DEN HALLIGEN

HINTERGRUND

ERLEBEN UND GENIESSEN

PREISKATEGORIEN

Restaurants
Preiskategorien
für ein Hauptgericht

€€€€	über 35 €
€€€	25 – 35 €
€€	15 – 25 €
€	bis 15 €

Hotels
Preiskategorien
für ein Doppelzimmer

€€€€	über 250 €
€€€	140 – 250 €
€€	80 – 140 €
€	bis 80 €

PRAKTISCHE INFORMATIONEN

ANHANG

MAGISCHE MOMENTE

ÜBERRASCHENDES

D
DAS IST ...

... *Sylt*

Die fünf großen Themen rund
um die Nordfriesischen Inseln.
Lassen Sie sich inspirieren!

Wer die Ruhe sucht, findet sie auch am Strand bei Kampen. ►

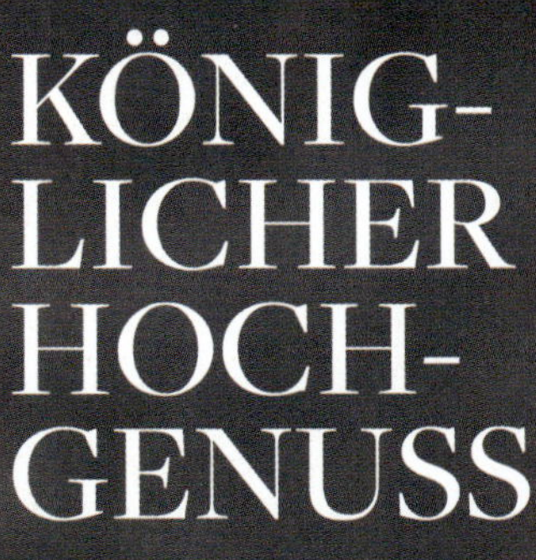

KÖNIGLICHER HOCHGENUSS

Während sich manch einer schon schüttelt, wenn er nur an Austern denkt, rühmen Feinschmecker die »Sylter Royal« für ihren einzigartigen, nussig-herben Geschmack. Ein Besuch in Dittmeyer's Austern-Compagnie, wo die edlen Schalentiere seit 1986 gezüchtet werden ...

ES ist Schietwetter auf Sylt. Wer hier Urlaub macht, geht ins Museum oder bleibt bei einer Tasse Tee mit dem Mors auf dem Sofa. Bei Dittmeyer's Austern-Compagnie spielt das Wetter keine Rolle, die Angestellten müssen raus ins Wattenmeer, und wenn es junge Hunde regnet. Betriebsleiter Christoffer Bohlig hat sich »wattfein« gemacht; so nennt der Austernzüchter das, wenn er sich bei Niedrigwasser in Gummistiefel, Wathose und Regenjacke zwängt, um seinen edlen Schalentieren in der Blidselbucht zwischen Kampen und List einen Besuch abzustatten. Auf einer Fläche, die fast so groß wie 50 Fußballfelder ist, gedeiht auf sogenannten Tischkulturen die **»Sylter Royal«.**

Königliche Pflege

Austern sind anspruchsvolle Geschöpfe; sie wollen umhegt und gepflegt werden. Für die Austernzüchter ist es ein echter **Knochenjob;** sie müssen die bis zu 20 Kilogramm schweren Netzsäcke mit den Austern – im Fachjargon »Poches« genannt – drehen und wenden, schütteln und rütteln, Seetang und Algen müssen entfernt werden. Die im wahrsten Sinne des Wortes anhänglichen Austern dürfen auf keinen Fall zusammenwachsen. Nur wenn sie stetig vom klaren, salzigen Nordseewasser um- und durchspült werden, erhalten sie ihr einzigartiges Aroma.

Ab in die Waschmaschine

Das Meerwasser benötigen die Austern wie wir die Luft zum Atmen. Wenn es aber zu frieren beginnt, müssen die verkaufsfertigen Exemplare mit dem Traktor ans Festland transportiert werden. Dort geht es dann ab in die Waschmaschine. Im **Schongang** werden Schlick und Algenreste entfernt – klingt es hohl unter der Schale, ist die Auster bereits tot und wertlos.

Importierte Austern

Seit 1986 werden vor Sylt Austern kultiviert. Rolf H. Dittmeyer, den meisten wohl eher als Orangensaft produzierender »Onkel Dittmeyer« ein Begriff, gründete gemeinsam mit seinem Sohn Clemens die erste und bis heute einzige Austernzucht-Station in Deutschland. Mehr als zwei Millionen Austern werden hier jährlich produziert. Das Austernfischen hat eine jahrhundertealte Tradition in der Nordsee, doch nach der gnadenlosen Überfischung hieß es zu Beginn des 20. Jh.s: Aus für die Auster. Dittmeyer importierte die pazifische **Felsenauster,** ein robustes, schnell wachsendes und eben äußerst wohlschmeckendes Exemplar. Die Jungaustern werden in sogenannten **»Hatcheries«** in Irland geboren und dort bis zu einem Gewicht von rund 30 Gramm aufgepäppelt. Erst dann können sie ihre Kinderstube verlassen und vor Sylt reifen. Rund zwei Jahre dauert es dann, bis die »Sylter Royal« ihr optimales Verkaufsgewicht von rund 80 Gramm erreicht hat. Was den gesalzenen Preis ein wenig relativiert. Wen die gut drei Euro pro Exemplar abschrecken, dem ist vielleicht mit einem Zitat des Dichters Theodor Fontane geholfen, der einst sagte: »Ein Optimist ist ein Mensch, der ein Dutzend Austern bestellt, in der Hoffnung, sie mit der Perle, die er darin findet, bezahlen zu können ...«

Die »Sylter Royal«: geboren in Irland, gereift vor Sylt

BLUTIGE ANFÄNGER

Auf der Insel isst man die Austern natürlich am besten im Bistro von Dittmeyers Austern-Compagnie in List oder ein paar Meter weiter in der »Austernperle«. Dort wird auch mutigen Anfängern gezeigt, wie man der Auster zu Leibe rückt. Denn die Redensart vom »blutigen Anfänger« ist beim Versuch, Austern zu öffnen, allzu oft zur Realität geworden. Ohne das spezielle Austernmesser geht gar nichts, selbst damit dauert es eine Weile bis man den Dreh raus hat. Auf Reet gebettet und in kleinen Holzkisten verpackt, werden die online bestellten Austern auch versandt. 25 Stück kosten 45 Euro.

▸ S. 78

MEHR ALS NUR EIN MARITIMES ERBE

Die Friesen hängen an ihren Brauchtümern, die manch einer sonderbar finden kann: Sie reiten im vollen Galopp auf ein Gestell zu, um mit einer Lanze einen Ring aufzuspießen. Haben sie den Ring mit ihrer Lanze erwischt, wird er beim nächsten Anlauf noch kleiner. Sie reden Friesisch, dabei versteht der Friese auf Sylt den auf Föhr nicht richtig. Die Föhrer Junggesellen treffen sich im »Hualewjonken«, im Halbdunkeln, und die Föhrer Frauen tragen gerne jahrhundertealte Trachten.

Der Abschied der traditionell gekleideten Frauen von den davonsegelnden Männern war früher bitterer Ernst.

RUND 50 000 Menschen, die sich von Abstammung und Selbstverständnis her als Nordfriesen fühlen, leben in Schleswig-Holstein, viele von ihnen auf den Inseln und den Halligen. Die Bestrebung, einen nordfriesischen Staat zu gründen, fand nie eine Mehrheit. Eine eigene Flagge haben die Nordfriesen allerdings schon. Gehalten ist sie in den Farben »gölj, rüüdj, ween«, also gelb, rot und blau. Auf dem Wappen findet man neben der dänischen Krone und einem halben deutschen Reichsadler auch einen Grütztopf. Der Legende nach sollen wackere friesische Frauen Eindringlinge mit Geschossen aus heißer Grütze vertrieben haben ... (▶ S. 49)

Alte Traditionen

Fakt hingegen ist, dass gewisse Traditionen wie das Ringreiten oder das Biike-Brennen – zur Vertreibung der Wintergeister bzw. zur Verabschiedung der Walfänger – gepflegt werden. Beim Ringreiten wird derjenige als König gekrönt, der den kleinsten Ring aufspießen konnte, seit den 1920er-Jahren dürfen daran auch die Frauen teilnehmen. Das »Hualewjonken« auf Föhr hingegen ist reine **Männersache** und auch noch nicht so furchtbar alt. Dabei treffen sich die Junggesellen, aber nur so lange, bis einer ein Mädchen sieben Mal ausgeführt hat, dann heißt es »Üütjschiten«, was übersetzt »Ausschießen« heißt, aber Ausschließen bedeutet. Steht der junge Mann nicht zu seinem Mädchen, wird er von den anderen in eine Karre gepackt und aus dem Dorf geworfen.

Die Föhrer **Frauen** wiederum zeigen sich gern in Tracht. Das wirkt bisweilen arg anachronistisch, wenn sie sich in ihren langen Röcken und den steifen Hauben zu mittelalterlich anmutenden

Klängen im Kreis drehen. Und doch, selbst die jungen Friesinnen tanzen mit. Im normalen Leben scheinen auch sie fest mit ihrem Smartphone verwachsen zu sein, tragen Jeans und Sweater – aber wenn es Anlass zum Feiern gibt, werfen sie sich in die Festtagstracht von anno dazumal.

Trachten zeigen Reichtum

Dass diese so prachtvoll ist, hat mit der **Ära des Walfangs** im 17. Jh. zu tun. Die zu Geld gekommenen Männer brachten ihren Frauen Seidenstoffe und Silberschmuck mit, der in filigraner Form seit jeher vor der Brust getragen wird: silbrige Knöpfe, filigrane Ketten mit Herz, Kreuz und Anker als Symbol für Glaube, Liebe und Hoffnung. Über dem langen, kunstvoll gefalteten Rock, dem Pai, wird eine weiße Schürze getragen. Es dauert eine ganze Weile, bis die Frauen fertig angekleidet sind, allein die Fransen des Schultertuchs werden mit rund 60 Nadeln festgesteckt. Und dann ist das Kopftuch noch längst nicht fertig. Schließlich setzt man dem Ganzen zwar nicht die Krone, aber eine mit Perlen bestickte Haube auf. Bei verheirateten Frauen ist sie rot und wird scherzhaft auch »Warndreieck« genannt.

Geschütze Minderheitensprache

Wenn bei solchen Anlässen **Friesisch** gesprochen wird, verstehen selbst diejenigen »Bahnhof«, die des norddeutschen »Platt« mächtig sind. »Ik skal uun fering tuwais« heißt sinngemäß: »Ich geh in Friesisch raus.« Das Friesische ist eine eigenständige Sprache und zählt zur **westgermanischen Sprachgruppe.** Es wird von knapp 10 000 Menschen gesprochen, geschützt von der Europäischen Charta der Regional- oder Minderheitensprachen. Auf Föhr spricht man Fering, auf Amrum das eng verwandte Öömrang, auf Sylt hingegen Söl'ring, während das wieder etwas andere Hallig-Friesisch inzwischen ausgestorben ist. Damit das nicht auch mit den anderen friesischen Mundarten passiert, wird in vielen Grundschulen wieder Friesisch unterrichtet.

»GOLDENES ZEITALTER«

Bei einem klassischen Heimatabend auf Föhr werden Shantys zum Besten gegeben, und die Trachtengruppe aus Wyk präsentiert die schönsten Trachten. Vor allem aber erfährt man an diesem Abend allerlei über das gesellschaftliche Leben in den früheren Jahrhunderten, insbesondere über das »Goldene Zeitalter«, in dem die Männer teils monatelang auf den Walfangschiffen unterwegs waren und die Frauen den wahrlich nicht immer einfachen Insel-Alltag ohne ihre »Kerle« bewältigen mussten. Bei einer Veranstaltung im Friesenmuseum können die Trachten genauer unter die Lupe genommen – und teilweise sogar anprobiert werden. Infos unter www.foehr.de

RELIKTE DES FESTLANDS

Sie erinnern ein wenig an die heile Welt aus Astrid Lindgrens »Bullerbü«, die Halligen inmitten des Weltnaturerbes Wattenmeer. »Schwimmende Träume« nannte der Dichter Theodor Storm diese Tupfer im Meer. Wo jeder jeden kennt und wo die Lämmer friedlich auf den Sommerdeichen blöken.

DOCH die heile Welt ist bedroht. In dieser Welt musste man schon immer mit den Gefahren der Sturmfluten leben. 20- bis 30-mal pro Jahr, auf manchen Halligen bis zu 50-mal, kommt der **»Blanke Hans«** zu Besuch; er fragt nicht, ob es gerade passt. Er kommt einfach und wird in Zukunft öfter kommen. Die Stürme an der Nordseeküste nehmen zu, warnen Wissenschaftler, und sie fallen heftiger aus als früher.

Keine guten Aussichten

Die Häuser der Halligen stehen seit Jahrhunderten auf sogenannten Warften, erhöhten künstlichen Erdhügeln; denn auf den meisten der Halligen gibt es keinen Deich. Wenn **»Land unter«** droht, flüchten sich die Bewohner in die eigens eingerichteten Schutzräume mit tief in der Warft verankerten Pfählen aus Stahlbeton. Doch in **Zeiten des Klimawandels,** der Erderwärmung und des daraus resultierenden Anstiegs der Weltmeere muss man sich Sorgen machen, ob diese Räume wirklich noch Schutz bieten. Die **Prognosen** des UNO-Weltklimarats besagen, dass der Meeresspiegel pro Jahr um mindestens drei Millimeter steigen wird. Das hört sich nicht gleich nach einer Katastrophe an. Aber es gibt andere Berechnungen, nach denen er bereits bis zum Jahr 2100 um bis zu einem Meter ansteigen könnte. »Die Halligen werden sicherlich als Erste betroffen sein«, bestätigt der Chef des Landesbetriebs für Küstenschutz, Nationalpark und Meeresschutz (LKN), Johannes Oelerich. Und Matthias Piepgras, Ortsvorsteher auf der Hallig Hooge, ergänzt: »Es wären deutlich schwierigere ökonomische Bedingungen, die Erreichbarkeit wäre eingeschränkt, die Vermietung von Ferienwohnungen wäre schwerer, die Schule für die Kinder würde noch öfter ausfallen, die Notfallversorgung würde problematischer werden.«

Hilfe ist da!

Und das wäre nur der Anfang. Es geht zum einen natürlich darum, global vor-

HELFENDE HÄNDE

Wer sich selbst auf einer Hallig einbringen will und gleichzeitig das ganz besondere Alltagsleben auf einem dieser »Schwimmenden Träume« kennenlernen will, kann beim Projekt »Hand gegen Koje« auf der Hallig Hooge mitmachen. Hier kann man den Halligbewohnern unter die Arme greifen, die in der Regel mehrere Jobs auf einmal zu erledigen haben. Egal ob Hilfsarbeiten im Touristikbüro, Rasenmähen oder das Einsammeln der Kurtaxe am Fähranläger, die Bewohner freuen sich über jede helfende Hand. Infos zu dieser ganz besonderen Auszeit, bei der die Unterkunft gestellt, die Arbeit aber nicht vergütet wird, findet man auf www.hooge.de.

»Ob ich heute wohl nasse Füße bekomme?« Diese Frage stellen sich hier nicht nur Kühe und Schafe.

anzukommen mit dem Klimaschutz. Es geht aber auch darum, auf regionaler Ebene **Lösungen** zu finden, damit auch in 100 Jahren und mehr noch Menschen auf den Halligen leben können. Regelmäßig tagt die Insel- und Halligkonferenz. Damit aus den »schwimmenden Träumen« nicht irgendwann überschwemmte Albträume werden, wurde die Arbeitsgruppe »Hallig 2050« gegründet, es wurden Millionen von Euro für Hilfe bewilligt.

Umsetzungen

So sollen Bewohner von älteren, niedrig gelegeneren Hallighäusern auf neue und höhere, sogenannte **»Klimawarften«,** umgesiedelt werden. Zudem werden ab 2019 zum Teil sichelartige Mini-Deiche um gefährdete Warften herum errichtet. Bei allen weiterreichenden Maßnahmen gilt es zu berücksichtigen, dass die Halligen inmitten eines Naturparks von großer Bedeutung liegen. Und so hofft man an der Küste, dass die Sturmfluten sogar – so paradox es klingt – gleichzeitig für den Schutz der Halligen sorgen. Denn mit jedem Mal würden Sedimente angetragen, die Landfläche der Halligen würde dadurch anwachsen. Ob das wirklich funktioniert, ist noch unklar. Das Überleben dieser grünen Tupfer im Wattenmeer zu sichern hat also zweierlei Gründe: »Für uns sind die Halligen Bollwerke und Wellenbrecher vor dem Festland und elementar für den Küstenschutz«, so LKN-Chef Oelerich. Und zweitens bedeuten die Halligen ein gutes Stück **Identität für die Nordfriesen.** Schließlich gibt es diese »Schwimmenden Träume« weltweit nur ein einziges Mal.

STRAND-GUT

Als 1874 der Amrumer Leuchtturm gebaut wurde, hätten sich die Insulaner eigentlich freuen können. Doch genau das Gegenteil war der Fall: Denn nicht eben wenige Amrumer hatten zuvor vom Strandgutsammeln und von der Strandräuberei gelebt. Alles, was die Stürme anspülten, alles, was bei Havarien verschütt ging, sackten die Inselbewohner ein. Heute sammeln eher die Besucher als die Amrumer.

DIE »Öömranger« legten früher eine gehörige Portion kriminelle Energie an den Tag, um für Nachschub an Strandgut zu sorgen. Sie wussten genau um die Untiefen ihrer Küstengewässer, um die Tücken der vorgelagerten Sandbänke. Und so führten die Amrumer Spitzbuben die ortsfremden Kapitäne mit Leuchtfeuern in die Irre – sprich auf die nächste Sandbank. Kaum war eines der Schiffe havariert, machten sich die Männer auf den Weg. Wenn es notwendig war, erschlugen sie die überlebende Besatzung vom Kapitän bis zum Leichtmatrosen. Zumindest ehrlichen **Strandgutsammlern** stand ein Teil des Funds zu, der Rest war beim Strandvogt abzuliefern. Doch auch dabei schummelten die Amrumer gehörig. Entweder hatten die Strandpiraten ihre Beute vor dem Eintreffen der Kontrolleure beiseite geschafft oder sie machten gemeinsame Sache mit den Strandvögten.

Künstlerisches Strandgut

Heutzutage haben es die Insulaner nicht mehr nötig, Strandgut zu sammeln; dazu läuft das Tourismusgeschäft zu gut. Ganz können sie allerdings nicht davon lassen: Als im Oktober 1998 der **Holzfrachter Pallas** vor Amrum auf Grund lief, blieb die ganz große Katastrophe gottlob aus. Das Holz, das die Pallas geladen hatte, wurde jedoch anschließend in so manchem Carport oder Gartenzaun auf der Insel verbaut. Und auch in der Kultkneipe »Blaue Maus« (► S. 115) zieren einige Exponate den Kneipenraum.
Anstelle der Amrumer betätigten sich

Er ist kein Strandpirat, aber ein Strandgutsammler: Otfried Schwarz, bekannt als »Panscho«, baute aus »Müll«, den er am Strand fand, eine bunte Burg.

SANDIGE AUSSTELLUNG

Den Amrumer Kniepsand muss man natürlich selbst mit allen Sinnen erleben, an und auf ihm entlangwandern. Aber es schadet ganz bestimmt nicht, einen der Vorträge von Inselchronist und Sachbuch-Autor Georg Quedens zu besuchen (▶ Interessante Menschen). Dieser war zumindest als Kind und Jugendlicher noch überzeugter Strandräuber. Vertiefen kann man sein gerade erworbenes Hintergrundwissen noch im Amrumer Naturzentrum Maritur. Die Ausstellung dort hat sich das Thema Sand zu eigen gemacht. Denn der ist auf Amrum allgegenwärtig: am Strand, in den Dünen, im Watt – und sogar abends im Bett. Zudem bieten die Naturschützer eine Strand- und Dünenführung an. Infos unter www.naturzentrum-amrum.de

in der Neuzeit eher die Gäste als Strandgutsammler, allen voran der Berliner **Künstler Otfried Schwarz,** besser bekannt als »Pancho«. In seiner Strandgutburg hatte er alles verarbeitet, was das Meer freigab. Sei es eine Supermarktplastiktüte aus fernen Ländern, Fischernetze aller Art, Badelatschen, Tonnen, Treibholz sowieso, Tender, Taue und Sonnencremetuben.

Naturschutz

Seine Bude in den Dünen zwischen Nebel und Norddorf war schon beinahe so ein Wahrzeichen wie der Leuchtturm, mit dem die Strandräuberei einst ein Ende fand. Wenn **»Panscho«** im Frühjahr eines jeden Jahres wieder von Berlin nach Amrum kam, hatte er stets eine Menge zu tun, denn die Winterstürme setzten seiner Bude arg zu. Dabei hat »Panscho« reichlich Nachahmer gefunden, was wiederum die Naturschützer auf den Plan rief. Die störten sich an den nicht immer künstlerisch wertvollen Recycling-Buden. Schließlich gab es ein Agreement, nach dem lediglich »Panschos« Kunstwerk dauerhaft stehen bleiben durfte. Einige Budenbauer hielten sich an die Weisung, andere nicht, die vergruben dann im Spätsommer die Baumaterialien, um sie im nächsten Frühsommer wieder auszubuddeln und das Bauwerk neu zu errichten.

Das Ende von »Panschos« Burg

Nachdem der »Blanke Hans« in den Wintern 2015 und 2016 richtig zugeschlagen hatte, war auch von **»Panschos« Burg** kaum noch etwas übrig. Der in die Jahre gekommene Künstler scheint keine neue mehr errichten zu wollen. Schon schade, der Kunst wegen; »Panschos« Burg hatte zwischenzeitlich sogar eine Heimat im Museum Altona gefunden. Und schade, weil die **kreative Art der Müllentsorgung** nebenbei für saubere Strände sorgte, und die Recycling-Buden, ob nun Kunst oder nicht, dem einen oder anderen Strandspaziergänger auch noch Unterschlupf bei Regen boten.

WUNDER-WELT WATTEN-MEER

Das Wattenmeer der Nordsee ist eine der aufregendsten Naturlandschaften der Erde und birgt das eine oder andere Geheimnis. Auf einer Wattwanderung lernt man das Watt am besten kennen, die staatlich geprüften Wattführer geben ihr profundes Wissen gerne und oft mit viel Humor weiter.

DIE Wattseite Sylts hat es nicht so leicht. Irgendwie wollen fast alle Urlauber an die Westseite. Ans »richtige Meer«, sagen sie, da wo die Brandung an den Strand donnert, wo die Sonne so schön untergeht wie auf den Postkarten. Die meisten Inselurlauber wollen den feinen Sand auf dem Körper spüren, nicht diese glitschige Matschepampe zwischen den Zehen. Dem Watt sieht man seine **Schönheit** nicht auf den ersten Blick an …

UNESCO-Weltnaturerbe

Grau, ein wenig eintönig mag sich die Wattlandschaft beim ersten Kennenlernen präsentieren. Doch das Watt – nicht Land, nicht Meer – ist alles andere als leblos und eintönig, es wimmelt nur so von unglaublichen Lebewesen. Das Watt ändert sich mit den Gezeiten, offenbart mehrfach täglich ein anderes Antlitz, es ist gewissermaßen das **»Chamäleon« der Nordsee.** »Eine überragende Naturerscheinung von außergewöhnlicher Naturschönheit und ästhetischer Bedeutung«, hat die UNESCO zur Begründung geschrieben, als sie 2009 das Wattenmeer der Nordsee zum Weltnaturerbe ernannt hat. Damit befindet es sich in illustrer Gesellschaft, beispielsweise mit dem Great Barrier Reef, dem Grand Canyon und den Galapagos-Inseln.

Sensibles Ökosystem

Das Wattenmeer ist ein äußerst sensibles Ökosystem, das es zu schützen gilt. Es ist Kinderstube und Lebensraum für hoch spezialisierte Pflanzen- und Tierarten. Tausende von Lebewesen kreuchen und fleuchen in nur einem Kubikmeter Watt herum. Das Wattenmeer der Nordsee ist zudem das **vogelreichste Gebiet Mitteleuropas,** Millionen von Vögeln nutzen das Watt und die Salzwiesen als Rast- oder Brutstätte. Am häufigsten lassen sich verschiedene Gänse- und Entenarten, Alpenstrandläufer und Heringsmöwen sowie Säbelschnäbler blicken. Unüberhörbar sind die markanten Triller der Austernfischer. Und die Population von Seehunden und Kegelrobben in der Wunderwelt Wattenmeer hat sich aufgrund intensiver Bemühungen von Natur- und Tierschützern stabilisiert bzw. sogar vergrößert.

DEN SCHLICK ERKUNDEN

Auf keinen Fall auf eigene Faust weit hinein ins Watt! Jedes Jahr werden Urlauber von der Flut überrascht. Wattwanderungen bucht man bei den Touristen-Büros oder in den Nationalpark-Häusern. Besonders zu empfehlen sind die Tagesausflüge zu den Halligen, bei denen Wattwanderungen und Schifffahrten kombiniert sind. Informationen erhält man u. a. beim Verein Jordsand (www.jordsand.de).

Ob mit Pferdekutsche oder zu Fuß, das Watt zu erkunden lohnt sich auf jeden Fall!

Überlebenskünstler

Die ständige Veränderung durch **Ebbe und Flut** verlangt den Wattbewohnern einiges ab. Man muss sich das ungefähr so vorstellen, als würden sie täglich zweimal durch die Waschmaschine geschleudert und anschließend in den Trockner gesteckt. Die Bewohner haben sich die verrücktesten Tricks »ausgedacht«, um zu überleben: Wattschnecken passen ihr Verhalten perfekt den Gezeiten an. Bei auflaufendem Wasser heften sie sich an die Wasseroberfläche, lassen sich treiben und bilden ein Schleimband, an dem ihre Nahrung kleben bleibt. Bei Ebbe finden sie genug zu essen im Watt. Pfeffermuschel und Plattmuschel hingegen saugen mit dehnbaren Rohren den Schlick auf, sortieren ihn dann vor dem Fressen in Essbares und Unverdauliches.

Fortpflanzung im Schlick

Bei der Fortpflanzung der Wattbewohner geht es ebenfalls ziemlich einfallsreich zu: Die **Seeanemonen** beispielsweise vermehren sich, indem sie Teile ihrer Fußscheiben abtrennen, aus denen sich Nachfahren bilden. Auch der winzige **Pygospio-Wurm** braucht keinen Sex. Er zerfällt, wenn es ihm gerade in den Kram passt, einfach mal in mehrere Teile, an denen später Kopf- und Schwanzteil nachwachsen. Die **Miesmuschel** hingegen setzt auf Quantität, indem sie bis zu 12 Millionen Eier ausstößt. Etwas mehr über diese einzigartige und faszinierende Naturlandschaft zu wissen, hilft vielleicht, sie auch mehr zu mögen. Es ist wie im richtigen Leben: Liebe auf den ersten Blick ist etwas Schönes, aber eine aufrichtige und innige Beziehung braucht ihre Zeit.

T

TOUREN

Durchdacht, inspirierend, entspannt

Mit unseren Tourenvorschlägen lernen Sie die besten Seiten der Nordfriesischen Inseln kennen.

Mit dem Fahrrad kann man nicht nur Amrum, sondern auch die anderen Inseln am besten erkunden. ►

UNTERWEGS AUF DEN INSELN

Nachhaltig mobil

In den letzten Jahren haben die Inseln und Halligen ihre Anstrengungen verstärkt, ihren Gästen einen autofreien Urlaub schmackhaft zu machen. Die Blechkarawane zur Hauptsaison hat auf allen Inseln inzwischen zu einer derartigen Verkehrs- und Umweltbelastung geführt, dass die Grenze der Belastbarkeit erreicht und auf Sylt bereits so weit überschritten ist, dass man über drastische Maßnahmen nachdenkt. Gleichzeitig wurde besonders in den **Ausbau der Radinfrastruktur** investiert. Elektrofahrräder können heute auf allen Inseln sowie der Hallig Langeneß geliehen werden. Auch Elektroautos sind mancherorts zu bekommen.

Sylt

Wer die Insel ohne eigenes Auto erkunden möchte, kann bei Veloquick am Westerländer Bahnhof bei Vorlage der Fahrkarte vergünstigt Fahrräder mieten oder mit den Bussen der Sylter Verkehrsgesellschaft zu **Inselrundfahrten** starten, deren kleine in zwei Stunden nach Kampen zur Whiskymeile Strönwai und zum Roten Kliff führt. Vorbei an den Wanderdünen geht es nach List mit kurzer Pause am Hafen – für einen Abstecher in die Tonnenhalle oder ein Fischbrötchen bei Gosch reicht die Zeit. Über Braderup, Munkmarsch und das schöne Friesendorf Keitum, in dem sich viele Künstler niedergelassen haben, erreicht man wieder Westerland. Bei der dreistündigen Rundfahrt folgt noch ein Abstecher in den Inselsüden mit Rantum und Hörnum, wo Gelegenheit zu einer kurzen Seefahrt zur Hörnumer Odde besteht.

Veloquick: www.veloquick.de
Sylter Verkehrsgesellschaft: www.svg-busreisen.de

Amrum

Einen anderen Charakter hat Amrum, die waldreichste Nordseeinsel. **Tagesausflüge** werden von Hörnum, Wyk/Föhr, Hallig Hooge sowie vom Festland aus angeboten. Abgestimmt auf die Ankunftszeiten der Fähren und Ausflugsschiffe in Wittdün starten der Linienbus und der kleine Touristenzug von Insel-Paul, der in 70 Minuten an den fünf Inseldörfern und den wichtigsten Sehenswürdigkeiten vorbeirattert. Alternative: ein E-Mobil von der AmrumTouristik. Zu Fuß kann man Wittdün auf der Promenade umrunden, bis zum Süddorfer Leuchtturm wandern, durch Heide- und Dünenlandschaften nach Nebel spazieren und durch grüne Kiefernwälder nach Wittdün zurückkehren (8 km, gut zwei Stunden). Eine zweite, 20 km lange Inselrunde für Wanderer und Radfahrer führt hinauf bis nach Norddorf und von dort auf dem Wirtschaftsweg zurück nach Wittdün.

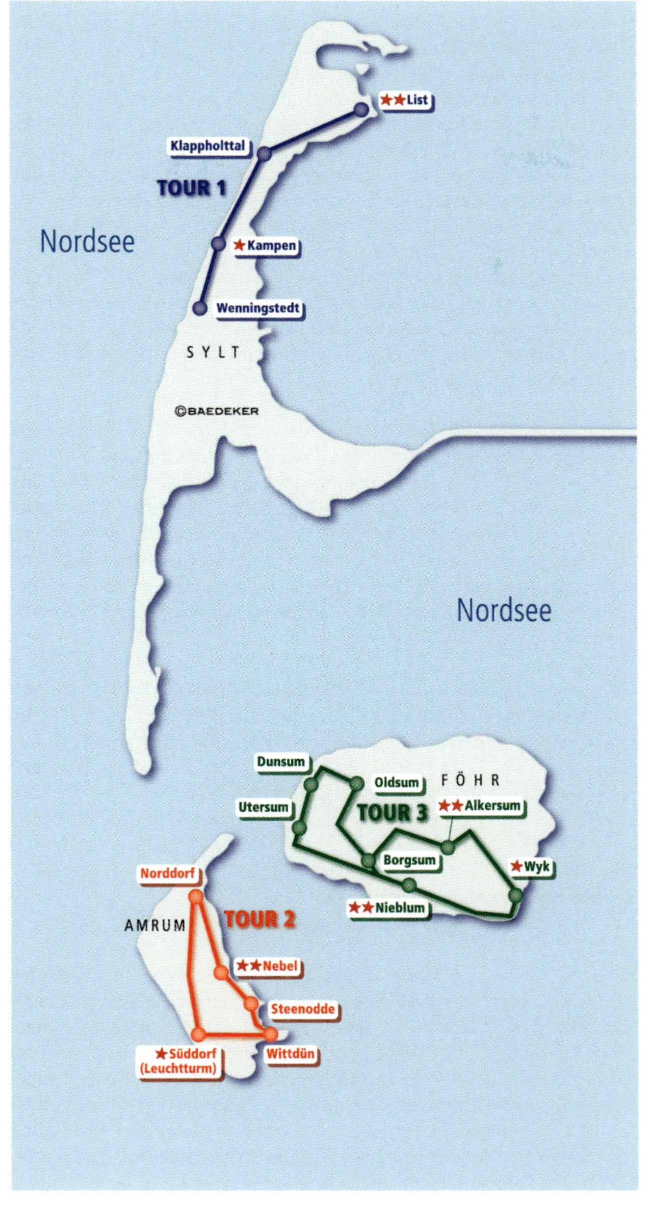
★★List
Klappholttal
TOUR 1
Nordsee
★Kampen
Wenningstedt
SYLT
©BAEDEKER
Nordsee
Dunsum
Oldsum
FÖHR
Utersum
TOUR 3
★★Alkersum
Borgsum
★Wyk
Norddorf
★★Nieblum
AMRUM
TOUR 2
★★Nebel
Steenodde
★Süddorf
(Leuchtturm)
Wittdün

Föhr Auch die wunderbar grüne Insel Föhr ist ein beliebtes Ziel für **Tagesausflüge.** Während der Saison ist ein Kombitörn, der Föhr und Amrum umfasst, täglich im Programm. Allerdings ist dann dort die Zeit auf das Kennenlernen des Hauptorts und des dazugehörigen Strands begrenzt. Abgestimmt auf die Schiffsankünfte starten am Hafen geführte Rundfahrten mit dem »Friesenexpress« oder mit den Bussen von Inselrundfahrten Korf, die zwischen Dunsum und Utersum für einen Blick vom Deich auf die Nachbarinsel Amrum halten. Bei der Premiumtour wird auch der Friesendom in Nieblum besichtigt.

Halligen In die Welt der Halligen werden von allen drei Inseln aus Ausflugsfahrten angeboten. Eine **kleine Kreuzfahrt** führt an neun Halligen und an den Seehundbänken vorbei. »Landgang« hat man meistens nur auf Hooge; die anderen Halligen werden nur unregelmäßig von Ausflugsschiffen angefahren.

Wattwanderungen Von allen Inseln und den Halligen werden regelmäßig Ausflüge ins Watt angeboten. Allein sollte man sich keinesfalls auf den Weg machen. Jede Flut, jede Ebbe verändert die Gestalt der Wattlandschaft und schneidet den Weg zurück ab. Treibsand und plötzliche Seenebel bilden weitere Gefahren, die von Urlaubern oft unterschätzt werden. Zu den beliebten Wattstrecken gehört der Weg **von Föhr nach Amrum** bzw. umgekehrt, der durch einen meist hüfttiefen Priel und vorbei an einem Wrack führt. Schöne **Wattwanderungen** gibt es auch von List, Hörnum und Hallig Hooge.

Nordfriesische Westküste Sehr lohnend ist der Besuch des **Nolde-Museums** in Seebüll, dessen Garten im Sommer tatsächlich so üppig und vielfarbig blüht, wie es Emil Nolde auf seinen Bildern festgehalten hat. **Husum** lockt mit Fischmarkt am Binnenhafen, einer idyllischen Altstadt und einem Backsteinschloss, in dessen Schlosspark Ende März Millionen Krokusse blühen. Das nahe Holländerstädtchen **Friedrichstadt** lohnt mit seinen Grachten einen Besuch.

Nolde-Museum: www.nolde-stiftung.de
Husum: www.husum-tourismus.de
Friedrichstadt: www.friedrichstadt.de

Dänemark Von List aus schippert eine Autofähre mehrmals täglich ins dänische Havneby auf der Insel **Rømø,** wo es hervorragende Strände gibt. Von Rømø ist es nicht weit zum mittelalterlichen Städtchen Ribe mit dem berühmten Dom, zum dänischen Hochzeitsparadies Tønder und ins bezaubernde Møgeltønder, wo Dänenprinz Joachim auf Schackengut residiert. Zu den schönsten Sakralbauten der Region gehört das ehemalige Zisterzienserkloster Løgumkloster. Der Hjemsted Oldtidspark zeigt Repliken eisenzeitlicher Häuser. Bei Familien beliebt ist ein Ausflug in den (teuren) Freizeitpark **Legoland** bei Billund.

VON WENNINGSTEDT NACH LIST

Länge der Tour: 15 km

Diese abwechslungsreiche Strecke eignet sich sowohl für eine entspannte Radtour als auch für eine ausgiebige Wanderung und offenbart vieles von der landschaftlichen Schönheit Sylts, denn vorbei am Denghoog und dem »Langen Christian« geht es durch Dünen und Heide sowie durch das wunderschöne Kampen bis in das idyllische Hafenstädtchen List. Tour 1

Vom Teich zur Düne

Ausgangspunkt ist die Friesenkapelle gegenüber dem malerischen Dorfteich in ❶ **Wenningstedt,** dem einzigen Tümpel auf Sylt. Hier gibt es zwei Attraktionen zu bestaunen: die schönste Tür Nordfrieslands im Commandeur-Teunis-Haus (Am Dorfteich), und das besterhaltene Hünengrab Norddeutschlands, den Denghoog.
Über den Leuchtturmweg (rechts) und den Brönshoger Weg (links) wird der 22 m hohe und älteste Leuchtturm (1855) der Insel im schwarz-weißen Ringel-Look (kein Aufstieg möglich) erreicht. Vor Jahren gab der Hamburger Thalia-Schauspieler Heinz Klevenow ihm den Spitznamen »Langer Christian«, und so nennt ihn heute jeder Sylter.
In ❷ ★ **Kampen** hat man dann die Qual der Wahl: Soll es ein Bummel durch den Ort mit schönen Geschäften und den hübschen reetgedeckten Friesenhäusern sein – mit Kaffeepause und Friesentorte – oder lieber ein etwas schweißtreibenderer Abstecher Richtung Westen zum »Roten Kliff«, einem etwa 30 m hoch aufragenden Steilufer zwischen Wenningstedt und Kampen. In der »Sturmhaube« kann man sich mit Nordseekrabben auf Friesenbrot und Spiegelei oder hausgemachten Waffeln mit Roter Grütze stärken, ehe es hinauf auf die fast 53 m hohe Uwe-Düne geht. Von hier oben bietet sich ein grandioser Blick über die ganze Insel.

Enten und Austern

Ab Kampen führt die Strecke entlang der früheren Inselbahntrasse Richtung Norden, durch Dünen und Heide. Vorbei an dem Kindererholungsheim Vogelkoje gelangt man zur Heimvolkshochschule ❸ **Klappholttal,** 1919 von dem jugendbewegten Hamburger Mediziner Knud Ahlborn gegründet. Ein Abstecher in Richtung Osten zur Kampener Vogelkoje, einer stillgelegten Entenfanganlage, ist zu empfehlen, zumal das zugehörige Café-Restaurant zur Pause einlädt. Vom Klappholttal geht es durch das Naturschutzgebiet Nord-Sylt. Westlich im Listland liegen die einzigen Wanderdünen Deutschlands. Damit diese ursprüngliche Landschaft erhalten bleibt, steht das gesamte Gebiet unter Naturschutz und darf nicht betreten werden, es lässt sich nur von der Straße aus bewundern. Im Osten erstreckt sich die Blidselbucht mit Austernbänken, Heimstatt der berühmten »Sylter Royal« (► S. 8). Kurz hinter Mellhörn steht die Wetterstation, wo man rund ums Thema Wetter informiert wird.

Kontrastprogramm

Schließlich erreicht man das Hafenstädtchen ❹ ★★ **List,** Deutschlands nördlichste Gemeinde. Das bunte Hafentreiben ist ein Kontrastprogramm. In List kann man bei »Dittmeyers Austern-Compagnie« die berühmte Delikatesse probieren. Ein Besuch bei »Gosch« ist für viele Syltbesucher Pflicht. Andere zieht es ins Erlebniszentrum »Naturgewalten Sylt«. Individualisten ziehen weiter hinauf zum Ellenbogen, in dessen Dünen- und Strandlandschaft an der Nordspitze von Sylt Ruhe und Einsamkeit wieder garantiert sind.

MIT DEM RAD RUND UM AMRUM

Länge der Tour: 16 km

Eine spannende Rundfahrt über die kleine Insel bietet alles für Leib und Seele: Hier kann man gut durchatmen in Wald und Heide, gemütlich flanieren und fein speisen in malerischen Orten. Tour 2

Sand, Wald, Dorfidylle

Am Fähranleger in ❶ **Wittdün** startet der mit einem grünen Dreieck markierte Radweg Richtung Norddorf. Ein Stopp beim ❷ ★ **Süddorfer Leuchtturm,** dem höchsten an der Nordseeküste Schleswig-Holsteins, ist ein Muss. Wer die 300 Stufen zur Aussichtsplattform er-

klimmt, wird mit einem grandiosen Rundblick belohnt. Weiter geht es durch Wald- und Heidelandschaft oder am festen Spülsaum des breiten »Kniepsands« zum Kur- und Badeort 3 **Norddorf.** Er besitzt eine schöne Fußgängerzone mit vielen Geschäften. Zur nördlichen Spitze Amrums fährt man von Norddorf weiter zum »Treffpunkt Odde«. Dort kann man einen Strandspaziergang genießen oder die Seevogelwarte besuchen.
Zurück in Norddorf, geht es auf dem mit einem gelben Punkt markierten Radweg Richtung Süden nach 4 ★★ **Nebel.** Die Strecke wird auf beiden Seiten von etlichen Hünengräbern gesäumt. In dem idyllischen Friesendorf lohnt sich eine Pause, um die vielen alten reetgedeckten Häuser und die Gärten bestaunen zu können. Die Friesentorte schmeckt besonders gut im »Friesen-Café« am Uasterstigh 7. Der Friedhof von St. Clemens mit seinen »sprechenden Grabsteinen« (Baedeker Wissen, ▶ S. 136) ist einen Abstecher wert, ebenso die Mühle am südlichen Ortseingang.
Nun orientiert man sich Richtung Wattseite, wo ein mit rotem Viereck markierter Radweg zum Kliff Ual Anj führt. Auf dem Deich geht es mit herrlichem Blick aufs Watt Richtung 5 **Steenodde,** dem ehemaligen Hafenort Amrums. Vorbei am Seezeichenhafen, wo Krabbenkutter, Jachten und der Seenotkreuzer »Vormann Leiss« vor Anker liegen, erreicht man bald wieder Wittdün.

FÖHRER INSELRUNDE

Länge der Tour: 34 km

Tour 3

Fünf verschiedene Thementouren von 15 bis 34 km Länge und rund 200 km gut markierte Wege machen die Orientierung leicht. Einen guten Überblick über das herrliche Radfahrerparadies bekommen Sie auf der hier vorgestellten großen Inselrunde, bei der die wesentlichsten Sehenswürdigkeiten angesteuert werden.

Friesendom und weißer Sand

Von der Jugendherberge in 1 ★ **Wyk** führt ein markierter Radweg, auf dem Geestrücken durch die Inseldörfer bis nach Dunsum im Westen der Insel. Das malerische Dorf 2 ★★ **Nieblum** gilt mit seinen vielen alten reetgedeckten Kapitänshäusern als eines der schönsten Dörfer Schleswig-Holsteins. Hier empfielt sich ein kurzer Abstecher zur St.-Johannis-Kirche, die wegen ihrer Ausmaße auch »Friesendom« genannt wird. Etliche »sprechende Grabsteine« auf dem dazugehörigen Friedhof berichten aus dem teils ziemlich abenteuerlichen Leben der hier beigesetzten Seefahrer. Wieder zurück in Nieblum, geht es an Badestrand und Traumstraße entlang über Witsum nach ❸ **Utersum,** wo der weiße Strand mit seinem ungewöhnlich feinen Sand zu einer Rast einlädt. Hier ist die Brandung im Vergleich zu den sonstigen Verhältnissen auf Föhr geradezu lebhaft.

Wind-mühle und Wikingerburg

Parallel zur Küste zieht sich der Radweg zum Wendepunkt der Tour nach ❹ **Dunsum.** Wer spektakuläre Sonnenuntergänge liebt, sollte sich zu entsprechender Uhrzeit am Deich einfinden. Quer durch die Marschwiesen schlängelt sich die Strecke weiter nach ❺ **Oldsum.** Hier ist eine wunderschöne Windmühle zu bewundern. Frische Kraft für die nächsten Kilometer gibt eine Rast im »Galerie-Café im Apfelgarten« bei hausgemachten Kuchen, Suppen und Salaten unter freiem Himmel, einen Blick wert sind auch die in der einstigen Scheune ausgestellten Kunstwerke.

Ab hier wendet sich der Weg wieder Richtung Süden und zur St.-Laurentii-Kirche, die unbedingt besichtigt werden sollte. Auf dem Friedhof bei der Kirche liegt unter anderem der »Glückliche Matthias«, Föhrs bekanntester Walfänger, begraben. Der Weg nach ❻ **Borgsum** führt an den Resten der Lembecksburg vorbei, einer alten Verteidigungsanlage aus der Wikingerzeit. Von Borgsum aus fährt man nördlich nach ❼ ★★ **Alkersum,** wo das eindrucksvolle, erst vor wenigen Jahren eröffnete Museum Kunst der Westküste zu finden ist. Auch die Architektur ist sehenswert. Über Midlum und die lang gezogenen Dörfer Oevenum und Wrixum geht es dann zurück nach Wyk.

Z
ZIELE AUF SYLT

Magisch, aufregend, einfach schön

Alle Reiseziele sind alphabetisch geordnet. Sie haben die Freiheit der Reiseplanung

Der Leuchtturm List-West weist am Ellenbogen, dem nördlichsten Ausläufer Sylts, den Schiffen den Weg ►

SYLT

Sylt ist ein Mythos, ein Phänomen, die »Königin der Nordsee«. Man kann ihr huldigen, man kann sie aber auch verschmähen. Sylt polarisiert, es ist und bleibt eine Insel der Gegensätze. Sylt ist die Insel der Schönen und Reichen, ein Gucci-Paradies. Und Sylt ist die Insel für Jedermann, ein Naturparadies. Ein Sehnsuchtsort inmitten des Weltnaturerbes Wattenmeer, eine norddeutsche Bilderbuchinsel mit traumhaften Stränden und allem, was Urlauber brauchen.

Erholungsparadies

Nirgendwo sonst in Deutschland kracht die Brandung der Nordsee mit solcher Macht gegen die Küste wie im Westen Sylts. Thomas Mann schrieb einst, anno 1927, in sein Tagebuch: **»An diesem erschütternden Meere habe ich tief gelebt.«** Knapp 40 km feinsten Sandstrand hat Sylt auf der Seeseite zu bieten. Hier kann man baden, angekleidet oder hüllenlos, sich sonnen, surfen, Beachvolleyball spielen, relaxen. Und Champagner und Austern schlürfen in einer der legendären Strandbuden.

Strenger Naturschutz

Naturdeich

Sylts Dünenlandschaft hinter dem Strand ist ein Naturparadies. Wer abseits der Holzwege und Stege läuft, bekommt Ärger. Großteile der Dünen stehen unter **Naturschutz,** auch weil sie als eine Art Naturdeich so immens wichtig sind für den Küstenschutz.

Bezaubernde Idylle

Lieblingsinsel der Deutschen

Sylts Wattseite im Osten ist eine stille Schönheit, ganz besonders bei Sonnenaufgang über dem Wattenmeer, dieser eigentümlichen und so ungeheuer spannenden Naturlandschaft. Und über all dem wölbt sich ein tiefblauer Himmel, der sich nirgendwo sonst so weit und unendlich präsentiert wie über der **nördlichsten Insel Deutschlands.** In den urigen Friesendörfern wie Keitum mit seinen prächtigen alten Kapitänshäusern duften die Rosen in den Bauerngärten, auf sattgrünen Weiden im Osten der Insel lassen es sich die Schwarzbunten gut gehen, während die Lämmer auf den Deichen um die Wette blöken. Sylts Ellenbogen ganz im Norden ist einsam und wild, ein Traum inmitten des **Schleswig-Holsteinischen Wattenmeeres,** 2009 von der UNESCO zum Weltnaturerbe erklärt. Das alles ist Sylt, die Lieblingsinsel der Deutschen.

In Glanz und Gloria

Spitzenrestaurants & Wellness pur

Sylt bewegt sich ständig zwischen Trend und Tradition. Naturbursche trifft Ferrari-Pilot, hier Lagerfeuer-Romantik in Hörnum, dort Luxus-Kaufrausch in Kampen. Friesische Kultur in Keitum, Kegelklubs in

Lang und weit streckt sich Sylt in die Nordsee.

Westerland. Wer es nicht zum Autosalon in Genf schafft, der kann auch auf Sylt die neuesten Modelle jenseits der 100 000-Euro-Grenze bestaunen. Kampen hat den **Mythos von der Insel der Schönen und Reichen** erschaffen, es lebt ihn immer noch. Nur wild, wie einst in den 1960er- und 1970er-Jahren, geht es nicht mehr zu im Schatten der Uwe-Düne. Dafür um so teurer. Weil die oberen Zehntausend sich Sylt als Urlaubsinsel ausgesucht oder hier ihre Nebenwohnsitze haben, sind die Preise auf der gesamten Insel höher als anderswo in der Urlaubsregion (wenngleich sie wiederum weniger gestiegen sind als anderswo). Aber Sylt hat auch jenseits von Stränden und Dünen eine Menge zu bieten. Langweilen muss sich hier definitiv niemand. Zwar sind einige Sterne am Sylter Firmament erloschen, aber eine solche Dichte an hervorragenden Restaurants findet man wohl nirgendwo sonst im Urlaub, und Sylts Wellness-Angebot sucht ebenfalls seinesgleichen.

Außergewöhnlicher Landstreifen

Breite und Länge

Deutschlands nördlichste Insel erstreckt sich als schmaler, 38,5 km langer Landstreifen von Norden nach Süden. Die Insel ist an ihrer engsten Stelle bei Rantum noch nicht einmal mehr 600 m breit. In der Mitte, wo sie sich nach Osten hin erweitert, sind es 12,5 km. Mit gut 52,5 m ist die Uwe-Düne bei Kampen die höchste Erhebung. Sylt gehört zum **Landkreis Nordfriesland in Schleswig-Holstein,** und

NORDSEE
Leuchtturm
Ellenbogen
Leuchtturm
Königshafen
28 m
Rømø
Fähre
Listland
31 m
List
Akademie
am Meer
Klappholttal
Blidselbucht
Kampener
Vogelkoje
Wattenmeer
Kampen
Rotes Kliff
Uwe-Düne
52,5 m
Leuchtturm
Denghoog
Wenning-
stedt
Braderup
Munkmarsch
Westerland
SYLT
Tinnum
St. Severin
Keitum
Tinnumburg
Tipkenhoog
Hindenburgdamm
Morsum-Kliff
Festland, Niebüll
Rantum-
Becken
Archsum
Morsum
Hünengrab
NÖSSE
Wall
Rantum
Wattenmeer
5 km
©BAEDEKER
23 m
Hörnum
Leuchtturm
Odde
Föhr

untersteht administrativ der Landesregierung in Kiel. Bei einer Gemeindereform 2009 schlossen sich Westerland, die Gemeinde Sylt-Ost (mit Keitum, Morsum, Archsum, Tinnum und Munkmarsch) sowie Rantum zur neuen Gemeinde Sylt zusammen. Die restlichen Gemeinden sind Hörnum ganz im Süden sowie Wenningstedt-Braderup, Kampen und schließlich List ganz im Norden.

Gefährliche Veränderungen

Rettung der Insel

Sylt muss auf sich aufpassen, muss einen schwierigen Spagat bewältigen, den immer wiederkehrenden Stammgästen und den neugierigen Sylt-Novizen etwas bieten, gleichzeitig die Grundlage für all das schützen und wahren: die sensationelle Naturlandschaft. Vor allem nagt der **»Blanke Hans«** an der Insel, immer wieder nimmt sich das Meer Land von Sylt, und ohne gigantische Sandvorspülungen wäre sie vielleicht schon längst in zwei Teile zerbrochen. Die Gestalt des Eilands verändert sich laufend; bei einem Blick auf alte Landkarten kann man feststellen, wie sich die Form der Insel im Lauf der Zeiten verändert hat.

Traumhafte Wattenlandschaft und einzigartige Kliffs

Dünen, Watt und Kliffs

Von den 99 km² Gesamtfläche stehen gut 50 Prozent unter Natur- oder Landschaftsschutz. Die Westküste Sylts vom Ellenbogen im Norden bis zur Hörnumer Odde im Süden bildet ein Sandstrand von knapp 40 km Länge. Er geht nach Osten in eine Dünenlandschaft über, die in Höhe von Wenningstedt und Kampen am Roten Kliff steil abfällt. Die Kliffs gehören landschaftlich wie geologisch gesehen zu Sylts Attraktionen. Das Pendant zum rund 30 m hohen Roten Kliff bildet das Weiße Kliff auf der Wenningstedter Wattseite. Unter geologischen Aspekten ist das etwa 23 m hohe Morsum-Kliff ganz im Osten das interessanteste. An den schmalsten Stellen Sylts folgen **Dünen- und Wattlandschaft** fast unmittelbar aufeinander, an den breiteren Stellen im Norden finden sich hingegen zwischen Dünen und Watt größere Heideflächen.

Stürmische Zeiten

Geschichte

1141 wurde Sylt erstmals urkundlich erwähnt in den Steuerbüchern des Dänenkönigs Erik III., doch einige Hünengräber zeugen von einer weitaus früheren Besiedlung. Um 700 n. Chr. wanderten die Friesen ein, nach dem Frieden zu Wordingsbord 1435 kam Sylt zum Herzogtum Schleswig, nur das Listland blieb dänisch. Mehrfach wurde die Region von verheerenden Sturmfluten heimgesucht, was insbesondere im 16. und 17. Jh. zu einer zunehmenden Verarmung der Bevölkerung führte. Doch mit den sogenannten Grönlandfahrten (Mitte des 17. bis Anfang des 19. Jh.s) gab es ein **»Goldenes Zeitalter«,** als gut die Hälfte der Männer auf Walfang fuhr und der Insel einen beachtlichen Wohlstand brachte.

INSELN IM WIND

Urlaub auf den Inseln ist Balsam fürs Gemüt und Erholung pur. Schon auf der Fahrt übers Wattenmeer setzt ein Gefühl von Befreiung ein. Wie vom salzigen Seewind weggepustet, bleibt die hektische Betriebsamkeit des Alltags auf dem Festland zurück. Und immer näher rückt die faszinierende Welt der Nordfriesischen Inseln.

Was ist es, das die Menschen so fasziniert an der Nordsee und den Nordfriesischen Inseln, diesen Inseln im Wind, diesen **Perlen** inmitten der Wunderwelt Wattenmeer? Sylt, die »Königin der Nordsee«, Amrum, die »Kleine Insel der Großen Freiheit«, und die »Friesische Karibik« von Föhr mögen in der Statistik noch so viele Sonnenstunden haben. Das Klima ist aber eindeutig norddeutsch, es ist rau und unberechenbar. Genau wie die Nordsee. Sie ist launisch, sie hat Charakter, sie plätschert nicht nur vor sich hin, sie donnert mit Wucht an die Strände der Inseln. Die **Nordsee** vor der Westküste Schleswig-Holsteins ist wild, einzigartig und doch immer wieder anders, denn Ebbe und Flut geben ihr im Laufe der Gezeiten immer wieder ein anderes Gesicht.

Über dem Meeresboden

Und wo sonst auf der Welt kann man schon einen **Spaziergang auf dem Meeresboden** machen? Im Watt der »Uthlande« ist das möglich, bei einer Wattwanderung kann man sogar von Sylt nach Amrum oder von Amrum nach Föhr gehen. Auf den ersten Blick ist das Wattenmeer nicht gerade ein Postkartenmotiv, aber es ist so faszinierend und vor allem von so immenser Bedeutung, dass die UNESCO das gesamte Wattenmeer der Nordsee, so auch das vor der schleswig-holsteinischen Westküste zum **Weltnaturerbe** erklärt hat. Und über all dem tut sich ein Himmel auf, so weit, so hoch, so klar, der seinesgleichen sucht. Nirgendwo sonst türmen sich die Wolken zu solchen Kunstwerken auf wie über den Nordfriesischen Inseln. Es sind vergängliche Kunstwerke, denn angeschoben von der ewig frischen Nordseebrise ziehen die Wolken über Amrum schon bald nach Sylt weiter.

Seeräubernest mit Tradition

Naturliebhaber zieht es in den Norden von Sylt in die unberührten Dünengebiete des Listlandes und des Ellenbogens, wo sie sich von der ebenso imposanten wie **bizarren Landschaft** verzaubern lassen. Individualisten lieben das ganz vom Wasser umbrandete ehemalige Seeräubernest Hörnum mit seinem stolzen Leuchtturm. Wer sich für friesische Kultur begeistert, ist in Keitum mit seinen **reetgedeckten Häusern** bestens aufgehoben.

Amrum und Föhr

Kleiner, aber genauso hübsch und landschaftlich abwechslungsreich ist die südliche Nachbarinsel Amrum: satte Wiesen und Wälder, hohe Dünen und der 15 km lange, bis zu 1,5 km breite **Kniepsand,** der größte zusammenhängende Badestrand Europas. Leitet der Name sich vom germanischen

Was hier so friedlich liegt, wird mehrmals im Jahr von der Nordsee kräftig um- und überspült.

Volksstamm der Ambronen ab, die hier im 2. Jh. siedelten, oder lässt er sich auf Am Rem zurückführen, was »sandiger Rand« bedeutet? Niemand weiß es. Föhr, wegen des milden Klimas auch die **»Friesische Karibik«** genannt, lockt mit gleich mehreren pittoresken Dörfern, allen voran der friesischen Schönheitskönigin Nieblum. Auf der **»grünen Insel«** mit ihrer ländlichen Atmosphäre werden friesische Traditionen bewahrt und gepflegt.

Unberechenbare Naturperle

Einen ganz eigenen Kosmos und ein weltweit einzigartiges Landschaftsphänomen stellen die Halligen dar, von ihren stolzen Bewohnern **»Perlen der Nordsee«** genannt, vom Dichter Theodor Storm einst als »Schwimmende Träume« bezeichnet. Dabei ist das Leben hier ein ständiger Kampf. Oft genug heißt es **»Land unter«,** wenn salzige Wassermassen die Halligen überfluten und nur die Häuser auf künstlich aufgehäuften Erdhügeln, Warften genannt, aus der Wasserwüste ragen. Der Name Hallig geht auf »hal« zurück, was »Salz« bedeutet. Die zehn Halligen Gröde-Appelland, Habel, Hamburger Hallig, Hooge, Norderoog, Nordmarsch-Langeneß, Nordstrandischmoor, Oland, Süderoog und Südfall liegen im Wattenmeer vor der Westküste Schleswig-Holsteins praktisch als Wellenbrecher. Jede Jahreszeit, jeder Tag besitzt eine ganz eigene Atmosphäre. Mal kräftiger Wind, ohrenbetäubende Brandung, starker Geruch nach Salz und Seetang, mal spiegelglatte See, stille, seidige Luft, Duft von Dünenrosen, Heide und Sanddorn – und immer die Schreie der Möwen.

Entdeckung des Badeorts

Tourismus

Doch der Grönlandwal war bald ausgerottet und 1836 stach der letzte Sylter zum Walfang in See. 1855 wurde der Grundstein für die künftige Haupteinnahmequelle der Insel gelegt: Westerland erhielt die **Konzession als Badeort.** In der Folgezeit investierten die Inselgemeinden viel: So entstanden 1867 erste Buhnen vor dem Roten Kliff, 1888 begann der Bau der Inselbahn, die ab 1908 von Hörnum im Süden bis List im Norden fuhr. Die Eisenbahnverbindung zum Festland über den knapp 11 km langen Hindenburgdamm wurde 1927 eingeweiht. In den Wirtschaftswunder-Jahren explodierte der Tourismus geradezu.

ARCHSUM

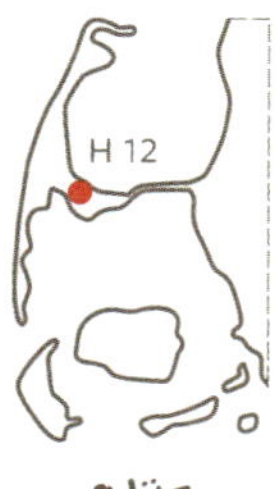

Aufblühender Luftkurort

Höhe: 4 m ü. d. M. | **Einwohner:** 310

Makler und die Tourismus-Experten haben Archsum lange Zeit links liegen lassen, weil der Strand etwas entfernt ist. Weshalb es hier im Landesinneren von Sylts Osten, zwischen Feldern und sattgrünen Wiesen, immer noch sehr beschaulich zugeht.

Erst 1958 wurde in Archsum der Kurbetrieb aufgenommen, seit 1961 ist der Ort, der zumindest versucht, seinen bäuerlichen Charakter zu erhalten, als Luftkurort anerkannt. In Archsum, gern auch das **»grüne Herz der Insel«** genannt, werden die friesischen Traditionen gepflegt, beispielsweise das Ringreiten und viele Archsumer sprechen noch Söl'ring, die Sylter Variante des Friesischen.

ARCHSUM ERLEBEN

ALTE SCHULE €€

In der Alten Schule werden krosse Bratkratoffeln, Matjes, Suppen und hausgemachter Kuchen in schön eingerichteten ehemaligen Schulräumen serviert. Alles ist frisch und mit vielen regionalen Produkten zubereitet.
Dorfstr. 6
Tel. 04651 89 15 08
www.alteschule-sylt.de

HOTEL PARKRESIDENZ CHRISTIAN VIII €€€

Ein Hotel im grünen Herzen von Sylt, das Charme versprüht. Gediegene Gastlichkeit unter Reet, rundherum sattgrüne Weiden unter einem weiten Himmel.
Heleeker 1
Tel. 033397 12 12 12
www.hotel-christianderviii.de

Wohin in Archsum und Umgebung?

Wallreste als Zeichen ehemaligen Wohlstands

Burg & Wall

Archsum besaß wie auch Tinnum und Rantum eine Burg, die nach neueren Erkenntnissen höchstwahrscheinlich bereits mehr als 2000 Jahre alt ist. Wallreste sind heute noch an der Ecke Uaster-Reeg/Borig (fries. borig = Burg) zu sehen. Im Dorf selbst wurden **65 Findlinge aus dem Burgwall** als Erinnerung an die Archsumburg aufgestellt.

Hünengräber aus einer längst vergangenen Zeit

Modjes Küül

Ein eindrucksvolles Zeugnis aus der Steinzeit findet man auf der dem Wasser zugewandten Seite des Nössedeichs südwestlich von Archsum: eine etwa 4 000 Jahre alte **Grabkammer.** Im Volksmund ist sie unter dem Namen Modjes Küül (Mutters Keller) bekannt. Von dort aus kann man bei Ebbe einige Kilometer entfernt noch andere Gräber im Watt erkennen, die sich wie Modjes Küül einst auf trockenem Land befunden haben. Zu besichtigen sind die Hünengräber bei der »hünen.kulTour«, buchbar über Sylt-Tourismus oder den Verein Söl'ring Foriining.

www.soelring-foriining.de

Dieses Braderuper Haus zeigt sich stilecht mit roten Ziegeln und reetgedecktem Dach, obwohl es aus jüngerer Zeit stammt als viele andere seiner Art.

6X DURCHATMEN

Entspannen, wohlfühlen, runterkommen

1. GEMÄCHLICH DURCHS IDYLL

Sylt erleben im langsamen Trott, entspannt und gemütlich. Das kann man mit **Kutsch- und Planwagenfahrten** von Keitum aus. (► **S. 201**)

2. HÄNDE WEG VOM KLIFF!

In den 1920er-Jahren wollte man sich zum Bau des Hindenburgdamms am **Morsum-Kliff** bedienen. Dank regen Widerstands passierte das nicht, und man kann dort immer noch einzigartige Natur erleben! (► **S. 79**)

3. FRIESISCHE BILDERBUCH-IDYLLE

Bei einer Tasse Kaffee oder Friesentee vor einem der reetgedeckten Kapitänshäuser den Herrgott einen guten Mann sein lassen ... In **Nieblum** kann man wunderbar einfach nur so herumsitzen. (► **S. 127**)

4. WIE EINST THOMAS MANN

In Wenningstedt lässt es sich gut auf den Spuren von Thomas Mann wandeln. Auch wenn man nicht im **Strandhörn** übernachtet wie der Schriftsteller, so kann kann man doch die Küche dort genießen! (► **S. 86**)

5. WASSER IN HÜLLE UND FÜLLE

Zum Wohlfühlen und Entspannen auf Sylt gehört auch ein ausgiebiges Bad in der Nordsee. Am **Amrumer Strand** in Norddorf gelingt das auch bei Ebbe, denn am Kniepsand gibt es dann ausreichend kühles Nass. (► **S. 106**)

6. SPAZIERGANG

In der **Braderuper Heide** blüht die Krähenbeere ab April, die Glockenheide ab Juli und die Besenheide Ende August. Eine Wanderung durch dieses farbenfrohe Meer entspannt und tut gut. (► **S. 49**)

BRADERUP

Höhe: 18 m ü. d. M | **Einwohner:** 680

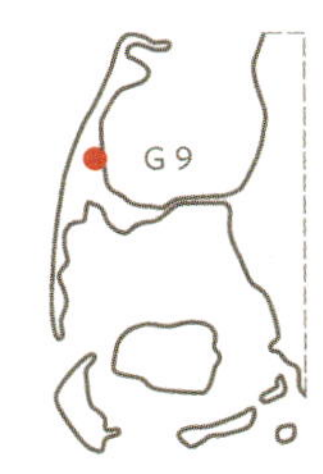

In der Stille der weiten Heidelandschaft um Braderup kann man herrlich wandern und Rad fahren. Der kleine, aber feine Ort lockt vor allem Erholung und Entspannung Suchende. Im Laufe der warmen Monate präsentiert sich die Braderuper Heide mit einem wechselnden Gesicht: Während im späten Frühjahr die Krähenbeere in voller Blüte steht, löst sie im frühen Juli die Glockenheide ab, bevor im Hochsommer die Blütezeit der Besenheide beginnt.

Verwaltungstechnisch ein Anhängsel von Wenningstedt, besitzt Braderup mit der Braderuper Heide eine der letzten zusammenhängenden Heidelandschaften in ganz Schleswig-Holstein. Sage und schreibe **50 Prozent der gesamten Heideflächen des nördlichsten Bundeslandes** befinden sich auf Sylt. Die herrliche Heidelandschaft zwischen Braderup und Kampen endet im Osten abrupt an der bis zu 15 Meter hohen Steilküste, dem sogenannten **Weißen Kliff**. Auf die Lage verweist auch der Ortsname aus dem 16. Jh.: »Brererep« bedeutet »Dorf am Abhang«. Das Steilufer, das seinen Namen aufgrund des hellen, feinerdigen Kaolinsands trägt, kann man am besten vom Strand aus bewundern, der sich unterhalb des Kliffs entlangzieht. Einst nicht mehr als eine Ansiedlung von wenigen verstreut liegenden Bauernhöfen und Friesenhäusern, prägen inzwischen vor allem schmucke reetgedeckte Zweitwohnsitz-Neubauten das vornehme Ortsbild Braderups.

Sagenumwobene Grütze

Der Topf im Wappen

Die Sage berichtet Folgendes: In der Braderuper Heide trieben einst der sagenhafte **Zwergenkönig Finn** und sein Volk, die »Onnereskens« (die Unterirdischen), ihr Unwesen. Als die friesischen Männer im Kampf mit den Zwergen eines Tages den Mut verloren, übernahmen ihre Frauen das Kommando. Sie stürzten den Wichten kochende Grütze über die Köpfe und schlugen sie in die Flucht – so fand der Grütztopf Einzug in das Wappen der Friesen.

Wohin in Braderup?

Im rosafarbenen Blütenmeer Pflanzen entdecken

Naturzentrum

Ein Spaziergang oder eine Radtour durch die 137 Hektar **große Braderuper Heide** ist besonders im Sommer ein Genuss, wenn sie sich in ein rosafarbenes Blütenmeer verwandelt. 159 verschiedene Pflanzen hat man hier gezählt, 71 davon sind vom Aussterben bedroht. Im Gegensatz zu den natürlichen atlantischen Heiden an der Westküste Sylts ist die Braderuper Heide eine von Menschen beeinflusste Kulturlandschaft. Verantwortlich dafür, dass das sensible Ökotop nicht verholzt und damit ausstirbt, ist das Naturzentrum Braderup. Hier erfährt man alles Wissenswerte über die Tier- und Pflanzenwelt der Heidelandschaft, aber auch zum Naturschutzgebiet Morsum-Kliff. Filme und Vorträge gehören genauso zum Angebot wie geführte Wanderungen und Fahrradtouren.

Naturzentrum Braderup: M.-T.-Buchholz-Stich 10a | April–Okt. Mo.–Sa. 10–18 Uhr; Nov.–März nach Vereinbarung
www.naturschutz-sylt.de

★★ HÖRNUM

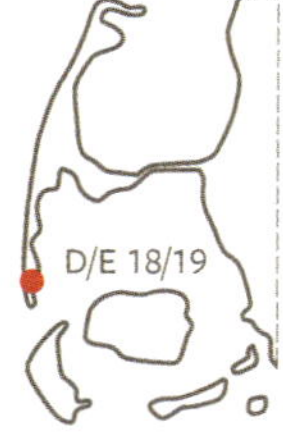

Höhe: 4 m ü. d. M. | **Einwohner:** 920

In dem früheren Strand- und Seeräubernest Hörnum an Sylts Südspitze herrschten einst raue Sitten. Auch wenn hier zu Beginn des Jahrtausends auf dem einstigen Areal einer Bundeswehr-Kaserne ein Golfplatz und das dazugehörige Luxushotel gebaut wurden, ist es in Hörnum längst nicht so schickimicki wie beispielsweise in Kampen.

Seeräubernest

Nachdem das Dorf Eidum bei einer Sturmflut im 15. Jh. verloren gegangen war, zogen einige der Überlebenden in die höher gelegene Dünenregion an der **Südspitze der Insel.** Eine Zeit lang bot der Heringsfang eine gute Einnahmequelle, doch im 17. Jh. blieben die Schwärme immer mehr aus und die Bewohner schlugen sich als Strand- und Seeräuber durch. Später war dieser Teil von Sylt lange Zeit wieder unbewohnt. Neues Leben hauchte dem Ort erst wieder die Hamburger Reederei Hapag ein, die ab 1901 Badegäste auf den Südzipfel der Insel brachte. Damals stand hier kaum ein Gebäude, eines der ersten war der 1903 gebaute Bahnhof. Im Ersten Weltkrieg entstand etwas nördlich von Hörnum das Militärlager Puan Klent (Pauls Kliff), das heute als Jugendlager dient. In den 1930er-Jahren begann der weitere Ausbau des Orts zum Militärstandort, 1935 errichtete man in Hörnum eine Seefliegerstation. Jahrzehnte lang war der Ort vom Militär geprägt. In den 1990er-Jahren zog die Bundeswehr ab, und obwohl ein historisch gewachsener Ortskern fehlt, hat sich Hörnum zu einem hübschen **Urlaubsort** zwischen Watt und Dünen gemausert.

Abendstimmung am Strand – ein Spaziergang kurz vor Sonnenuntergang

Wohin in Hörnum?

Ein besonderer Stammgast im Hafen

Kegelrobbe Wilhelmine

2002 wurde der Hörnumer Hafen umfassend renoviert und verschönert. Man weiß nicht, was **Willi** von der Maßnahme hielt, man weiß nur, dass er bzw. sie sich von den Renovierungsmaßnahmen nicht abhalten ließ, wiederzukommen. Bei Willi handelte es sich genauer genommen um Wilhelmine, eine weibliche Kegelrobbe, die von 1991 bis zu ihrem Tod – vermutlich im Jahr 2020 – **Stammgast im Hafen** und so etwas wie ein Wahrzeichen des Ortes war. Seit 2017 wurde Willi von einer zweiten Kegelrobbe namens Sylta begleitet. Sie kommt auch nach Willis Ableben weiterhin in den Hörnumer Hafen.

Lebendige Schifffahrt

Rundfahrt & Hafenfest

Von dem schmucken Hafen legen Ausflugsschiffe nach Amrum, Föhr, zu den Halligen und den **Seehundbänken** ab. Krabben werden noch vom Kutter verkauft und Anfang August eines jeden Jahres wird beim Hafenfest das maritime Erbe mit Nordseetörns, Schiffsbesichtigungen, Shanty-Konzerten und Krabbenpul-Wettbewerben gefeiert.

Romantisches Leuchten

Leuchtturm

Bis 1948 strahlte ein Petroleumlicht vom klassisch in Rot-Weiß gehaltenen Leuchtturm zu Hörnum (1907 erbaut, Feuerhöhe 48 m), der 1914 bis 1933 die kleinste Schule Deutschlands beherbergte. 1976

nahm der letzte Leuchtturmwärter seinen Abschied; das noch in **40 km Entfernung sichtbare Signal** wird seitdem ferngesteuert. Heute können sich Heiratswillige auf dem Leuchtturm das Ja-Wort geben.
Besichtigung: Mo., Do. 9, 10, 11 und 12 Uhr (pro Führung nur 10 Pers. bis Windstärke 5) | »Turm-Ticket« bei Vorverkaufsstellen, auf »www.tickets.Vibus.de« oder auf »www.hoernum.de/veranstaltungen« | Eintritt: 6 € | www.hoernum.de

Faszinierender Bau mit Dampfer

St. Thomas-Kirche

1970 wurde die St. Thomas-Kirche in den Dünen nach Plänen des Niebüller Architekten Martin Bernhard Christiansen errichtet. Nur 27 Jahre später wurde der Bau, der an ein aufgestelltes Segel erinnert, als jüngstes Gotteshaus Schleswig-Holsteins unter Denkmalschutz gestellt. Im Inneren ist ein Modell des Raddampfers **»Cobra«** zu finden, der ab 1901 zwischen Hamburg und Hörnum verkehrte.

SCHWEINSWALE BACKBORD VORAUS

Das Auftauchen der Wale aus den tiefen Welten der Nordsee fesselt an die Reling. Gemächlich, dann wieder blitzschnell bewegen sich die Schweinswale durch die Wellen und ziehen einen in ihren Bann. Am einfachsten entdeckt man die beeindruckenden Tiere auf einem Schiffstörn von Hörnum oder List aus. Auf dieser Tour kann man auch Seehunde beobachten, die sich auf den Sandbänken von der Sonne wärmen lassen. (▶ S. 77)

HÖRNUM ERLEBEN

TOURISMUS-SERVICE HÖRNUM
Rantumer Str. 20
Tel. 04651 962 60
www.hoernum.de

SYLTER MUSCHEL BISTRO €-€€
Frische Muscheln wandern hier direkt aus der Nordsee, gefangen auf den Muschelbänken vor Hörnum, in den Topf. Das kleine Bistro am Hafen serviert verschiedene Muschelgerichte, ohne Schnickschnack und zu erfreulichen Preisen. Immer im Angebot sind auch verschiedene Fischgerichte. Und wenn von Helgoland frischer Hummer angeliefert wird, kann man im Hörnumer Bistro auch die edelsten aller Großkrebse genießen.
Am Kai 4
Tel. 0160 98 07 76 73

FISCH MATTHIESEN €-€€€
In dem Traditionshaus am Hörnumer Hafen genießt man verschiedene Fischspezialitäten. Zu empfehlen ist auch die Hörnumer Fischsuppe.
Rantumer Str. 8
Tel. 04651 88 17 73
www.fisch-matthiesen-sylt.de

STRANDRESTAURANT KAP-HORN €€
Eine »Holzhütte« inmitten der herrlichen Hörnumer Dünenlandschaft! Es gibt Pasta, Fisch und Fleisch, und auch Vegetarier finden etwas.
Süderende 24
Tel. 04651 88 15 48
www.kap-horn-sylt.de

CAFÉ LUND €€
In dem 2015 »zurückrenovierten« Café Lund gibt es seit den späten 1960er-Jahren die hausgemachte »Sölring Iskreem«.
Rantumer Straße 1–3
Tel. 04651 88 10 34 (Geschäft)
Tel. 04651 88 10 36 (Café)
www.lund-sylt.de

SEEPFERDCHEN SYLT €€€
Verschieden große, nett eingerichtete Appartements mit Blick aufs Meer. Außerdem hat man seinen eigenem Standkorb.
Odde Wai 1
Tel. 04651 88 98 80
www.seepferdchen-sylt.de

STRANDSAUNA HÖRNUM
Hier finden Sie mitten in den Dünen eine Finnische Blockhaus-Anlage mit Schwitzraum (90 °C) und Biosauna (65 °C).
Süderende 25
www.strandsauna-sylt.de
tgl. 12–17 Uhr
Tageskarte 20 €

KRABBEN VOM KUTTER
Krabbenfischer Dieter Denker bietet seine Krabben fast jeden Tag zwischen 11 und 17 Uhr im Hörnumer Hafen an.
www.fischvomkutter.de

SYLTER WERKSTÄTTEN KERZENMANUFAKTUR
Hier fertigen Menschen mit Behinderung tolle Kerzen und zeigen bei Kursen Tricks und Kniffe.
Heimstr. 3
www.sylter-werkstaetten.de

Verheerender Landverlust

Hörnumer Odde

Die **Sylter Südspitze,** die 1972 unter Naturschutz gestellt wurde, ist der am stärksten bedrohte Teil der Insel, aber auch einer der landschaftlich reizvollsten. In den letzten Jahrzehnten hat die beständig nagende Nordsee die Fläche der Hörnum-Odde um mehr als die Hälfte reduziert. Im März 1989 trennten die Wassermassen die äußerste Südspitze von der Insel ab, sie wurde zu einer Sandbank im Meer. Die Sturmflut im Herbst 2015 war besonders verheerend. Durch die im Jahr zuvor installierten Tetrapoden wurde der Ort Hörnum verschont, an der Randdüne der Hörnum-Odde gab es jedoch auf fast einem Kilometer Länge schwere Abbrüche. Stellenweise gingen 60 m Land verloren. In Zeiten des Klimawandels und vermehrt zu erwartenden Sturmfluten werden die Sandaufspülungen vor der Sylter Südwestküste nur ein Tropfen auf den heißen Stein sein. Die **Dünen, natürlicher Schutzwall** gegen den »Blanken Hans«, werden stetig neu bepflanzt, um die Stabilität zu gewährleisten. Doch auch das hilft nicht wirklich. Vor 50 Jahren dauerte ein Spaziergang um die Odde drei Stunden, vor zehn Jahren noch zwei; inzwischen ist man in einer knappen Stunde um die Südspitze Sylts herum.

Erlebnisse in der Schutzstation

Arche Wattenmeer

Seit 2013 residiert das Nationalparkhaus »Arche Wattenmeer« in der alten Hörnumer Kirche. Die Mitarbeiter kümmern sich in erster Linie um den Schutz von Insel und Nordsee. Im **Natur-Erlebniszentrum** erfährt man allerlei Wissenswertes zum Thema Wattenmeer. Die Mitarbeiter der Schutzstation bieten darüber hinaus verschiedene Exkursionen an.

Rantumer Straße 33 | April–Okt. Di.–So. 10–18 Uhr | Tel. 04651 88 62 229 | Eintritt: 5 € | www.schutzstation-wattenmeer.de/unsere-stationen/hoernum-sylt/arche-wattenmeer

KAMPEN

Höhe: 24 m ü. d. M. | **Einwohner:** 471

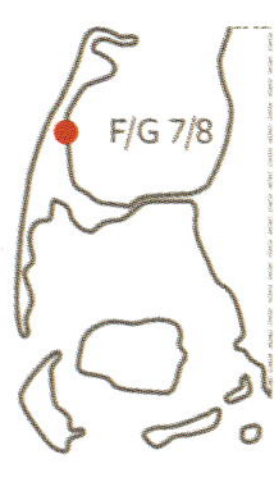

Einst war Kampen das Mekka der Künstler und Literaten, später dann, in den wilden 1960er- und 1970er-Jahren, vergnügte sich in dem kleinen Ort der Jetset hüllenlos am Strand und bis in die Nacht an der legendären Whisky-Meile. Heute ist Kampen das teuerste Pflaster in ganz Deutschland, die Immobilienpreise steigen in den Himmel. Uwe-Düne und Rotes Kliff bei Kampen zählen aber zu den einmaligen Höhepunkten eines jeden Sylt-Besuchs.

Marlene Dietrich war hier, Emil Nolde malte in den Dünen von Kampen, Heinz Rühmann trank mehr, als er vertragen konnte, und Thomas Mann schrieb sichtlich ergriffen wie bedeutungsschwanger:

»An diesem erschütternden Meere habe ich tief gelebt.«

Sie alle kamen immer gern nach Kampen und begründeten in der ersten Hälfte des 20. Jh.s zunächst den **Ruf des kleinen Ortes** als Künstlerkolonie. Nur Romy Schneider hatte keinen Spaß an Kampen und seinen legendären FKK-Stränden, störte sich die Diva doch an den »nackten Ärschen in jeder Welle«.

Glanz und Glamour

FKK: Buhne 16

Den Intellektuellen, Malern und Schriftstellern folgte in den wilden 1960er- und 1970er-Jahren der Jetset. Kampen wurde zum »St. Tropez des Nordens«, Gunter Sachs brachte Brigitte Bardot mit ins Kampen der Reichen und Schönen – und Nackten. An der legendären **Buhne 16** lagen Hippies, Filmsternchen und echte Stars am Strand, wie Gott sie schuf. Nur Playboy und Millionenerbe Sachs mochte nicht so recht mitspielen. Trotz der Plakate einiger Witzbolde »Badehose runter, Gunter« ließ Gunter Sachs die Badehose an.

Wo die Nacht zum Tag wird

Residenz der Reichen

Die Schickimicki-Gesellschaft mit ihrem Hang zum Sehen und Gesehen-Werden bestimmte und bestimmt das Image von Kampen. Nach dem Sonnenbad wurde im Pony-Club am Strönwai, der sogenannten Whisky-Meile, die Nacht zum Tag gemacht. Immer noch trifft sich die **Gucci- und Hermès-Fraktion in Kampen,** aber es geht längst nicht mehr so wild zu wie einst. Wer es nicht zum Genfer Autosalon schafft, der kann auch hier Ferraris und Maseratis en masse bestaunen, kann wahlweise Moderator Johannes B. Kerner oder Bundestrainer Joachim Löw beim Brötchenholen treffen, die hier einen Zweitwohnsitz ihr eigen nennen. Die Grundstückspreise in Kampen zählen zu den höchsten in der Republik: 30 000 Euro pro Quadratmeter, da müssen inzwischen schon ganz normale Millionäre passen.

Hübsches Städtchen

Friesenhäuser und roter Stein

In Kampen, dessen Ortsbild von den Boutiquen der internationalen Labels und Restaurants bestimmt wird, stehen auch einige **sehenswerte, traditionelle Friesenhäuser,** die teils aus dem 17. Jh. stammen. Zwischen 1930 und der Jahrtausendwende erhöhte sich die Zahl der Häuser von 75 auf 600, Tendenz leicht steigend. Da die Kampener aber vor rund 100 Jahren eine Bauvorschrift erließen, wonach alle neuen Häuser aus rotem Stein gebaut werden, Reetdächer tragen und mindestens 24 m voneinander entfernt stehen müssen, sind die neu bebauten Gebiete recht hübsch anzusehen.

KAMPEN ERLEBEN

TOURISMUS SERVICE KAMPEN

Hauptstr. 12
Tel. 04651 469 80
www.kampen.de

❶ KAAMP MEREN €€€

Aus Jens'ns Tafelfreuden und dem Dorfkrug wurde das moderne Kaamp Meren. Hier gibt es u. a. die Klassiker aus dem Dorfkrug: die legendären Rouladen sowie die Königsberger Klopse von Dieter »Jensi« Jensen.
Hauptstraße 12
Tel. 04651 435 00
www.kaamp-meren.de

❷ GOGÄRTCHEN €€€-€€€€

Das in die Jahre gekommene Promi-Lokal von Rolf Seiche wurde 2013 von Christina Hässler und Florian Hühne ordentlich aufgemöbelt und umgestaltet. Die Klassiker auf der Karte sind geblieben und im Garten kann man auch gut sitzen.
Strönwai 12, Tel. 04651 412 42
www.gogaertchen-sylt.de

❸ MANNE PAHL €€€-€€

Einen »lukullischen Salto« legt das »Manne Pahl« nach eigener Aussage hin. Manche Gäste überschlagen sich jedenfalls vor Begeisterung über die angeblich besten Wiener Schnitzel auf der Insel.
Zur Uwe-Düne 2
Tel. 04651 425 10
www.manne-pahl.de

❹ KUPFERKANNE €€

Einst Flakbunker, seit 1950 sogenanntes und labyrinthisches Künstlerlokal, in dem es sehr leckeren Kuchen gibt. Wer draußen sitzt, hat einen schönen Blick aufs Watt!
Stapelhooger Wai
Tel. 04651 410 10
www.kupferkanne-kampen.de

❶ HOTEL REETHÜÜS €€€-€€€€

Das Reethüs bekommt den Spagat zwischen Tradition und Moderne gut hin: Die Landhauszimmer, viele davon mit Terrasse und Strandkorb, bieten allen Komfort und sind gleichzeitig freundlich und gemütlich.
Hauptstraße 18
Tel. 04651 985 50
www.reethues-sylt.de

❷ HOTEL AHNENHOF €€€

Klein, gemütlich, familiengeführt: dieses Hotel ist eine kleine Wohlfühloase im mondänen Kampen. Und spätestens wenn man beim Frühstück im Garten das Meer rauschen hört, ist man angekommen im Urlaub.
Kurhausstraße 8
04651 426 45
www.ahnenhof.de

STRANDSAUNA LA GRANDE PLAGE

Eine Finnische Sauna (90 °C) und eine Farblicht-Aroma-Sauna (70 °C) in den Dünen, Meerblick gratis. Die vielfältige Tages- und Abendkarte des Grande Plage genießt man am besten auf der Terrasse.
Riperstig/Weststrand
Tel. 04651 88 60 78
www.syltsauna.de/la-grand-plage
Do.–Mo. 12–18 Uhr
Tageskarte: 22 €, Zwei-Stunden-Tarif: 15 €

Zurück bis zur Bronze- und Eisenzeit

Besiedelung

Verhältnismäßig viele Grabhügel in der Umgebung von Kampen deuten darauf hin, dass die Region schon in der Bronze- und der Eisenzeit bewohnt war. Auch die etwas erhöhte Lage lässt darauf schließen. Das dem Ortsnamen zugrunde liegende Wort »Kamp« kann man als **»hohes Feld«** übersetzen. 1613 wurde Kampen in einer Chronik erstmals erwähnt. Damals lebten hier nur eine Handvoll Fischer, Bauern und Seeleute. Rund 250 Jahre später kamen die ersten Gäste vom Festland in das idyllische Dorf mit damals etwa 25 Friesenhäusern. Seit 1927 ist Kampen ein eigenständiger **Kur- und Badeort.**

Wohin in Kampen und Umgebung?

Flanieren und Bummeln

Einkaufen, Kunst, Film

Bummelmeile des kleinen Ortskerns ist der **Strönwai,** der auf einer Länge von nur etwa 300 m Edeljuweliere, Boutiquen mit kostspieliger Kleidung und entsprechenden Accessoires, Makler, Galerien und schicke In-Treffs vereint. Seit 2008 gibt es den Kampener Kunstpfad, in Erinnerung an die Künstler, die in Kampen wirkten. Der Maler und »Kunst-Spaziergänger« Thomas Landt bietet geführte Touren auf dem Kampener Kunstpfad an, die Sylt-Autorin Silke von Bremen Führungen mit dem Titel »Abgedreht – die wilden 60er Jahre« durch den Ort, der Kulisse für zahlreiche Filme und Serien war.

Thomas Landt: www.thomaslandt.de
Silke von Bremen: Tel. 04651 355 74

Beeindruckende Landschaftskulisse im Abendrot

Rotes Kliff

Das berühmte Rote Kliff zieht sich bis zu 30 m hoch auf einer Länge von nahezu viereinhalb Kilometern von der Nordseeklinik nördlich von Westerland bis zum Kliffende bei Kampen und wurde bereits 1979 zusammen mit knapp 180 Hektar Dünenlandschaft unter Naturschutz gestellt. Durch Wasserunterspülungen und anschließende Abbrüche ist die **geologische Struktur,** die normalerweise mit

IM WARMEN GLANZ DER SONNE

Lehnen Sie sich zurück und schließen Sie Frieden mit der Welt, wenn am Roten Kliff die Sonne ganz langsam im Meer versinkt und die einzigartige Struktur in tiefsten Rot erstahlen lässt.

Lehm überdeckt ist, sehr gut zu sehen. Die untere, bis zu 3 Mio. Jahre alte Schicht besteht aus Kaolinsand. In der Saale-Eiszeit vor rund 180 000 Jahren wurde sogenannter Geschiebelehm darüber gelagert. In dieser Schicht ist eine Vielzahl unterschiedlicher Gesteine auszumachen: unter anderem Rhombenporphyr aus Norwegen, Granite und Gneis aus Schweden. Durch Eisenoxidation entstand die rotbraune Farbe. Die Grenze zwischen Kaolinsand und Geschiebelehm ist stellenweise sehr gut als waagerechte Linie auszumachen. Über dieser Lehmschicht wiederum liegt eine bis zu 50 cm dicke Heidesandschicht.
So weit die wissenschaftliche Kurzform, für Romantiker lässt sich weitaus kürzer zusammenfassen: Hier erlebt man die **schönsten Sonnenuntergänge an der Nordsee.**

Ein Blick bis nach Dänemark

Uwe-Düne

Aus der Dünenlandschaft auf dem Roten Kliff ragt die Uwe-Düne heraus, mit fast 53 m die höchste Erhebung von Sylt. Sie wurde zu Ehren des Sylter Unabhängigkeitskämpfers **Uwe Jens Lornsen** (▶ Interessante Menschen) so benannt. Wer die 110 Stufen zur Uwe-Düne erklimmt, wird mit einem wunderbaren Blick über die Insel bis hin zum deutschen und dänischen Festland und zur Insel Rømø belohnt.

Kampener Leuchtfeuer

»Langer Christian«

Südlich von Kampen steht der bekannte **weiß-schwarze Leuchtturm,** »Langer Christian« genannt, der ab 1853 auf Initiative des dänischen Königs Friedrichs VII. erbaut wurde. Der Leuchtapparat mit Petroleumspeisung war damals eine technische Sensation und wurde stolz auf der Pariser Weltausstellung 1855 präsentiert. Im März des darauffolgenden Jahres war es dann so weit: Der Leuchtturm nahm seinen Betrieb auf. Ab 1929 wurde von Petroleum- auf Elektrobetrieb umgestellt. Der Kampener Leuchtturm hat eine Feuerhöhe von 62 m, das Leuchtfeuer eine Reichweite von 21 Seemeilen, also rund 40 Kilometern. Sein charakteristisches schwarz-weißes Kleid erhielt er übrigens erst 1953, bis dahin war er gelb-grau gestrichen.
Ergänzt wurde der »Lange Christian« lange Zeit durch das **Quermarkenfeuer »Rotes Kliff«** nördlich von Kampen, das von 1913 bis 1975 leuchtete. Der dunkelrote, achteckige Backsteinbau mit weißer Laterne und Kuppeldach warnte vor einer Sandbank in der Einfahrt zum Lister Tief. Seine Feuerhöhe beträgt 23 m.

Romantische Strecke entlang der Inselbahnlinie

Klappholttal

Durch das idyllische Klappholttal nördlich von Kampen mit Krüppelkiefern und Heideflächen führt der **Fahrrad- und Wanderweg** nach List. Sein Verlauf folgt dem Gleisbett der Inselbahn, die bis 1970 zwischen Hörnum und List verkehrte.

LEUCHTZEICHEN AM HORIZONT

Entlang der deutschen Nordseeküste stehen 36 Leuchttürme bzw. -feuer, davon neun auf den Nordfriesischen Inseln. Solche Navigationshilfen gab es bereits in der Antike und trotz Radar und Satellitennavigation sind sie auch heute nicht überflüssig als zusätzliche Sicherungssysteme, markante Denkmale der Schifffahrtsgeschichte sowie beliebte Ausflugsziele – vor allem ihre Aussichtsplattformen.

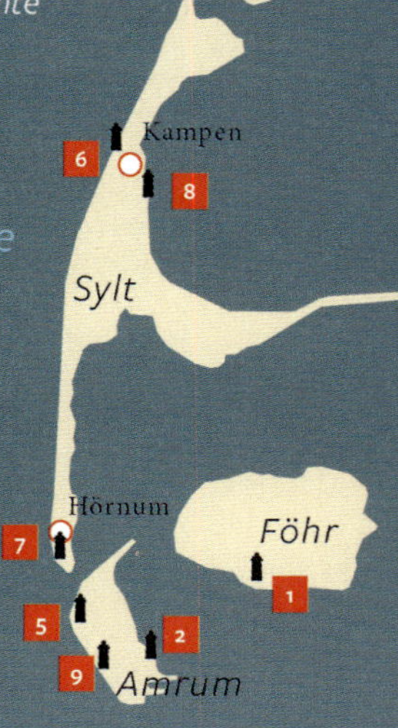

▶ **Leuchtturmarchitektur**
Leuchttürme unterscheiden sich nach Form, Aussehen und Aufgabe (z.B. für Positionsbestimmung oder zur Warnung vor Untiefen). Es gibt u.a. Backsteintürme, Gittertürme und Leuchtbaken. Die Leuchtfeuer senden je nach Bedeutung verschiedene farbige Signale in unterschiedlichen Intervallen aus. Angegeben sind die Leuchtfeuerhöhen in Meter, ihre Leuchtsignalfarben sowie das Baujahr der Türme.

1 Olhörn (Föhr) 1953

2 Nieblum (Amrum) 1983

3 Westellenbogen (Sylt) 1852

4 Ostellenbogen (Sylt) 1852

5 Norddorf (Amrum) 1906

Seezeichen

Unterschieden wird zwischen festen und schwimmenden Seezeichen (z.B. Tonnen). Leuchttürme sind die auffälligsten festen Sichtzeichen. Weitere, meist unbefeuerte sichtbare Orientierungshilfen für die Schifffahrt sind:

Pricken
Sichtzeichen; 4–7 m hohe Birkenstämme oder Eisenstangen als Kennzeichnung im kleinen Fahrwasser. Ein Abstand von 3–5 m sollte zur Pricke eingehalten werden.

Seetürme
Hohe, massive Bauwerke, über weite Entfernung sichtbar für Schiffe

Baken *(auch: Kap, Kape, Kaap) Sichtzeichen; Holz- oder Metallgerüst*

23 m

48 m

62 m

63 m

6 **Rotes Kliff (Sylt)**
1913

7 **Hörnum (Sylt)**
1907

8 **Kampen (Sylt)**
1855

9 **Amrum**
1874

Entenfangende Pfeifen

Vogelkojen

Drei Entenfanganlagen gab es zwischen 1767 und 1921 auf Sylt. Die etwa 3 km nördlich von Kampen gelegene Vogelkoje ist die älteste. Die Vogelkojen entstanden auf den Nordfriesischen Inseln ab der Mitte des 18. Jh.s, und zwar nach holländischem Vorbild. Das Prinzip war simpel: In dem künstlich angelegten Teich mit mehreren Fangarmen (Pfeifen) aus Draht wurden **gezähmte Wildenten** gehalten, die ihre freien Artgenossen anlocken sollten. Der Wärter streute Futter in derjenigen Pfeife aus, die am günstigsten in Windrichtung lag. Die wilden Enten folgten den Lockvögeln in die Pfeife, der Kojenwärter trieb sie immer tiefer in den Fangarm bis in die Reuse hinein. Die gezähmten Tiere wurden wieder befreit, die anderen »gekringelt«, d.h. ihnen wurde mit schnellem Griff das Genick umgedreht.

Kampener Vogelkoje (beim Restaurant Vogelkoje zwischen Kampen und List) | Mai–Sept., Mo.–Fr. 10–17, Sa., So., Fei. 11–17, Okt.–April 11–16 Uhr | Tel. 04651 87 10 77 | soelring-museen.de/naturpfad-vogelkoje-kampen

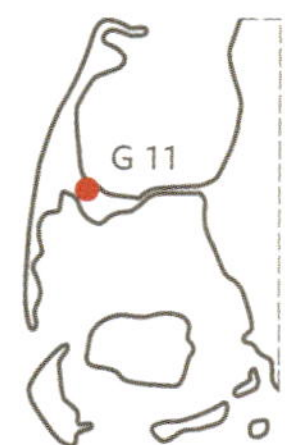

★★ KEITUM

Höhe: 1 m ü. d. M. | **Einwohner:** 828

Mit seinen alten reetgedeckten Kapitänshäusern, dem üppigen Baumbestand, den hübschen Bauerngärten und der reizvollen Lage am Grünen Kliff ist Keitum eines der schönsten Friesendörfer in ganz Nordfriesland.

Reise in die Vergangenheit

Wenn man an einem sonnigen Sonntagmorgen durch Keitum schlendert, kann man sich gut zurückversetzen in alte, längst vergangene Zeiten. Bisweilen fahren noch Kutschen durch den Ort; und wenn man das Klappern der Hufe auf dem Kopfsteinpflaster hört, dann muss man nur für einen Augenblick die Augen schließen und kann schon fast die alten, ehrwürdigen Kapitäne vor seinem geistigen Auge sehen. Wie sie – zurück von großer Fahrt – vor ihren prachtvollen **Friesenhäusern** sitzen, genussvoll an der Pfeife ziehen und sich den schlohweißen Bart kratzen. Zur Freude der Einheimischen und der Gäste wurde zudem 2017 die hässliche Bauruine der unvollendeten Keitum-Therme abgerissen. Medienangaben zufolge soll dort eine **Blümchenwiese** entstehen und keine weitere Luxusherberge gebaut werden.

Alte Bäume und Kapitänshäuser

Prachtvolles Friesendorf

Keitum, geschützt an der Wattseite der Insel gelegen, gehört definitiv zu den **schönsten Dörfern im ganzen Norden,** das Zentrum ist

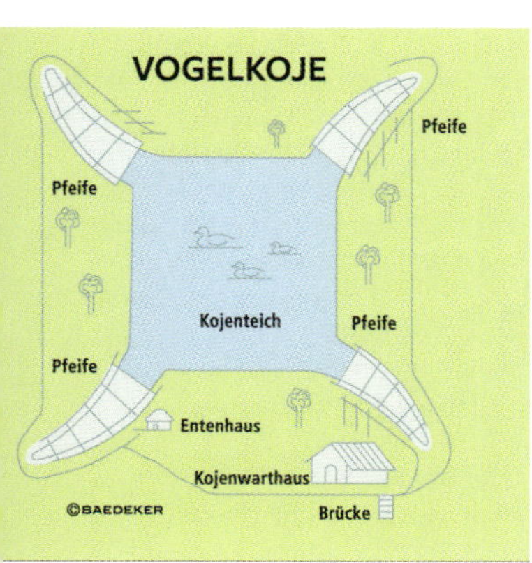

OBEN: Keitum ist das schönste Friesendorf der Insel.

UNTEN: So funktioniert eine Vogelkoje.

weitgehend für den Autoverkehr gesperrt. Ein immer noch reicher Baumbestand und viele alte Kapitänshäuser prägen Keitum wie kein anderes Dorf der Insel. In den Vorgärten blühen zur Sommerzeit Rosen, Malven und Geißblatt. Abgetrennt von den engen, ursprünglich für den Kutschenverkehr gebauten Straßen werden die Gärten von Hecken aus Buchsbaum und aufgetürmten Findlingen umsäumt. Üppige Kastanien, Linden, Buchen und Ulmen erheben ihre mächtigen Kronen über den Reetdächern, als wollten sie die alten Häuser vor allen Wettern schützen. Hunderte der Ende des 19 Jh.s gepflanzten Bäume fielen in den 1990er-Jahren allerdings dem Ulmensplintkäfer und schließlich der Motorsäge zum Opfer. Nach einem höchst erfolgreichen Spendenaufruf wurden neue Bäume gepflanzt.

Sylter Heimatforschung

Söl'ring Foriining

In Keitum ist der bereits 1905 gegründete Heimatverein Söl'ring Foriining sehr aktiv: Er kümmert sich um die Sylter Heimatforschung – wohl wegen der großen Vergangenheit des Orts, aber auch aufgrund einer gewissen Tradition auf diesem Gebiet, die mit dem Lehrer und Chronisten **Christian Peter Hansen** (▶ Interessante Menschen) ihren Anfang nahm.

Ruhesitz der Walfangkapitäne

Hafengeschichte

Von der Mitte des 17. Jh.s bis um 1800 lebte Keitum wie die meisten Inseldörfer vom **Walfang.** Viele erfolgreiche Kapitäne jener Zeit setzten sich in Keitum zur Ruhe und bauten von Wohlstand zeugende Häuser. Ende des 18. Jh.s gab es in Keitum rund 150 Gebäude mit insgesamt ca. 600 Einwohnern. Etwa zwei Drittel der Keitumer Männer fuhren in der Walfangzeit zur See. Der Reichtum hatte jedoch seinen Preis: Viele Männer verloren im Meer ihr Leben. Ab 1820 war Keitum bedeutender Hafen und Hauptort der Insel. Hier gab es den einzigen Inselarzt und eine Apotheke. Ab 1868 jedoch versandete der Keitumer Hafen, das nördlich gelegene Munkmarsch übernahm bis zum Bau des Hindenburgdamms den Part als wichtigster Sylter Hafen. Keitum musste schließlich auch die Verwaltung dem aufstrebenden Westerland überlassen. Obwohl immer größere Scharen von Badegästen nach Sylt kamen, versank der Ort zunächst im Dornröschenschlaf, denn die meisten Urlauber zogen Westerland vor. Inzwischen ist Keitum längst kein Geheimtipp mehr.

Wohin in Keitum und Umgebung?

Besinnlichkeit auf taubenblauen Kirchenbänken

★ St. Severin

Nördlich außerhalb von Keitum liegt auf der Geesthöhe die Keitumer Kirche St. Severin. Wie fast alle älteren Gotteshäuser auf den Nordfriesischen Inseln entstand sie im 13. Jh., erstmals erwähnt wurde sie bereits 1240. Man setzte den etwas spröde wirkenden Backsteinbau auf ein Fundament aus großen Granitsteinen. Im 15. Jh. wurde der spätgotische Turm angebaut. Zwei trapezförmige Feldsteine in der Turmwand sollen die Grabsteine der beiden Kirchenstifterinnen sein. Der Turm diente bis 1603 als Seezeichen, bis 1806 auch als Gefängnis. Deutlich ist die ursprüngliche Dreigliederung des Baus zu erkennen. Ähnlich wie die Morsumer Kirche besteht auch St. Severin aus einem einfachen Kirchenschiff mit niedrigerem Chor und einer sehr flachen Apsis. Der lichte Innenraum mit taubenblauen Kirchenbänken und gleichfarbiger Empore wurde 1913 von dem Keitumer Künstler Franz Korwan umfassend renoviert. In St. Severin lassen sich einige **kunsthistorische Kostbarkeiten** entdecken: Das romanische Sandstein-Taufbecken stammt aus der Entstehungszeit der

BAEDEKER MAGISCHE MOMENTE

RUHE UND BESINNLICKEIT

Wenn es mal zu viel wird mit dem Trubel, es draußen brütend heiß ist oder wie aus Kübeln regnet, dann finden Sie Ruhe in einer der nordfriesischen Kirchen. Von außen oft wuchtige Bauten, überraschen die meisten durch ihre heitere und farbenfrohe Innenausstattung. Und auch wenn Sie nicht an den lieben Gott glauben: Diese Form der Besinnlichkeit tut einfach gut!

KEITUM ERLEBEN

SYLT TOURISMUS-SERVICE KEITUM

Gurtstig 23
Tel. 04651 99 80, 04651 299 03 97
www.insel-sylt.de/keitum

❶ RESTAURANT AMICI €€€€-€€€

Bei gehobener italienischer Küche sitzt man hier besonders schön im Sommer auf der Terrasse des reetgedeckten Ensembles.
C.-P.-Hansen-Allee 1
Tel. 04651 957 09 47
www.amici-sylt.de

❷ BROT & BIER €€€

Deftig friesisch und delikat kreativ belegte Brote, dazu das auf Sylt gebraute WATT-Bier, das ist das namensgebende Konzept der selbst ernannten »Stullenmacher.« Achtung! Auch die Preise der zweifelsohne leckeren »Stullen« sind mehr als deftig!
Gurtstig 1
Tel. 04651 936 37 43
www.brot-und-bier.de

❸ KLEINE TEESTUBE €€

Ein gemütliches Ambiente unter Reet: köstliche Blaubeerpfannkuchen und leckere Friesentorte!
Westerhörn 2
Tel. 04651 318 62
kleineteestube.com

❶ ROMANTIKHOTEL BENEN-DIKEN-HOF €€€€-€€€

Wer wissen und vor allem erleben möchte, wie man urfriesische Gemütlichkeit und Luxus am besten miteinander verbindet, der sollte eines der 43 individuell gestalteten Zimmer oder eine der Suiten im reetgedeckten Kapitänshaus oder einem der Nachbargebäude des Benen-Diken-Hofs buchen.
Süderstr. 3–5
Tel. 04651 938 30
www.benen-diken-hof.de

❷ HOTEL AARNHOOG €€€€-€€€

Dies ist die kleine, gemütliche und dennoch luxuriöse Dependance des Munkmarscher 5-Sterne-Tempels Fährhaus. Die stylishen Zimmer des Boutique-Hotels im Friesendorf Keitum tragen blumige Namen wie »Schwertlilie«, »Maiglöckchen« oder »Strandflieder«.
Gaat 13
Tel. 04651 39 90
www.aarnhoog.de

DAY SPA KEITUM

Die »kleine Wellnessoase im Kapitänsdorf« gehört zum Syltness Center.
Gurtstig 23
Tel. 04651 33 70
www.syltnesscenter.de
Wellness: Di.–Sa. 10.30–18.30 Uhr
Thalasso: Mo.–Do. 8–17 Uhr
Spirit & Mind: Mo.–Fr. 9–19 Uhr

WOLKENLÖN SPA IM ROMANTIK-HOTEL BENEN-DIKEN

Von klassischen Massagen und Ayurveda-Massagen bis hin zu Cleopatrapackung und »All inclusive« gibt es hier so ziemlich alles Wünschenswerte zum Entspannen.
Süderstr. 3–5
Tel. 04651 938 30
www.benen-diken-hof.de

1 Restaurant Amici
2 Brot & Bier
3 Kleine Teestube

1 Benen-Diken-Hof
2 Hotel Aarnhoog

SCHMUCKWERKSTATT BIRTE WIEDA

Viele schöne Arbeiten der Goldschmiedin Birte Wieda. Prunkstücke sind die Objekte aus der Kollektion »Sandart«.
Gurtstig 26
goldschmiede-wieda.de

GOLDSCHMIEDE ANTJE BALLAUF

»Treibarbeiten« nennt Antje Ballauf ihre Schmuckstücke aus Gold, Silber und Bernstein.
Alter Kirchenweg 4

CHRISTOPH FREIER, GOLDSCHMIED

Der Goldschmied Christoph Freier verwendet fast ausschließlich sogenanntes »Green Gold« aus zertifizierten Minen für seine fantasievollen und farbintensiven Schmuckstücke.
Erich-Johannsen-Wai 1
www.gold-silberwerkstatt.de

WITTHÜS

Selbstgetöpfertes von Anka Weber und anderes Kunsthandwerk finden sich hier im Witthüs. Und Caroline Rügge schleift im Garten Pate de verre Glas.
Am Kliff 5a
www.witthues-keitum.de

INS NORDMEER ZUM WALFANG

1596 kehrten die Überlebenden der Barents-Expedition nach Holland zurück und berichteten von riesigen Walbeständen vor Spitzbergen. Ursprünglich waren sie aufgebrochen, um eine Nordroute nach China zu erkunden, und dabei stießen sie zu ihrer Überraschung auf Land, nämlich auf Spitzbergen, das sie für Grönland hielten. So begann das Zeitalter der Nordlandfahrten.

Walfischfett war zu dieser Zeit ein höchst begehrter Rohstoff. Der ölige Tran des Tiers wurde zu verschiedenen medizinischen Zwecken, als Nahrungsmittel und zur Beleuchtung genutzt.

Neue Erwerbsquelle

Die Inselfriesen witterten die Chance einer neuen Verdienstmöglichkeit, die sie auch bitter benötigten. Seit ein paar Jahrzehnten schon brachte der Heringsfang praktisch nichts mehr ein, da die Fischströme weitgehend versiegt waren. Zudem wurde durch die **Buchardi-Flut** im Oktober 1634 auf den Inseln wertvolles Ackerland vernichtet. Hinzu kam, dass die Insulaner im Dreißigjährigen Krieg kräftig zur Kasse gebeten wurden. Neue Erwerbsquellen mussten her, und so fuhren sie mit den Holländern und mit Hamburger oder Altonaer Kaufleuten, denen der dänische König 1644 **Grönlandfahrten** gestattet hatte, gen Norden.

Kapitäne von Sylt

Die Walfänger stammten vor allem von den Nordfriesischen Inseln und den Halligen. Zu Beginn des 18. Jh.s stellten die Sylter allein **ein Drittel der Kapitäne** auf den Hamburger Schiffen. Die Kapitäne, auch Kommandeure genannt, waren finanziell am Walfang beteiligt und viele brachten es damals zu **Geld und Ansehen.** Die Mannschaft hingegen bekam nur eine festgelegte Heuer. Folglich arbeiteten viele daran, in der Walfängerhierarchie aufzusteigen. Dieses war in erster Linie durch eine gezielte Ausbildung – Lesen, Schreiben, Navigationstechnik – möglich. Auf den Inseln entstanden daher Schulen, in denen die Grönlandfahrer während der Wintermonate Wissen und Erfahrung weitergaben.

Jedes Jahr im Februar

Ende Februar jedes Jahres ging es auf große Fahrt. Zuvor feierten die Inselbewohner noch das **Biike-Brennen,** ein feucht-fröhliches Fest, das auf den heidnischen Brauch, den Winter mit einem Feuer zu verabschieden, zurückging. Am folgenden Tag fand das sogenannte **Petriting** statt, ein Treffen, bei dem Recht gesprochen und Übereinkünfte für die kommenden Monate getroffen wurden. Danach trat Ruhe auf den Inseln ein. In den folgenden Monaten mussten die Frauen die Felder bestellen, für Haushalt und Kinder sorgen. Zudem fielen auch die Geburten in die Zeit zwischen Frühjahr und Herbst – eine weitere enorme Belastung für die schwer arbeitenden Frauen.

Fahrt ohne Wiederkehr

Nach dem Biike-Brennen fuhren die Männer mit sogenannten Schmack-

Waljagd mit Harpunen (Stich von 1876)

schiffen, relativ kleinen und meist hoffnungslos überladenen Schiffen, nach Hamburg und Amsterdam. Von dort aus starteten sie zum Walfang Richtung Norden. Sobald ein **Tier gesichtet** wurde, ließen die Männer kleine Ruderboote, sogenannte Schaluppen, zu Wasser und ruderten so nah wie möglich an den Wal heran. Am Bug jeder Schaluppe wartete ein Harpunierer auf eine günstige Position und schleuderte sein **Fanginstrument** in den Körper des Wals. Nun ruderten die Walfänger möglichst rasch wieder weg, um nicht von einem Flossenschlag des gequälten Tieres erwischt zu werden. Die Harpunen hatten sich unter der Haut des Wals festgesetzt, und da sie durch eine lange Leine mit den Schaluppen verbunden waren, wurden diese von dem flüchtenden Tier mitgeschleppt. Dessen erste Befreiungsschläge warteten die Walfänger aus sicherer Entfernung ab, dann malträtierten sie den getroffenen Riesen bis zur äußersten Erschöpfung, bis ihm endlich mit einer Lanze der **Todesstoß** versetzt wurde.

»Witweninseln«

Im Herbst kehrten die Grönlandfahrer mit ihrer Beute in die Heimat zurück, wenn denn alles gut gegangen war. Die Schattenseiten dieses gefährlichen Broterwerbs waren neben allem Erfolg und Reichtum nicht zu übersehen. Viele Frauen feierten beim Biike-Brennen das **letzte Fest mit ihrem Ehemann,** denn sie erhielten im Herbst die traurige Nachricht von dessen Tod. Frauenüberschuss war in diesen Jahrhunderten folglich auf den »Witweninseln« ein ganz normales Phänomen.

Kirche, die Taufschale kam im 17. Jh. dazu. Auf dem dreiflügeligen spätgotischen Altar sind im Mittelteil Gottvater, Jesus, Maria mit dem Kind und der namensgebende Kölner Bischof Severin dargestellt. Die Renaissancekanzel von 1580 weist Darstellungen auf, unter denen Justitia hervorsticht: Sie wird nicht mit Waage, sondern mit blutendem Herzen gezeigt; ihre Augen sind nicht verbunden. An der Westwand ist eine **Votivtafel für den friesischen Freiheitskämpfer Uwe Jens Lornsen zu sehen.**

Ein unbekannter Wohltäter

Orgel

1798 spendete ein reicher Kapitän der Kirche eine Orgel, das erste derartige Instrument auf der ganzen Insel, die damals 700 Reichstaler kostete. Weil die Qualität der in die Jahre gekommenen Orgel sich mehr und mehr verschlechterte, rief der Organist Matthias Eisenberg in den 1990er-Jahren dazu auf, für ein neues Instrument zu spenden. Mit schönem Erfolg: Ein Unbekannter, der seiner Braut einst in St. Severin das Ja-Wort gegeben hatte, spendete Ende der 1990er-Jahren eine Million Mark. Die jetzige Orgel, mit 4000 Pfeifen und 46 Registern die **größte Kirchenorgel in Nordfriesland,** wurde in der süddeutschen Orgelbauer-Werkstatt von Konrad Mühleisen gebaut und am ersten Advent 1999 feierlich eingeweiht. Regelmäßig finden hier Orgelkonzerte des heutigen Keitumer Organisten Alexander Ivanov statt, der regelmäßig mindestens genauso virtuose Kollegen zu den Mittwochskonzerten in St. Severin einlädt.

Im Altfriesischen Haus lebt der Wohlstand der vergangenen Zeit heute noch.

Berühmte Ruhestätte

Friedhof

Der Friedhof rund um die Kirche kann einiges über die Lebensgeschichten der Insulaner erzählen. Sehenswert sind insbesondere die im Mittelgang aufgereihten Grabsteine alter Sylter Kapitäne, auf denen mit ein bisschen Geduld etwas über ihren Werdegang zu entziffern ist. Einige **bekannte Persönlichkeiten** haben hier ihre letzte Ruhestätte gefunden: die Schauspielerin Clara Tiedemann, Ferdinand Avenarius, Begründer der Zeitschrift »Der Kunstwart«, der Verleger Peter Suhrkamp, der Chronist Christian Peter Hansen (alle: ▶ Interessante Menschen) sowie der SPIEGEL-Gründer Rudolf Augstein.

Vergangenes Wohnen

Altfriesisches Haus

Direkt an der Wattseite schlängelt sich die Straße am Kliff entlang. Hier steht das Altfriesische Haus mit der Hausummer 13, wo im 19. Jh. der Sylter Chronist Christian Peter Hansen bis zu seinem Tod wohnte. Der Heimatverein Söl'ring Foriining kaufte das Haus 1907 und wandelte es in ein **Museum** um. Es zeigt die Bauweise aus dem 18. Jh. und gibt einen guten Einblick in die damalige friesische Wohnkultur.

Ostern–Okt. Mo.–Fr. 10–17, Sa., So. ab 11, Nov.–März Do.–So. 11–15 Uhr | Eintritt: 5 € | soelring-museen.de/altfriesisches-haus

Einblick in die Kulturgeschichte

Sylter Heimatmuseum

Auch das 1908 gegründete Sylter Heimatmuseum lässt **friesische Kulturgeschichte** lebendig werden. Hier sind friesische Trachten, Schmuck, Gemälde Sylter Künstler, alte Seefahrer-Utensilien, nautische Instrumente, Seekarten und Mitbringsel aus aller Herren Länder ausgestellt. Eine Abteilung präsentiert archäologische Fundstücke, eine andere erläutert die geologische Entstehung der Insel. Ein Raum ist dem in Keitum geborenen Freiheitskämpfer Uwe Jens Lornsen gewidmet, dessen Großvater Uwe Peters das Haus 1759 erbaut hat.

Am Kliff 19 | April–Okt. Mo.–Fr. 10–17, Sa., So. 11–17, Nov.–März Do.–So. 11–15 Uhr | Eintritt: 4 €, Kombiticket für beide Häuser: 8,50 €

Löscharbeiten der Vergangenheit

Feuerwehrmuseum

Keitums kleines Feuerwehrmuseum ist im 1906 erbauten **Spritzenhaus** untergebracht. Von hier rückte man einst per Kutsche zur Brandbekämpfung aus. Uniformen, Ausrüstungsgegenstände, Fotos und Dokumente vermitteln die Geschichte der Inselfeuerwehr.

C.-P.-Hansen-Allee | April–Okt. Di. 10.30–13 Uhr | Eintritt frei

Größter Sohn der Insel Sylt

Uwe Jens Lornsen-Denkmal

Am Uwe-Jens-Lornsen-Wai/Ecke Kastanienweg wurde 1893 für Uwe Jens Lornsen, den »größten Sohn der Insel Sylt«, ein Denkmal errichtet. **»Unser Recht ist klar wie die Sonne«** ist darauf zu lesen. (▶ Interessante Menschen)

BAEDEKER ÜBERRASCHENDES

6X ERSTAUNLICHES

Hätten Sie das gewusst?

1. WEINBERG AM WATTENMEER

Das Weltnaturerbe Wattenmeer ist nur ein paar Meter entfernt, die Landschaft bei **Keitum** auf Sylt ist platt wie ein Pfannkuchen. Und doch gibt es hier einen **»Weinberg«.** Und auf Föhr sogar zwei weitere. (▶ **S. 73**)

2. SYLT SCHRUMPFT I.

Der **»Blanke Hans«** nagt an der Küstenlinie des schmalen Eilands. Ohne massive Sandvorspülungen wären Teile der Insel bereits von der Nordsee verschluckt worden. (▶ **S. 43**)

3. SYLT SCHRUMPFT II.

Es gibt immer **weniger Sylter auf Sylt.** Weil sie sich die horrenden Immobilienpreise nicht mehr leisten können, ziehen sie aufs Festland und pendeln über den Hindenburgdamm zur Arbeit. »Schienenscheißer« nennen sie sich selbstironisch.

4. VEREINT IM ZIPFELBUND

List hat sich mit Oberstdorf, Görlitz und Selfkant zusammengetan. Des Rätsels Lösung: Diese vier Orte eint die **extreme geografische Lage** in Deutschland; 1999 haben sie den Zipfelbund gegründet. (▶ **S. 74**)

5. SKRUPELLOSE STRANDRÄUBER

Die meisten Gastgeber auf Amrum sind heutzutage freundliche Menschen. Früher waren viele von ihnen **skrupellose Spitzbuben.** Mit falschen Leuchtfeuern lotsten sie Schiffe auf Sandbänke, um die havarierten Segler anschließend zu plündern. (▶ **S. 20**)

6. WYK VOR WESTERLAND

Nicht Westerland war das erste **Seebad** auf den Nordfriesischen Inseln, sondern Wyk auf Föhr (ab 1819). Da kamen auf Sylt lediglich die Kühe zu Besuch an den Strand. Westerland wurde erst 1855 Seebad.

Faszinierende Grab- und Kultstätte

Harhoog & Tipkenhoog

Die Region um Keitum ist schon lange besiedelt, davon legen zahlreiche prähistorische Stätten Zeugnis ab. Der **Tipkenhoog**, benannt nach dem sagenhaften Riesen Tipke, liegt am südlichen Ortsausgang von Keitum. Wie für frühgeschichtliche Grabanlagen typisch, liegt der Tipkenhoog erhöht und bietet eine hervorragende Fernsicht zur Nordspitze der Insel. Von hier aus winkten in der Zeit des Walfangs und der Handelsschifffahrt die Frauen den bei Keitum in See stechenden Männern zum Abschied zu. Heute entzünden die Keitumer in der Nähe das **Biikenfeuer** (▶ S. 14). Neben dem Tipkenhoog liegt der **Harhoog** aus der Zeit um 2500 v. Chr. Einst lagen Steinkreis und Grabkammer nordwestlich von Keitum auf dem Gebiet, das 1954 für die Erweiterung des Flughafens benötigt wurde. Man verlegte die Grabanlage an den Deich.

Sonnenlicht als ideale Voraussetzungen zum Weinbau

Inselwein

Nördlich von Keitum legte der Rheingau-Winzer Balthasar Ress 2009 **Deutschlands nördlichsten »Weinberg«** an, in unmittelbarer Nähe entstand ein Anbaugebiet von Sylter Weinliebhabern. Mit immerhin 1 714 Stunden Sonnenschein sei Sylt, so die Winzer, ein ideales Terroir für die Sorten Solaris und Rivaner. Möglich geworden ist der Weinbau an der Nordseeküste auch durch den Klimawandel. Und so manch Ursylter schimpfte beim friesisch-herben Bier: »So ein Schwachsinn, sich auch noch die Erderwärmung mit Sylt-Wein schön trinken.« Der Söl'ring des Weinguts Ress kostet 65 Euro pro Flasche, der Sölviin der Sylter Weinliebhaber zwischen 25 und 30 Euro.

Ungewöhnliche Leckereien: regional und nachhaltig

Meeresgärtnerei

Queller, Salzwiesenkräuter, Meeresgemüse und Ähnliches kultiviert Andreas Frädrich in seiner Meeresgärtnerei. Man findet hier sogar ein Lorbeerwäldchen und eine kleine Zitronenplantage, die wie der nahe Weinberg von den vielen Sylter Sonnenstunden profitiert.

im Alten Bahnhof, Munkmarscher Chaussee 29

Spaziergang und Windsurfen in Munkmarsch

Munkmarsch

Seit der Hindenburgdamm Sylt mit dem Festland verbindet, sind der Hafen und der Ort Munkmarsch in wirtschaftlicher Bedeutungslosigkeit versunken. Längst ist der alte Fährhafen zu einem Jachthafen umgewandelt. Attraktionen gibt es nicht in Munkmarsch; und genau das macht die Attraktivität des ruhigen Standorts aus. Hier lassen sich herrliche Spaziergänge machen, **Windsurfer** finden ein erstklassiges Revier. Seinen Namen erhielt der kleine Ort, weil hier im Mittelalter ein Kloster des dänischen Bischofssitzes Ribe beheimatet war. Munkmarsch bedeutet übersetzt »Mönchsmarsch«. Seine Blütezeit erlebte der Ort ab 1868, als er als Hafen für den aufkommenden Bäder-Tourismus diente und die Inselbahn nach Westerland noch verkehrte.

LIST

Höhe: 2 m ü. d. M. | **Einwohner:** 2800

Was hat List auf Sylt mit Oberstdorf, Görlitz und dem Städtchen Selfkant gemein? Weder in den Alpen noch im Rheinland oder an der Grenze zu Polen sind je Möwen gesichtet worden. Keine Düne weit und breit, das Meer Hunderte von Kilometern entfernt. Die Lösung ist nicht so schwer, liegt sie doch in der außergewöhnlichen geografischen Lage der vier Orte begründet.

Zipfelort

Aufgrund derer haben sich List, **Deutschlands nördlichste Gemeinde,** und die anderen drei Orte 1999 zum Zipfelbund vereint. Ob es nun ein gemeinsames Zipfel-Journal geben muss oder ob es eine Zipfelwurst mit vier Zipfeln braucht, mag dahingestellt sein. List trägt den Namen Zipfelort jedenfalls mit Stolz. Und wer alle vier Orte besucht hat, der bekommt den Zipfelpass. Sich den Stempel der Zipfelgemeinde List zu holen, lohnt sich auf jeden Fall, und vielleicht noch mehr wegen der Landschaft drum herum als wegen des Ortes. Denn auch wenn List auf Sylt der nördlichste Ort der Republik ist, geht es noch ein Stück weiter nordwärts: Ganz oben, dort wo Sylt einen Haken schlägt, dort wo Schafe Vorfahrt vor Autos haben und wo die Brandung mit Wucht an die Küste donnert – da ist man weit weg von all dem Sylter Schickimicki andernorts auf der Insel.

LIST ERLEBEN

KURVERWALTUNG LIST AUF SYLT

Landwehrdeich 1
Tel. 04561 95 200
www.list-sylt.de

BISTRO AUSTERNMEYER €€€

Hier wird die Königin der hauseigenen Austernzucht, die berühmte »Sylter Royal«, serviert (▶ S. 8). Etwas nussig, etwas herb und ein echter Hochgenuss!
Hafenstr. 10–12
Tel. 04651 87 75 25
www.sylter-royal.de

GOSCH €€€-€€

Inzwischen gibt es Gosch's Fischimbisse in fast jeder Fußgängerzone der Republik – nichts Besonderes also, könnte man meinen. Aber hier im Norden der Insel ist der Ort, an dem die Erfolgsgeschichte einst begann. Zwar ist es oft brechend voll, aber der Besuch ist immer ein Erlebnis!
Hafenstr. 16
Tel. 04651 87 13 11
www.gosch.de

L.A. SYLT LISTER AUSTERNPERLE €€€

Mal wieder nicht mehr als eine Bude und mal wieder in 1A-Lage! Auf der Terrasse mit Meerblick kann man wunderbar ein paar Austern und dazu einen leckeren Weißwein schlürfen. Die L.A. Sylt Lister Austernperle ist wirklich ein erstklassiger Platz zum Entspannen!
Oststrand-Promenade/Mannemorsumtal 33c
Tel. 04651 299 93 96

SYLTER EISMANUFAKTUR

Jeden Tag frisch und immer mal etwas anders: Vom Quark-Meersalz-Karamell-Eis über Lakritz-Eis bis zum Blaubeerschmand-Eis ist alles dabei. Und guten Kaffee gibt es auch noch (März–Okt.).
Dünenstraße 3
Tel. 04651 835 68 10
www.sylter-eismanufaktur.de

HAUS ÜTHORN €-€€

Das ist die nördlichste Ferienwohnung Deutschlands. Wind, Dünen, ein weiter Himmel und das Rauschen des Meeres; fernab vom Trubel liegen die Appartements des Hauses Üthorn inmitten der faszinierenden Naturlandschaft des stillen Sylter Ellenbogens.
Tel. 04651 87 02 18
www.uethoern.de

HAFEN SPA

Das Syltsea Hafen SPA bietet eine große Palette an Beauty-, Kosmetik- und Wohlfühlbehandlungen. Männer genießen das »Meermann Ritual« den »Seemann's Wellenbrecher« oder die Nackenmassage »Ahoi-Klarer Kopf«.
Hafenstr. 17
Tel. 04651 75 00 00
www.hafenspa.de

GRAND SPA-ROSA

Hier finden sich ein 3500 m² großes Spa mit Meerwasser-Poollandschaft, Themensaunen und 18 Behandlungsräumen. 2021 wurde der Wellnessbereich im SPA-ROSA als bester Resort SPA Deutschlands ausgezeichnet – ein schöner Erfolg!
Listlandstr. 11
Tel. 04651 96 75 09 92
resort.a-rosa.de
Tgl. 9–22 Uhr

STRANDSAUNA LISTLAND

Drei finnische Blockhaussaunen verbergen sich hier zwischen den Dünen. Wer genug geschwitzt hat, springt zum Abkühlen in die Nordseewellen! Zum Strandsaunagenuss gehört außerdem das Sonnen auf der Terrasse.
Weststrandstr. 333a (1. Parkplatz an der Straße Weststrand/Ellenbogen)
Tel. 0151 72 19 08 31
www.strandsauna.info
Anf. April–Ende Okt. tgl. ab 11 Uhr, Tageskarte: 18 € (keine Kartenzahlung möglich)

VOELMYS – WOHNEN IST ANSICHTSSACHE

Exquisite Möbel und Accessoires – zum Beispiel Strandkörbe für den heimischen Garten.
Listlandstraße 14
Tel. 04651 46 09 60
www.voelmys.de

SYLTER GENUSSMACHEREI

»Alles von Hand – alles von Sylt«: Spitzenkoch Alexandro Pape bietet süffige WATT-Biere, Pasta nach Rezepten seines sardischen Großvaters und das berühmte Sylter Meersalz. Angeschlossen ist der Laden an das Restaurant Synder.
Hafenstraße 2a
Tel. 04651 942 90 74
www.sylter-genussmacherei.de

Ein Schatz im Königshafen

Geschichte der Bucht

Zwischen Listland und Ellenbogen an der Ostküste liegt der Königshafen, Deutschlands nördlichste Bucht, benannt nach dem dänischen König Christian IV., der hier am 16. Mai 1644 die schwedisch-holländische Flotte vernichtend schlug. Bis ins 18. Jh. hinein nutzte Dänemark den strategisch wichtigen Naturhafen, ehe er zusehends versandete und seine Bedeutung verlor. Große Teile der Bucht und die kleine Insel Uthörn stehen heute unter Naturschutz, denn sie sind ein ausgezeichnetes **Brutgebiet für Vögel.** Am Ufer des Königshafens stieß man 1937 auf ein mit einer Bleiplatte verschlossenes Kuhhorn, das mehr als 600 aus England stammende Silbermünzen enthielt. Man nimmt an, dass sie einst von einem Wikinger vergraben wurden.

Untergang des ersten Lists

Bedeutung Lists

Das erste List, 1292 unter dem Namen Listum erwähnt, ist wahrscheinlich der Sturmflut von 1362 zum Opfer gefallen. Funde beim Klappholttal und in der Nähe des Königshafens bezeugen eine Besiedlung im frühen Mittelalter: Eine rheinländische Münze, die auf den Zeitraum zwischen 650 und 690 datiert wird, deutet auf Handelsverbindungen mit dieser Region hin. Sylts Norden war von 1435 bis 1866 direkt der **dänischen Krone** unterstellt, die Grenze lag südlich von List. Noch im 19. Jh. sprach man hier nicht Plattdeutsch, sondern Plattdänisch. Das heutige List ist erheblich jünger. Um 1900 standen hier gut zehn Häuser. Erst mit dem Bau der Marineflugstation und des **Zeppelinhafens** im Ersten Weltkrieg entwickelte sich der Ort. Ab 1920 kam eine als Schule der zivilen Luftfahrt getarnte Ausbildungsstätte für Seeflieger dazu, zu deren Programm Küsten- und Fernaufklärung gehörten. Bis 2007 wurde List von der **Marineversorgungsschule** der Bundeswehr geprägt, wurde dominiert von Kasernen und Reihenhaussiedlungen. Nach dem Abzug der Bundeswehr wurde in den Ausbau der touristischen Infrastruktur investiert.

Wohin in List und Umgebung?

Auf zum nördlichsten Punkt Deutschlands

★★ Ellenbogen

Als Ellenbogen wird der nördliche Ausläufer Sylts bezeichnet. Er befindet sich seit mehr als 250 Jahren in Familienbesitz; die Eigentümer (35 Erben, die auf Sylt, aber auch in New York und Hamburg wohnen) lassen an der Mautstation rund 1,5 km hinter dem Ort eine Mautgebühr von 5 Euro pro Pkw kassieren. Radfahrer nutzen die Straße (nach einer erfolgreichen Klage) inzwischen genau wie Fußgänger kostenlos. Bei der Fahrt oder der Wanderung auf die Ellenbogen-Spitze (friesisch: Alembögspünt) kommt man an den 1857 erbauten Zwillings-Leuchttürmen List-Ost und List-West vorbei, die ältesten gusseisernen Leuchttürme Deutschlands. An der Ostspitze des Ellenbogens **treffen die offene Nordsee und das Wattenmeer aufeinander,** deutlich zu erkennen an den schaumgekrönten Wirbeln, die durch die Gezeitenströmungen verursacht werden. Das Baden ist hier auch für geübte Schwimmer lebensgefährlich und deshalb verboten. Eine Markierung für Deutschlands »Nordpol« gibt es an dem breiten Sandstrand nicht.

Die einzige Wanderdüne der deutschen Nordseeküste

Listland

Das Listland, westlich des Orts und ebenfalls seit Generationen in Privatbesitz, steht bereits seit 1923 unter Naturschutz. Das größte **Dünengebiet** Sylts wartet am Mannemorsumtal mit der einzigen Wanderdüne an der deutschen Nordseeküste auf. Besonders schnell ist sie nicht unterwegs, sie schafft pro Jahr höchstens 7 Meter ostwärts. Damit nicht auch noch die letzte ihrer Art vom Winde verweht wird, sorgen Naturschützer für die kontinuierliche Bepflanzung der Düne, um ihr möglichst viel Halt zu geben. Das gesamte Gelände darf nur auf den ausgewiesenen Wegen betreten werden. Thomas Mann, der sich gerne und viel auf Sylt aufhielt, sagte einmal: »Man glaubt, in der Sahara zu sein.«

Zwischen Idylle und Trubel

Stadtbild

Am Ort List scheiden sich die Geister: Die einen mögen den maritimen Charakter, die Lage zwischen Dünen und Watt, anderen ist hier zu viel Urlaubstrubel. Kneipen, Imbissbuden und Souvenirstände prägen das Bild rund um den 2003 komplett **im skandinavischen Stil renovierten Hafen.** Hier verkehren die Fähren nach Rømø und Ausflugsschiffe, u. a. zu den Seehundbänken. Um einen Besuch bei »Gosch« kommt man kaum herum, und auch das 2022 eröffnete **Luxus-Resort Lanserhof** kann man sich ansehen – mit dem größten Reetdach der Welt und dem einzigen Tunnel der Nordseeinsel. Der Lanserhof gehört zu den teuersten Wellness-Adressen weltweit: Zwei Wochen bekommt man nicht unter 10 000 Euro. Die meisten Sylt-Touristen werden da wohl nur zum Gucken kommen. In anderen Wohlfühltempeln des österreichischen Investors Christian Harisch tummeln sich Gäste wie Roman Abramowitsch und die Familie Beckham.

Auf der Spur der Naturgewalten

★ Erlebniszentrum Naturgewalten Sylt

Das interaktive Erlebniszentrum Naturgewalten Sylt am Hafen vermittelt u. a. die **Ergebnisse neuester Meeresforschung.** In den Themenbereichen »Klima, Wetter, Klimaforschung«, »Leben mit Naturgewalten« und »Kräfte der Nordsee« kann man z. B. im Sturmraum die Naturkräfte erfahren sowie in einem Kanal Wind und Wellen erzeugen und Ebbe und Flut simulieren. Außerdem werden Wattführungen angeboten.

Tgl. 10–18, Juli u. Aug. 10–19 Uhr | Eintritt: Erwachsene 15,50 €, Kinder 10 € | www.naturgewalten-sylt.de

Austernzucht im Wattenmeer

Austernzucht

Über mehrere Jahrhunderte lebten Sylts Fischer vom Austernfang, nachdem der Ort 1608 vom dänischen König das Monopol zugesprochen bekommen hatte. In den 1920er-Jahren fielen die Austernbänke dem Raubbau zum Opfer und die Fischerei hatte ein Ende. 1986 begannen Vater und Sohn Dittmeyer mit der Austernzucht im Wattenmeer. Seither exportiert die »Dittmeyer Austern Compagnie« die berühmte **»Sylter Royal«** in alle Welt. In der Hafenstraße 10–12 haben Interessierte Gelegenheit, die Meeresfrüchte zu kosten und sich über Einzelheiten der Austernzucht zu informieren. (▶ S. 8).

Kurse am Meer

Heimvolkshochschule Klappholttal

Südlich von List liegt die Heimvolkshochschule Klappholttal, eine Stätte der Jugend- und Erwachsenenbildung. Das ganze Jahr über finden in der Akademie am Meer Kurse statt: vom Malunterricht über Schreibseminare, Tanz, Yoga und Gesellschaftsthemen bis hin zu interessanten Exkursionen. Der Name **Klappholttal** leitet sich von Klappholz-Tal ab. 1919 gründete der Hamburger Mediziner Knud Ahlborn hier in ehemaligen Militärbaracken ein Heim der Freideutschen Jugend; sie waren Anhänger eines Lebens in freier Natur und die ersten Nudisten auf der Insel (▶ Baedeker Wissen, S. 8).

★★ MORSUM

Höhe: 8 m ü. d. M. | **Einwohner:** 1111

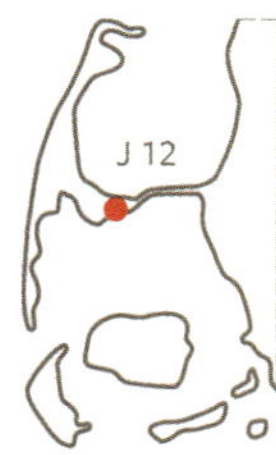

Viele Sylt-Urlauber genießen Morsum gerade einmal für ein paar Minuten oder sogar nur für ein paar Sekunden. Nämlich vom Zug aus, der sie über den Hindenburgdamm auf die Insel bringt und am Bahnhof Morsum einen kurzen Halt macht. Schade für diejenigen, die Morsum dann erst wieder auf der Rückreise zu Gesicht bekommen. Denn mit dem beschaulichen Ort, aber vor allem mit dem einzigartigen Morsum-Kliff verpassen sie ein echtes Sylt-Highlight.

Wanderschuhe einpacken!

Weder Strand, Gourmet-Restaurants noch teure Boutiquen gibt es in diesem idyllischen Dorf, hier braucht man eher Wanderschuhe, um auf den zahlreichen Wegen rund um Morsum die wunderschöne, abwechslungsreiche Landschaft – eine Mischung aus Feldern, Marschen, Wattwiesen, Heide und einem kleinen Wäldchen – und vor allem das **Morsum-Kliff** zu erkunden. Dieses bietet ein geologisches, in ganz Europa einzigartiges Naturschauspiel. Die rund 20 m hohe

Was die Dame wohl entdeckt hat? Blick über das Watt bei Morsum

Steilküste, wegen ihrer Farbigkeit auch **»Buntes Kliff«** genannt, steht bereits seit 1923 unter Naturschutz.

Wohin in Morsum und Umgebung?

Ein natürliches Kunstwerk

Das Besondere am Morsum-Kliff ist, dass die Formationen in der knapp zwei Kilometer langen Klippe durch Einwirkung von Gletschern der Saale-Kaltzeit (vor ca. 120 000 Jahren) schräg gestellt wurden. So sind die Schichten im Morsum-Kliff, im Gegensatz auch zu den anderen Kliffs auf Sylt, nebeneinander statt übereinander angeordnet. Kaum zu glauben, dass man sich an diesem **natürlichen Kunstwerk** vergreifen und beim Bau des Hindenburgdamms auf Material vom Kliff zurückgreifen wollte. Naturschützern ist es zu verdanken, dass das Morsum-Kliff weitgehend unbeschädigt blieb. Drei Schichten sind in der Wand auszumachen: als älteste ursprünglich schwarzer Glimmerton aus dem Miozän (etwa 6 bis 7 Mio. Jahre), dann rotbrauner Limonitsandstein (ca. 4 bis 5 Mio. Jahre) und schließlich weißer Kaolinsand (rund 2 bis 4 Mio. Jahre), die beiden Letzteren aus dem Pliozän. Das Morsum-Kliff, inzwischen als **Nationaler Geotop** ausgewiesen, ist auch der einzige Ort in Deutschland, an dem die Grenzschichten zwischen Miozän und Pliozän zutage tre-

ten. Wer Lust auf eine geologische Lehrstunde hat: Die zweistündigen Spaziergänge der NSG Sylt starten von April bis Ende Oktober jeweils montags, mittwochs und freitags um 11 Uhr und dienstags und donnerstags um 14 Uhr vom Parkplatz Nösse.
Tel. 04651 444 21 | www.naturschutz-sylt.de

Bäuerliche Abgeschiedenheit

Geisterdorf Morsum

Zu Morsum gehören neben dem Hauptort noch die Siedlungen Groß-Morsum, Klein-Morsum, Schellinghörn, Wall, Osterende und Nösse. In der bäuerlichen Abgeschiedenheit ganz im Osten der Insel bekommt man tatsächlich noch einen Eindruck vom einsamen Inselleben früherer Tage, wie es auf Sylt sonst kaum noch zu finden ist, auch wenn neben den schönen alten Friesenhäusern und Höfen der eine oder andere **Zweitwohnsitz** neu entstanden ist. Neubauten müssen zwar architektonisch an die traditionelle Bauweise angepasst werden, da sie jedoch den größten Teil des Jahres leer stehen wirkt Morsum bisweilen wie ein Geisterdorf.

Die vergessene, einst größte Ortschaft Sylts

Kurze Geschichte

Wie das benachbarte Archsum ist Morsum wegen der fruchtbaren Böden schon früh als **Siedlungsplatz** gewählt worden. Darauf lassen bronze- und eisenzeitliche Hügelgräber in dieser Gegend schließen. Lange Zeit war es die größte Ortschaft auf Sylt: Zu Beginn des 18. Jh.s standen hier fast 150 Häuser. Dann gewannen Keitum und Westerland an Bedeutung. Morsum hatte für den aufkommenden Tourismus wenig zu bieten, da die Strände zu weit entfernt sind.

MORSUM ERLEBEN

HOTEL HOF GALERIE €€€

Ausnahmsweise mal ein Haus, in dem man nicht unter Reet schläft und frühstückt. Das Morsumer Hotel Hof Galerie war einst ein einfacher Dorfkrug, dann Galerie. Nun ist es ein äußerst fantasie- und kunstvoll gestaltetes Hotel, in dem Kunst immer noch ihren Platz hat.
Serkwai 1
Tel. 04651 95 70 50
www.hotelhofgalerie.de

LANDHAUS SEVERIN'S MORSUM-KLIFF €€€-€€€€

Aus dem Hotel Morsum Kliff wurde das Landhaus Severin's. Die Lage am Kliff ist immer noch fantastisch, das Ambiente im gemütlichen Landhausstil gehalten, die Küche kredenzt inseltypische Gerichte und internationale Klassiker. Ein kleiner, aber feiner Wellnessbereich komplettiert das Angebot.
Nösistig 13
Tel. 04651 460 68 80
www.landhaus-severins.de

Ein kleines Kirchlein

St.-Martin-Kirche

Nach dem hl. Martin, den Bischof von Tours im 4. Jh., ist die im 13 Jh. gebaute Morsumer Kirche benannt. An das einfache Kirchenschiff schließt sich ein etwas niedrigerer Chor an, der von einer flachen, halbrunden Apsis abgeschlossen wird. Wegen seiner **kleinen Fenster** wirkt das Kirchlein etwas verschlossen. So wie das Morsumer Gotteshaus muss man sich die anderen Inselkirchen in frühester Zeit vorstellen: Alle wurden zunächst ohne Turm gebaut, die Glocke hing in einem offenen hölzernen Gestell, wie es bei der St.-Martin-Kirche heute noch der Fall ist. Im Innenraum ist vor allem der spätgotische Flügelaltar mit den Aposteln sehenswert, außerdem die geschnitzte Kanzel von 1698. Auf dem kleinen Friedhof dahinter stehen einige **»sprechende Grabsteine«** (▶ Baedeker Wissen, S. 136).

RANTUM

Höhe: 3 m ü. d. M. | **Einwohner:** 498

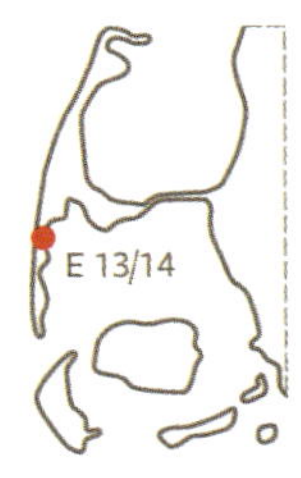

Solch eine Taille wie Rantum wünscht sich manch Sylt-Reisender. Und wer fit ist, der schafft es von der Wattseite bis zur offenen Nordsee in weniger als zwei Minuten. Aber wer will sich schon abhetzen? An der mit inzwischen nur noch 550 Metern schmalsten Stelle Sylts geht das Inselleben einen ruhigen Gang, nur rund um die legendäre Sansibar ist fast immer etwas los.

Mehr **Insel-Feeling** als in Rantum geht nicht. Wenn die Möwen keinen Lärm machen, kann man von der Wattseite noch das Meeresrauschen hören. Das Ortsbild von Rantum (einst Ranteem: Ort am Rande) ist geprägt von Reetdach-Villen. Das einstige Armenhaus der Insel hat heute den Ruf als »Klein-Kampen«. Lange Jahre allerdings ging es den Rantumern gar nicht gut. Sie lebten bis ins 18. Jh. vom Strandgut und vom Strandraub. Dabei sollen die Rantumer Strandpiraten ganz besonders perfide vorgegangen sein: Angeblich banden sie ihren Kühen Fackeln an die Hörner, um ortsfremde Schiffe mit den Irrlichtern auf die Sandbänke vor Rantum zu locken. Die Besatzung wurde erschlagen und in den Dünen verscharrt.

Einstiges »Armenhaus« der Insel

Geschichte

Rantum, erstmals bereits 1142 erwähnt, wurde immer wieder durch Sturmfluten und Sandverwehungen zerstört. Allein vier Kirchen sollen im Laufe der Jahrhunderte in den Fluten versunken sein. Bis ins 20. Jh. hinein war der Ort das Armenhaus der Insel. Erst in den

1930er-Jahren, als neben List und Hörnum noch ein dritter Standort als **Seefliegerhorst** gebaut wurde, entstand das heutige Rantum. An die militärisch geprägte Ära erinnern heute noch die Kasernengebäude am nördlichen Ortsrand, die inzwischen als Jugend- und Erholungsheime dienen. Sowohl das Rantumbecken als auch die Salzwiesen des Inge-Deichs sind wichtiger Brut- und Rastplatz für zahlreiche Vögel.

Wohin in Rantum und Umgebung?

Über den Deichweg am Becken entlang

★ Rantumbecken

Das zu militärischen Zwecken angelegte, knapp 570 ha große Rantumbecken steht seit 1962 als **Europareservat** unter Naturschutz und kann nur im Rahmen von Führungen des Vereins Jordsand begangen werden. Auf dem Deichweg südöstlich des Becken lassen sich schöne Wanderungen und Radtouren machen.
www.jordsand.de

REITEN AUF DEM MEERESGRUND

Spüren Sie die Freiheit und das Abenteuer beim vollen Galopp durch das Watt, wenn der Wind durch die Haare fährt! Am eindrucksvollsten sind die Ausritte am frühen Morgen und am Abend, wenn die Sonne auf- oder untergeht. (▶ S. 198)

RANTUM ERLEBEN

HOTEL WATTHOF €€€

Der Watthof bietet hübsche Zimmer mit Ausblick aufs Weltnaturerbe. Wellnessbereich und Weinhandel im Haus.
Raanwai 42
Tel. 04651 80 20
www.watthof.de

ALTE STRANDVOGTEI €€

Hier schläft man mit dem feinen Rauschen der Nordsee im Ohr.
Meret-Lassen-Wai 6
Tel. 04651 922 50
www.alte-strandvogtei.de

SANSIBAR €€€

Das Kult-Restaurant schlecht hin, lädt auch heute noch mit internationalen Speisen zum Bleiben ein
Hörnumer Str. 80
Tel. 04651 96 46 46
www.sansibar.de

Noch kein »Land unter« in Rantum

Inge-Deich

Nur noch eine **schmale Dünenkette** trennt das Dorf vom offenen Meer. Gegen drohende Überflutungen von der Wattseite aus wurde Ende der 1980er-Jahre der Rantumer Inge-Deich gebaut, übrigens der einzige an der Nordseeküste, der überwiegend durch Spenden erreichtet wurde.

»Sylt-Quelle«: ein heilendes Wunderwerk

kunst:raum sylt

Bei Bohrungen entdeckte man in 50 m Tiefe eine Mineralwasserquelle, nach weiteren 120 m eine Heilwasserquelle. Seit 1994 wird das Wasser als »Sylt-Quelle« vermarktet. Bei weiteren Bohrungen stieß man in 644 m Tiefe auf eine **Sole-Quelle.** Aus der Thermalquelle sprudelt 26 °C warmes, extrem salzhaltiges Wasser, das Jod, Brom und Fluoride enthält. Schuppenflechte, Rheuma und Husten können mit der Sole behandelt werden. Das Abfüllwerk des Mineralbrunnens ist zugleich das größte Kulturzentrum der Insel: Als kunst:raum sylt vereint es Produktionshalle, Galerie, einige Künstlerappartements und Freifläche für Events und Installationen. Auf dem Programm stehen Lesungen, Performances, Konzerte und Kammeropern; im Juli und August gastiert in der Sylt-Quelle das Meerkabarett.
www.krsq.de | www.meerkabarett.de

Rantumer Dünen

Baakdeel

Das fast 400 ha große Gebiet der Rantumer Dünen steht seit 1973 unter Naturschutz und darf nur auf den gekennzeichneten Wegen betreten werden. Nördlich schließt sich zwischen Rantum und Westerland das seit 1979 geschützte **Dünengebiet** Baakdeel an.

Vom Gejagten zum Geschützten

Vogelkoje

In der 1874 errichteten Vogelkoje ist heute ein **naturkundliches Informationszentrum** zum Vogelschutz untergebracht. Die alte Entenfanganlage kann im Rahmen einer Führung besichtigt werden. Der bereits 1936 gegründete Hegering Sylt setzt sich für den Erhalt von heimischer Flora und Fauna ein.

Hegering Sylt, Eidum Vogelkoje | Tel. 0171 216 78 87 | Mitte Mai–Mitte Okt. | genaue Öffnungszeiten auf www.hegering-sylt.de

TINNUM

F 10/11

Höhe: 2 m ü. d. M. | **Einwohner:** 3055

Westlich von Keitum und angrenzend an Westerland liegt das fast 800 Jahre alte Dorf Tinnum. Im Süden liegen herrliche Wiesen bis zum Rantumer Becken. Tinnum wird auch als »Brücke zwischen Stadt und Land« bezeichnet und hat sich zumindest südlich der Bahntrasse zwischen Westerland und Festland tatsächlich noch ländlichen Charme bewahrt.

Ein Dorf mit Geschichte

Dass Tinnum 800 Jahre alt ist, sieht man dem Ort auf den ersten Blick wahrlich nicht an. Erst nach intensiver Suche entdecken Besucher ein paar wenige hübsche Friesenhäuser und einen Rest dörflicher Atmosphäre. Und mit der Landvogtei im **»Kampende«** (1649), in der der dänische König Friedrich VI. im 19. Jh. zu Gast war, ist hier eines der ältesten Inselhäuser erhalten. Mitte des 19. Jh.s standen in Tinnum gut 60 Häuser, während man in Kampen 23 und in Wenningstedt nur 11 zählte. Von der Walfangzeit bis 1870 gab es hier eine wichtige Seefahrtsschule. Lange Zeit war Tinnum in Richtung des Rantumbeckens von Landwirtschaft geprägt. Heute ist vor allem das Gebiet in Richtung Westerland entlang der Bahngleise mit Gewerbehallen und Supermärkten bebaut.

Wohin in Tinnum und Umgebung?

Eine Burg mit langer Tradition

Tinnumburg

Von einer frühen Besiedlung weiß man durch die Tinnumburg, archäologische Funde deuten auf eine Nutzung im 9. und 10. Jh. hin, neuere Forschungen gehen jedoch davon aus, dass sie bereits in der **Zeit um Christi Geburt** entstanden ist. Unklar bleibt, ob sie im 9. und 10. Jh. von Wikingern oder von Friesen benutzt wurde. Vermutlich diente die Wallanlage nicht als Fluchtstätte, sondern hatte eine strategische Bedeutung als Seestützpunkt. Die Tinnumburg hat einen Durchmesser von 110 bis 120 m, der Ringwall ist durchschnittlich 20 m breit. Heute nutzen die Sylter das Areal vor allem zum **Biike-Brennen** im Februar. (▶ S. 14)

Tierisch was los in Tinnum

Tierpark

Nicht nur für Kinder ist der Tierpark südlich von Tinnum einen Ausflug wert! Hier leben mehr als 400 Tiere aus allen Teilen der Erde und auf Teichen kann man Tretboot fahren.

Tierpark Tinnum: Ringweg 10 | Tel. 04651 326 01 | Mai–Okt. tgl. 10–19Uhr | Eintritt: Erwachsene 14 €, Kinder: 7 €

WENNINGSTEDT

Höhe: 18 m ü. d. M. | **Einwohner:** 1624

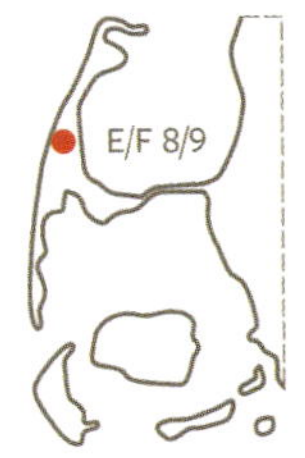

Majestätisch am Roten Kliff gelegen bietet der familienfreundliche Badeort einen fantastischen Blick auf den makellos weißen Sandstrand und die unbezähmbare Nordsee. Angeblich sollen um 450 n. Chr. Angeln und Sachsen vom Wenningstedter Hafen aus aufgebrochen sein, um das von Römern verlassene Britannien zu erobern. Heute macht man sich von hier aus zu einem Spaziergang entlang der Steilküste am Sylter Weststrand auf, am besten bei Sonnenuntergang zum nicht weit entfernten Roten Kliff.

Nur wenige Kilometer nördlich von Westerland liegt Wenningstedt, Spötter bezeichnen den Ort auch als Vorort der Sylter Hauptstadt. Viel Sehenswerters gibt es im Dorf nicht. Spannender sind da die Sagen, die um den Ort gesponnen werden – und beeindruckend ist die **1A-Lage** unweit des Roten Kliffs. Die exponierte Lage des Orts ist zugleich eine gefährliche. So gingen in der 1980er-Jahren Bilder vom Kliff um die Welt, als das alte Restaurant »Kliffkieker« nach einer Sturmflut bereits zur Hälfte über dem Abgrund hing. Weil der **»Blanke Hans«** auch in den Jahren darauf weiter an der Küstenlinie knabberte, mussten in Wenningstedt gleich mehrere Gebäude aufgegeben werden.

Eines kam im Herbst 2012 aber dazu: das neue Gebäude von Sylts Fischbrater Nummer eins, das Restaurant »Gosch Am Kliff«. Bald wurde der markante Neubau aufgrund seiner besonderen Form nach dem Spitznamen des Eigners Jürgen »Jünne« Gosch überwiegend »Jünnes Düne« genannt.

WENNINGSTEDT ERLEBEN

TOURIST-SERVICE WENNINGSTEDT-BRADERUP

Strandstraße 25
Tel. 04651 44 70
www.wenningstedt.de

FITSCHEN AM DORFTEICH €€€-€€€€

Wie kombiniert man schwäbische Maultaschen mit der friesischen Regionalküche? Wenn es einer weiß, dann der zugereiste Schwabe Manfred Fitschen in seinem Restaurant. Er serviert holsteinische Gerichte mit dezent süddeutschem Touch.
Am Dorfteich 2
Tel. 04651 54 61
www.fitschen-am-dorfteich.de

GOSCH AM KLIFF €€-€€€

»Jünnes Düne« nannte Jürgen Gosch seinen geschwungenen Holzbau mit Grasdach, in dem er 2012 ein weiteres Restaurant auf Sylt eröffnete. Hier gibt es bewährte Gosch-Qualität, allerdings geht es auch am Kliff oft sehr hektisch zu.
Dünenstr. 17a
Tel. 04651 456 88
www.gosch.de

WONNEMEYER STRAND-RESTAURANT €€-€€€

Ein bisschen Ibiza-Feeling an der Nordsee. Es gibt ein paar spanisch angehauchte Gerichte; Kultstatus haben sich die Wonnemeyers jedoch mit ihrem ABC aus Austern, Bier und Currywurst gesichert.
Ellenbogen 3
Tel. 04651 87 02 66
www.wonnemeyer.de

HOTEL STRANDHÖRN €€€

Das komfortable und moderne Hotel Strandhörn lockt mit einem umfangreichen Wellnessbereich. Das beste Wohlfühlprogramm liegt gleich vor der Haustür: In der herrlichen Dünenlandschaft und am Weststrand mit dem Roten Kliff gleich um die Ecke. Augen zu und der Brandung lauschen, mehr Wellness gibt es nirgends sonst auf der Insel.
Dünenstraße 20
Tel. 04651 945 00
www.strandhoern.de

LINDNER STRANDHOTEL WINDROSE

Das Lindner Strandhotel Windrose bietet einen großen SPA-Bereich mit Sauna und zwei Pools, darunter einen Whirlpool. Bei den Anwendungen kommen unter anderem die Sylter Heckenrose, Meeresalgen und Bernstein zum Wohlfühl-Einsatz.
Strandstraße 19
Tel. 04651 94 08 01
www.lindner.de

KURSAAL³

Im Kursaal³ im »Haus am Kliff« können schon mal die Wände wackeln – in der Wenningstedter Mehrzweckhalle werden nicht nur die beliebten Vorträge über das Wattenmeer gehalten, sondern auch Shantys geschmettert. Und in der Hauptsaison gastieren manchmal sogar Stars wie Konstantin Wecker.
Strandstraße 25
Tel. 04651 44 70

Das »Gosch am Kliff« wurde in Wenningstedt als Düne getarnt.

Viele Namen, ein Dorf

Geschichte

Einst lag etwas westlich vom heutigen Wenningstedt der Ort Wendingstadt, der der Sturmflut 1362 zum Opfer fiel. Zur Zeit der Völkerwanderung sollen Angeln und Sachsen vom Hafen Wendingstadt Richtung England in See gestochen sein. Heute gibt es Zweifel an dieser Geschichtserzählung, da es unwahrscheinlich ist, dass es zur offenen Seeseite einen Hafen gab. Fest steht, dass die Region um Wenningstedt schon zur Steinzeit besiedelt war, wie der **Denghoog,** ein steinzeitliches Grab im Norden des Orts, bezeugt. 1850 standen hier genau elf Häuser, neun Jahre später begann sich langsam – im Schatten Westerlands – ein Badebetrieb zu entwickeln. Nach einer »Curliste für das Jahr 1859« hatte Wenningstedt (friesisch: Woningstair) damals 20 Gäste. Nachdem der Ort Ende des 19. und Anfang des 20. Jh.s gemeinsam mit Kampen und Braderup die Gemeinde »Norddörfer« gebildet hatte, hieß er ab 1927 wieder Wenningstedt, seit 2002 bildet er mit dem Nachbarort die Gemeinde Wenningstedt-Braderup.

Wohin in Wenningstedt?

Alte Schätze unter riesigen Steinen

Der Denghoog (»Thing-Hügel«), ein sogenanntes **Ganggrab,** gilt als eine der bedeutendsten Grabanlagen in Nordeuropa überhaupt. Er besteht aus riesigen Findlingen, die während der Saale-Eiszeit aus dem skandinavischen Raum hierher transportiert worden waren und um 3000 v. Chr. zu der Grabanlage aufgeschichtet wurden. Von außen ist der Denghoog als etwa 3 m hoher Hügel zu erkennen. Im Innern verfügt er über eine 15 m² große Kammer, in der man bereits 1868 wertvolle Beigaben gefunden hat: Tongefäße, Werkzeuge, Waffen und Bernsteinperlen. Die Fundstücke, die auf die Entstehung der Anlage in der Trichterbecherkultur schließen lassen, sind heute im Landesmuseum in Schloss Gottorf in Schleswig ausgestellt. Die **Kammer** mit einer Höhe bis zu knapp 2 m besteht aus zwölf Tragsteinen und drei immens großen Decksteinen, die durch eine Schicht aus Ton, Wattenschlick und Steintrümmern miteinander verbunden sind, sodass kein Wasser eindringen kann. Ein 6,5 m langer Gang führt in Richtung Süden; er ist aus neun Tragsteinen auf beiden Seiten und neun Deckensteinen zusammengesetzt. Der Eingang des Grabs liegt so, dass am Tag der Wintersonnwende die Sonne einen innen eingelassenen Quarz beleuchtet. (▶ S. 89)

Ostern–Okt. tgl. 10–16, Nov.–März nach Anmeldung | Tel. 0170 697 16 87 oder 04651 328 05 bei Sölring Foriining | Eintritt: 3 €

WESTERLAND

Höhe: 5 m ü. d. M. | **Einwohner:** 9459

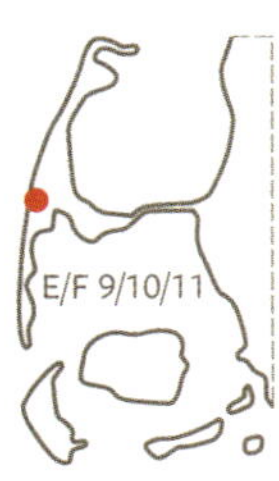

Den Song der Punkrock-Band »Die Ärzte« kennt inzwischen wohl fast jeder. »Ich will zurück nach Westerland« heißt es in einem ihrer Hits. Ganz ernst gemeint dürfte der Text nicht sein, wenngleich darin vor allem der Strand vor Sylts Hauptstadt gerühmt wird. Und das ist durchaus nachvollziehbar. Ansonsten jedoch ist Westerland mit seinen versammelten Bausünden das komplette Gegenteil eines gemütlichen Friesendorfs. Ruhe findet man hier nicht, dafür pulsierendes Leben, Shopping-Adressen en masse und ein umfangreiches gastronomisches Angebot – vom Imbiss bis zum Gourmet-Tempel.

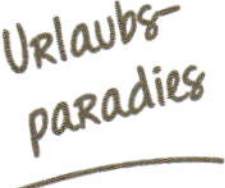

Wunderbar ist der Strand von Westerland. Breit und feinsandig ist er, **die Nordsee lädt zum Baden.** Sie kann ein Spektakel sein, wenn der

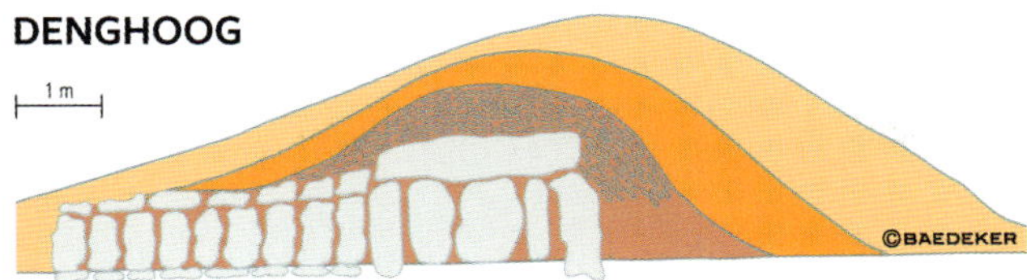

Wind sich zu einem Sturm entwickelt. Dann kommen die Surfer und vollführen unglaubliche Kunststücke auf dem Wasser. Die Luft ist klar, frisch und gesund.
Man sollte nur die Blickrichtung Westen beibehalten. Denn im Rücken hat man die Bausünden Westerlands, die wahrlich wenig ansehnlichen Betonklötze der Inselhauptstadt aus den 1970er-Jahren. »Ach Sylt, schön muss es hier einmal gewesen sein, auch im Sommer«, seufzte der Schriftsteller Walter Jens einst und sprach damit sicherlich vielen aus der Seele.

Belebte Inselhauptstadt

Vergnügen

Westerland, nach Husum die zweitgrößte Stadt des Landkreises Nordfriesland, ist das uneingeschränkte **Verkehrs-, Einkaufs- und Unterhaltungszentrum von Sylt.** Für viele sieht es fast so aus wie zuhause: Westerland bedeutet viel Verkehr, viel Lärm. Westerland bedeutet auch eine gewisse Tristesse in den Randgebieten und eine Fußgängerzone, wie man sie auch in Jena, Heilbronn oder Salzgitter finden könnte.
Trotzdem oder gerade deshalb strömen die Besucher in die Inselhauptstadt – vor allem an Schlecht-Wetter-Tagen, wenn der Sonnenbrand auskuriert werden muss, wenn man die Ruhe in Hörnum oder Archsum so gar nicht aushalten kann. Oder wenn man einfach Lust auf Shopping hat, sich amüsieren will in den zahlreichen Kneipen. Zudem finden in Sylts Hauptstadt internationale Top-Events wie der **Windsurf World Cup** statt.

Schwindelerregende Höhen

Kein »Turmbau zu Sylt«

Was die architektonischen Entgleisungen anbelangt, muss man sagen: Es hätte noch schlimmer kommen können. Denn 1969 wurden die ersten Pläne des Bauunternehmers Bense aus Stuttgart für ein gigantisches, 28-Stockwerke hohes Gebäude publik. Das **»Atlantis«** sollte 3000 Wohnungen und 1500 Parkplätze in der Tiefgarage beherbergen und unweit des Strands dort errichtet werden, wo jetzt die »Sylter Welle« (▶ S. 92) liegt. Nach massiven Protesten der Bevölkerung und endlosen Diskussionen in den zuständigen Gremien wurde der »Turmbau zu Sylt« schließlich im April 1972 gekippt.

Restaurant Jörg Müller
Alte Friesenstube
Sylter Stadtgeflüster
Web Christel
Beachhouse Sylt
Gosch am Strand
Strandoase Sylt
Hotel Stadt Hamburg
Hotel Niedersachsen
Hotel Wiking
Long Island House
House Noge
Hotel Miramar
Fußgängerzone
WESTERLAND
Luftmess-station
Friedrichshain
Gedenkstätte 1939-45
ehem. Fliegerhorst
FKK-Strand
Klaus-Stüven-Kleingarten-anlage
300 m
©BAEDEKER
Kinder-strand
Flugschule
Fernmelde-turm
Rathaus
Alte Post
Polizei
Alte Kirche St. Niels
Freizeitbad Sylter Welle
Tourismus-Service Veranstaltungs-zentrum Musikmuschel
DB-Bahnhof
ZOB
Auto-Verladung
Evang. Kirche
Kath. Kirche
Friedhof der Heimatlosen
Schützen-haus
Sylt-Aquarium
Sylt-Stadion
Strand für Kinderheime
Kleingärten
Göösing
Tinnumburg
Rantum
Friedhofsweg
Keitumer Landstraße
Keitumer Chaussee
Munkmarscher Chaussee
Bahnweg
Friedrichstraße
Strandstraße
Wilhelmstraße
Süderstraße
Stephanstraße
Maybachstraße
Bismarckstraße
Boysenstraße
Paulstr.
Neue Str.
Industrieweg
Tinnumer Straße
Am Seedeich
Kiebitzweg
Drosselweg
Meisenweg
Amselweg
Danziger Str.
Elbinger Str.
Breslauer Straße
Kolberger Str.
Königsberger Str.
Stettiner Str.
Hans-Böckler-Str.
Lorens-de-Hahn-Straße
Halemdüür
Theodor-Heuss-Straße
Sjipwai
Silwai
Kampende
Culemeyer Straße

WESTERLAND ERLEBEN

SYLT TOURISMUS-SERVICE WESTERLAND

Strandstr. 35
Tel. 04651 99 80
www.insel-sylt.de/westerland

❶ RESTAURANT JÖRG MÜLLER €€€€

Lange Jahre strahlten ein oder sogar zwei Michelin-Sterne über dem Restaurant des Meisters. Die Sterne hat Jörg Müller sausen lassen, die Qualität ist aber ohne Zweifel immer noch himmlisch.
Süderstr. 8
Tel. 04651 277 88
www.hotel-joerg-mueller.de

❷ ALTE FRIESENSTUBE €€€-€€€€

»Nu gift dat wat to eeten.« Die Speisekarte ist im ältesten Haus in Westerland auf Platt (deutsch) gehalten. Da muss man sich ein bisschen anstrengen, kann sich aber gern auch beraten lassen. Das Niveau der Speisen, die man in urigem und gemütlichem Ambiente genießt, ist hoch.
Gaadt 4
Tel. 04651 12 28
www.altefriesenstube.de

❸ SYLTER STADTGEFLÜSTER €€€

Man muss das gar nicht weiterflüstern, man kann es ruhig laut sagen, dass hier ein reizendes Bistro und Café eröffnet hat, das internationale Spezialitäten und leckersten Kuchen in einem freundlichen Ambiente serviert.
Boysenstraße 4
Tel. 04651 995 55 91
www.sylter-strandgefluester.de

❹ WEB CHRISTEL €€€-€€€€

Was sich nach digitaler Gegenwart anhört, hat bereits mehr als 30 Jahre Tradition. Friesische Gerichte, Klassiker wie Ente, Kalbsleber oder wirklich gute Bouillabaise werden serviert.
Süderstraße 11
Tel. 04651 229 00
www.webchristel.de

❺ BEACHHOUSE SYLT €€-€€€

Ohne viel Chichi, »nordish by nature«, so beschreibt Gastgeber Jens Scharfe die Küche des Beachhouse. Fangfrischer Fisch aus der Region wird als »Catch of the Day« angeboten, und der Sonnenuntergang wird musikalisch untermalt.
Käpt'n Christiansen-Straße 41A
Tel. 04651 288 78
www.beachhouse-sylt.de

❻ GOSCH AM STRAND €€-€€€

Heute schon gegoscht? So lautet die Frage des ungekrönten Königs der Fisch-Imbisse. In Westerland macht man das am besten bei Gosch am Strand.
Kurpromenade / Strandübergang Strandstraße
Tel. 04651 446 99 44
www.gosch.de

❼ STRANDOASE SYLT €€

Wenn man in der Sansibar keinen Platz bekommt, geht man in die Strandoase. Und wenn man in der Sansibar einen Platz bekommen würde, könnte man trotzdem in die Strandoase. Genau so lecker, fast noch schöner gelegen, alles ein bisschen weniger aufgebrezelt als in Rantum. Di., Do. und So. gibt es knusprige Ente auf Vorbestellung.
Lorens-de-Hahn-Straße 42
Tel. 04651 446 46 96
www.strand-oase.de

❶ HOTEL STADT HAMBURG €€€€

Der Inbegriff von Luxus auf Sylt: eine in der dritten Generation inhabergeführte Herberge, in der kaum ein Wunsch offen bleibt, außer der, dass irgendwie das Geld für die Übernachtungen wieder reinkommt. Suiten im englischen Landhaus-Stil, Restaurant, Limousinen-Service, Wellness und Beautyfarm.
Strandstr. 2
Tel. 04651 85 80
www.hotelstadthamburg.de

❷ HOTEL NIEDERSACHSEN €€€

Strandnah und zentral liegt dieses Designhotel schon immer, seit einigen Jahren ist es auch ein zertifiziertes Öko-Hotel. Das beinhaltet u. a. den Bezug von Ökostrom, Energieeinsparungen durch Heizen mittels Geothermie und die Reduzierung der CO_2-Emissionen auf ein Viertel von vergleichbaren Hotels.
Margarethenstr. 5
Tel. 04651 922 20
www.hotel-niedersachsen.de

❸ HOTEL WIKING €€-€€€

Außen pfui und innen hui – so könnte man das 4-Sterne-Hotel Wiking beschreiben, befindet es sich doch in einem dieser durchaus fragwürdigen Bauten, die in den 1970er-Jahren in der Inselhauptstadt entstanden. Aber es bietet Blick aufs Meer und für Schlechtwettertage eine Sauna.
Steinmannstraße 11
Tel. 04651 460 60
www.hotel-wiking-sylt.de

❹ LONG ISLAND HOUSE €€€

Nordsee trifft Atlantik, Sylt meets New York. Das kleine, zentral, aber ruhig gelegene Hotel verbindet auf charmante Art und Weise Nordsee-Feeling mit dem Ambiente eines US-amerikanischen Landhauses.
Eidumweg 13
Tel. 04651 995 95 50
www.sylthotel.de

❺ HAUS NOGE €€

Schlafen wie einst die Sylter Kapitäne, Schlafen im Friesenzimmer, Schlafen unter der Ahnengalerie. Das kleine Hotel im Herzen Westerlands mit seinen individuell gestalteten Zimmern ist ein wunderbarer Rückzugsort in Westerland. Ideal für Langschläfer oder auch für Aktivisten, die früh unterwegs sind und mit Hunger zurückkommen: Denn Frühstück gibt es hier von 8 bis 12 Uhr.
Dr.-Ross-Straße 31
Tel. 04651 17 95
www.haus-noge.de

❻ HOTEL MIRAMAR €€€€

Die Lage oberhalb des Strandes ist ein echter Glücksfall! Am besten bucht man ein Zimmer mit Meerblick, dann ist der Urlaub perfekt. Das alteingesessene Hotel hat noch etwas vom vergangenen Seebadcharme.
Friedrichstraße 43
Tel. 04651 85 50
www.hotel-miramar.de

SYLTER WELLE

Eine große Saunalandschaft mit Osmanischem Dampfbad, Wikingersauna im Schein des Lagerfeuers und finnischem Bieraufguss!
Strandstraße 32
Tel. 04651 99 81 11
www.sylterwelle.de
Sportbecken und Saunalandschaft: jew. tgl. 10–22 Uhr
Damensauna: Mi. 18–21 Uhr

SYLTNESS CENTER

Von A wie Abhyanga und Ayurveda bis U wie Udvarthana hat die Wellness-Abteilung eine Vielzahl an An-

6X FÜR KINDER

Langeweile verboten!

1. SPRUNG INS KÜHLE NASS

Sanfte Nordseewellen ohne starke Brandung und einen feinen, schneeweißen Sandstrand finden Sie auf **Föhr.** Der perfekte Badespaß für Klein und Groß!
(▶ S. 135)

2. PIRATEN-SPEKTAKEL

Mitte Juli an den **Piratentagen** erobern kleine Seeräuber den Wyker Sandwall. Dann heißt es Fernrohr ansetzen, Säbel schwingen und Planken vermeiden!
(▶ S. 208)

3. FASZINIERENDE UNTERWASSERWELT

Im **Sylter Aquarium** können Sie tief in die Gewässer eintauchen und vom Amerikanischen Stechrochen bis zum Zebrahai viele verschiedene Meeresbewohner bewundern.
(▶ S. 95)

4. WELLENSPASS

Kein Badewetter, aber trotzdem Lust, die mitgeschleppten Badesachen auszupacken? Kein Problem in der **Sylter Welle.** Hier finden auch kleine Seebären die beste Unterhaltung und viel Badespaß.
(▶ S. 92)

5. SO EIN ZIRKUS!

Jeden Sommer heißt es auf den Wenningstedter Wiesen »Manege frei!«, wenn der **Inselcircus** seine Tore öffnet und Kinder sich als Artisten versuchen können. Infos unter www.inselcircus.de
(▶ S. 207)

6. RAUF AUF DEN LEUCHTTURM!

Jedes Jahr im August finden auf Amrum die **Leuchtturmtage** statt, ein spannendes Erlebnis für die ganze Familie.
(▶ S. 208)

wendungen zu bieten. Die Thalasso-Behandlungen setzen auf die umfassende Kraft des Meeres (Algen-, Meersalz- und Schlick-Behandlungen). Ein Beauty-Center und die Fitness-Abteilung runden das umfangreiche Programm ab.
Doktor-Nicolas-Str. 3
Tel. 04651 99 81 12
www.syltnesscenter.de
Zeiten für die verschiedenen Anwendungen wechseln. Aktuelle Öffnungszeiten sind auf der Website angegeben.

TEEHAUS ERNST JANSSEN

Ernst Janssen kann man als ein wandelndes Teelexikon bezeichnen. Seit über 50 Jahren beschäftigt er sich mit der Materie, und bei ihm kann man nicht nur die verschiedensten Teesorten kaufen – jeden Montag (19–21 Uhr) findet auch ein Teeseminar statt, bei dem Interessierte sich umfassend informieren können.
Strandstraße 28
www.teehaus-janssen.de

DER »KLEINE LADEN« DER SCHOKOLADENMANUFAKTUR SYLT

Die zarteste Versuchung der Insel: Ganz in der Nähe des Stammhauses Café Wien bietet der kleine Laden der Schokoladenmanufaktur seit 2002 mehr als 300 verschiedene Schokoladen – hergestellt werden sie in der Manufaktur in Tinnum –, Friesenkekse und feinste Pralinées an. Ob die Sorten »Bier und Korn« oder »Sex on the beach« nur interessante Namen tragen oder auch noch gut schmecken, muss jeder selbst ausprobieren.
Strandstraße 13
www.cafe-wien-sylt.de

WEGST

Irgendetwas wird hier wohl fast jeder finden, der ein Mitbringsel für die Lieben daheim sucht. Vom edlen Syltschmuck über Sylter Meersalz und den klassischen Sylt-Autoaufkleber bis hin zur trashigen Muscheldose ist hier alles zu finden.
Friedrichstraße 33
www.wegst-sylt.de

Den alten Ort erkunden

Westerlands Geschichte

Hübsch ist Westerland in den Gassen rund um die St. Niels-Kirche, dort findet man **die letzten Reste des alten Orts.** Der wurde im 15. Jh. von Einwohnern des Dorfs Eidum gegründet, das südwestlich des heutigen Westerlands gelegen hatte und bei der Allerheiligensturmflut von 1436 gänzlich zerstört wurde. Eine andere Siedlung gleichen Namens hatte noch weiter westlich gelegen und war ebenfalls dem Meer zum Opfer gefallen. Die Eidumer ließen sich daraufhin in höheren und ungefährdeteren Gebieten nieder.
Westerland wurde 1855 zum Seebad und hatte zu der Zeit etwa 450 Einwohner. Der Tourismus entwickelte sich geradezu explosionsartig, und doch staunt man heute über die Pracht des einstigen Westerlands, zu erleben während der Führung **»Pracht und Prominenz auf der Promenade«** von Silke von Bremen. Denn zu Beginn des 20. Jh.s kam der Ort bei dem wilhelminischen Adel in Mode, die High-Society Deutschlands verbrachte die Ferien hier, elegante Hotel-Villen schossen aus dem Boden. In den 1930er-Jahren blühte der

»Kraft-durch-Freude«-Tourismus der Nazis. Ein paar Jahre nach dem Zweiten Weltkrieg war Westerland Zufluchtsort für Flüchtlinge und Vertriebene, der Tourismus lag vorübergehend brach. Investoren witterten das große Geld und überzeugten die Entscheider vor Ort, ein neues Westerland aufzubauen. Obwohl der Ort von Bombenangriffen fast komplett verschont war, sah Westerland bald so aus wie andere deutsche Städte, in denen kein Stein auf dem anderen geblieben war.

Wohin in Westerland?

Flanieren und Bummeln

Kurpromenade

Bereits 1912 wurde die 574 m lange Promenade eingeweiht und in späteren Jahren verlängert. Aus der Musikmuschel ertönen Klänge – von Schlager über Shanty bis Klassik wird alles geboten. Ein schöner **Spaziergang** führt über die Promenade und den anschließenden Bohlenweg bis hin zur sogenannten Himmelsleiter, die größte und mit 26 m höchste Strandtreppe der Insel. Hier hat man einen schönen Rundumblick und ist fast beim empfehlenswerten **Sylter Aquarium** angekommen.

Sylt Aquarium: tgl. 10–18 Uhr | Eintritt: 13,50 €
www.syltaquarium.de

Zwei sehenswerte Kirchen

St.-Nicolai-Kirche, St. Niels

1908 erhielt Westerland mit der St.-Nicolai-Kirche eine Stadtkirche in unmittelbarer Nähe des Bahnhofs. Der Innenraum ist vergleichsweise nüchtern. Das **romanische Taufbecken** stand zuvor in der St. Niels-Kirche.

Die alte St. Niels-Kirche Westerlands wurde zwischen 1635 und 1637 erbaut. Sie ist Nikolaus (fries. Form: Niels), dem Bischof von Myra, geweiht. Aus einer noch älteren Kirche stammt u. a. das Prozessionskreuz über der Apsis, das ins 13./14. Jh. datiert wird. Auch der spätgotische Schnitzaltar wurde übernommen. In den Seitenflügeln sind die zwölf Apostel zu sehen. Kanzel und Taufstein stammen aus der Mitte des 18. Jahrhunderts. Nachdem 1875 der Kirchturm angebaut worden war, gab es Platz für eine Orgel, die noch im selben Jahr eingerichtet wurde.

tgl. 10–16 Uhr | Eintritt frei

Letzter Ort von unbekannten Fischern und Seeleuten

Friedhof

Seit 1855 gibt es die **»Heimatstätte für Heimatlose«** in der Käpt'n-Christiansen-Straße. Der Friedhof mit den schmalen Holzkreuzen wurde als würdige Ruhestätte für Fischer und Seeleute eingerichtet, deren Leichen gefunden und deren Identität nicht mehr festgestellt werden konnte.

Z
ZIELE AUF AMRUM

Magisch, aufregend, einfach schön

Alle Reiseziele sind alphabetisch geordnet. Sie haben die Freiheit der Reiseplanung.

Am Amrumer Kniepsand kann man den Strand und das Meer genießen. ►

AMRUM

Die Amrumer selbst nennen ihr Eiland, die »Kleine Insel der großen Freiheit«. Und der Amrumer Inselchronist Georg Quedens behauptete einmal: »Schon am Gepäck erkennt man, wer nach Amrum reist und wer nach Sylt.« Die Sylt-Urlauber, so Quedens, hätten immer einen Koffer mehr dabei – wenn nicht sogar zwei. Amrum, Sylts kleine Schwester mit dem großen Strand, hat es nicht nötig, sich schick zu machen, den Jet-Set findet man auf der waldreichsten der Nordfriesischen Inseln nicht.

Die südlichste der drei Nordfriesischen Inseln ist ca. 30 km² groß, rund ein Drittel davon macht der Kniepsand aus. Für die Urlauber ist das einfach nur ein fantastischer Strand, an dem man Burgen bauen und Drachen steigen lassen kann, baden, surfen, relaxen, endlos spazierengehen und sich in der Sonne aalen kann. Für die Amrumer ist er vor allem auch ein natürlicher Wellenbrecher. Der bis zu 1,5 km breite Kniepsand schützt die Insel vor Sturmfluten, weshalb man Amrum bisweilen auch die **»Geliebte des Blanken Hans«** nennt.

Sandbank oder Strand?

★★ Kniepsand

Streng genommen darf sich der **»Kniep«** eigentlich nicht Strand nennen, denn es handelt sich um eine Sandbank, die sich seit Jahrhunderten auf Wanderschaft befindet und sich immer weiter ausbreitet. Im Gegensatz zu Sylt wird Amrum also größer statt kleiner. Woher der Kniepsand seinen Namen hat, darüber ist man sich nicht einig. Man weiß nur, dass »Kniep« dem friesischen Wort »kniepen«, also »kneifen« entstammt. Die einen sagen, der Name komme daher, dass die Sandverwehungen auf der bloßen Haut kneifen würden, die anderen behaupten, die Sandbank habe von oben betrachtet einst die Form einer riesigen Kneifzange besessen. Und wieder andere leiten den Namen davon ab, dass der Kniepsand Amrum in die Zange genommen habe wie ein großer Krebs.

Einstmals in dänischer Hand

Geschichte

1231 wurde Amrum in einer Bestandsaufnahme über die Einkünfte des dänischen Königs Waldemar II. erstmals erwähnt, obwohl es zu diesem Zeitpunkt schon seit Jahrhunderten existierte und besiedelt war. Wahrscheinlich um 795 hatten dänische Truppen von König Gottfried die Friesen auf der Insel besiegt. Der **Sage** nach ließen die dänischen Herrscher die Friesenhäuser auf Amrum mit extrem niedrigen Türen in Richtung Norden bauen, damit sich die Friesen gezwungenermaßen – immer wenn sie aus dem Haus traten – vor dem Herrscher verbeugen mussten. Angeblich verließen die sturen und freiheitsliebenden Friesen ihre Häuser zur Nordseite aber nur noch rückwärts – mit dem Hintern voran. An der Südseite hingegen brachten sie höhere, sogenannte **»Ebbertüren«** an, die groß genug waren, um aufrecht ein- und auszutreten; sie wurden geöffnet, wenn Freudenfeste gefeiert wurden.

Christliches Baden

Badetourismus

Wie Sylt und Föhr erlebte Amrum im 17. und 18. Jh. durch den Walfang ein »Goldenes Zeitalter«. Nach dem Rückgang des Walfangs und der Handelsschifffahrt versuchten es die Amrumer mit Landwirtschaft und Fischerei. Bis 1864 war die Insel dänisch, was eine weitere Erklärung dafür ist, dass der Badetourismus hier relativ spät einsetzte. Ein erster Antrag des hannoverschen Architekten und Malers Schulze-Waldhausen zur Gründung eines Seebades auf Amrum

DEM WETTER TROTZEN!

Wie heißt es so schön: Es gibt kein schlechtes Wetter, nur unpassende Kleidung. Trauen Sie sich einmal bei Sturm und Regen an den Kniepsand! Stemmen Sie sich mit Macht gegen den Wind, der hier ungehindert über die weite ebene Sandfläche heult! Das Meer tost und gurgelt, der Wind bläst die Gischt über den Strand, während sich die Flut immer mehr vom Strand nimmt. Und freuen Sie sich hinterher bei einer Tasse Tee, dass es nur ein ganz normaler Nordseesturm und keine Sturmflut war.

im September 1885 wurde von der Gemeinde abgelehnt. Man befürchtete »den Verderb der guten, hiesigen Sitten durch die Badeleute.« Ein paar Jahre später war es dann doch so weit: Wittdün wurde Seebad, gleichzeitig setzte die Innere Mission, allen voran Pastor Friedrich von Boderschwingh, dem unzüchtigen Badetourismus mit den christlichen Seehospizen in Norddorf **eine ordentliche Portion christlicher Anständigkeit** entgegen.

Ein Schmuckstück auf Amrum

Sehenswertes

Spätestens seit den 1970er-Jahren lebt die Insel vom Tourismus, vor allem von Stammgästen. Schickimicki hat auf der kleinen Insel der

großen Freiheit keine Chance, hier fährt man nicht mit dem Bentley vor, sondern mit Bollerwagen, die man ausleihen und damit sein Strandgepäck transportieren kann.
Amrum wuchert mit der **vielfältigen Naturlandschaft,** mit der Weite des Kniepsands, den Dünen, den Wäldchen in der Inselmitte, den Heideflächen zwischen Watt und Geest und einem friesischen Kleinod: **Nebel** mit seinem Ensemble aus schnuckeligen Friesenhäusern gilt neben Nieblum auf Föhr und Keitum auf Sylt als schönstes Dorf in ganz Nordfriesland.

NEBEL

Höhe: 6 m ü. d. M. | **Einwohner:** 947

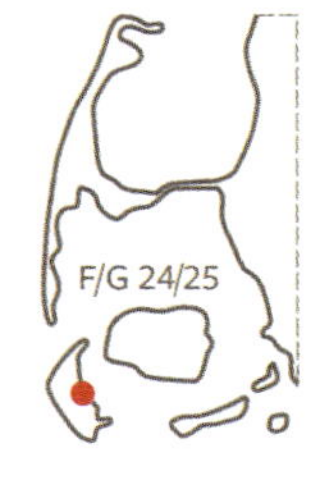

Wie schön das Amrumer Vorzeigedorf Nebel ist, hat sich inzwischen längst herumgesprochen. Und manche Urlauber zu Entscheidungen inspiriert: In dieser friesischen Bilderbuch-Idylle mit den pittoresken reetgedeckten Häusern und den traditionellen bunten Bauerngärten sind die meisten Zweitwohnsitze in ganz Schleswig-Holstein registriert – mehr sogar noch als in Kampen auf Sylt. Die Zugezogenen in Nebel machen allerdings keineswegs auf dicke Hose, sondern nehmen das Fahrrad statt den Porsche. Und auch wenn es in der Hauptsaison schon mal etwas voller werden kann – das Leben in Nebel dürfte auch in hundert Jahren noch seinen friesisch-gemütlichen Gang gehen.

Malerischer Inselhauptort

Wer die Insel von Nord nach Süd oder auch umgekehrt durchquert, kann ziemlich genau auf halber Strecke in Nebel eine Pause einlegen. Kann durch die Gassen und Sträßchen schlendern, die hier solch merkwürdige Namen wie Rauegjaat, Hööwjaat, Smäswai oder Wasterstigh tragen, vorbei an den reetgedeckten **Friesenhäusern** und der **historischen St. Clemens-Kirche** mitsamt dem ganz besonderen Friedhof, der die Steine sprechen lässt. Und der kann es sich gut gehen lassen bei einem üppigen Stück Friesentorte in einem der netten Cafés. Im Sommer sitzt man in einem der herrlichen Bauerngärten, unter rankenden Blumen oder im Schatten alter Obstbäume. Im Winter macht man es sich in einer der friesischen Gaststuben bequem, die gerne mal vollgestopft mit »Tüdelkram« und »Gedöns« so gemütlich sind, dass man hier ewig bei einem »Pharisäer« oder dem einen oder anderen Friesentee sitzen bleiben könnte (▶ S. 202). Hier erlebt man eine Idylle wie aus dem Bilderbuch.

Das Öömrang Hüs präsentiert sich in schönstem Blau-Weiß. In solcher Fliesenpracht lebten einst die Walfang-Kapitäne.

Ein Dorf mit altdänischen Wurzeln

Geschichte

Nebel ist einer der jüngeren Orte der Insel: Er wurde im 16. Jh. erstmals erwähnt, die meisten von Nebels reetgedeckten Friesenhäusern stammen aus dem 18. und 19. Jh. und sind bestens erhalten, ohne dass sie künstlich herausgeputzt wirken. Gebaut wurden sie überwiegend – wie auch auf den anderen nordfriesischen Inseln – von **Kommandeuren und Walfängern,** die in der Blüte der Walfängerzeit im ausgehenden 17. und bis zur Mitte des 18. Jh. zu Geld und Ehren gekommen waren und sich hier niederließen. Der Name des Orts lässt nicht etwa auf ein spezielles Wetterphänomen an der Wattseite Amrums schließen, vielmehr leitet sich Nebel wohl von »nei« oder »nia« für neu und von »bel« (altdänsich boli) für Siedlung ab. Nebel ist also die Neue Siedlung, die sich um die im 13. Jh. erbaute Kirche St. Clemens gründete.

Wohin in Nebel?

Kapitänshaus mit Tradition

Öömrang Hüs

Bis 1992 war das Haus Waaswai Nr. 1, ein traditionelles Kapitänshaus aus dem Jahr 1736, noch bewohnt. Heute gehört es dem Amrumer

NEBEL ERLEBEN

AMRUM TOURISTIK NEBEL
Meeskwai 1 A (Haus des Gastes)
Tel. 04682 943 00
www.amrum.de

SEEKISTE €€€-€€
»Friesische Gourmetküche mit regionalen Produkten« – so könnte man das Konzept von Wellem Peters Restaurant Seekiste nennen, das in einem urigen Friesenhaus eingerichtet ist. Auf der Speisekarte stehen neben internationalen Gerichten solch urfriesische Speisen wie Queller oder »Porrenpann«. Das schöne alte Haus wurde im Winter 2021/2022 umfassend renoviert.
Smääljaat
Tel. 04682 640
www.seekiste-amrum.de

STRANDPIRAT €€
Am Übergang zum Strand kann man im Strandpiraten den Kiosk entern, leckere Pommes und Coffee to go ordern. Oder aber man wird »sesshaft« und genießt auf der Terrasse »Seemannsgarn«, macht »Einfache Beute« oder »Große Beute«.
Strunwai 44
Tel. 04682 96 81 20
www.strandpirat-amrum.de

FRIESEN-CAFÉ
Das reetgedeckte Friesenhaus ist älter als 250 Jahre, der leckere Kuchen wird täglich frisch gebacken. Die Rezepte wiederum sind uralt – sie sind von Generation zu Generation überliefert worden. Und wer im Urlaub des Vorjahres einen Lieblingskuchen in der Alten Friesenstube entdeckt hat, der kann ihn sich im nächsten Urlaub einfach wünschen – und schon am nächsten Tag wird er frisch gebacken!
Uasterstigh 7
Tel. 04682 966 20
www.friesen-cafe.de

CAFÉ DORNSK AN KOOGEM (DÖRNSK AN KÖÖGEM)
Genauso gemütlich sitzt man im Café Dornsk an Koogem. Spezialität des Hauses sind die opulente Friesentorte, die Waffeln und die selbstgemachten Pralinen. Im Angebot sind zudem mehr als 40 verschiedene Teesorten.
Uastertigh 19
Tel. 04682 25 03

54 ° NORD
In der legendären Diskothek 54 Grad Nord wird an Samstagabenden weiterhin getanzt und gefeiert. Tagsüber verkauft Betreiber Jan Oppermann allen, die sich auf dem Weg zum oder vom Strand mit einem Snack eindecken wollen, Fischbrötchen auf die Hand.
Strandübergang Strunwai
Tel. 0171 642 08 71

LADENGEMEINSCHAFT HOONWERK
Matthias Menk teilt sich den Laden Hoonwerk mit den Keramikkünstlerinnen Cornelia Garbe und Cornelia Schau und verkauft seine Strandschönheiten: handgefertigte Unikate aus Ton sowie Fotokalender.
Uasterstigh 9a
Tel. 0162 386 90 75
www.strandschoenheiten.com

Verein Öömrang Ferian, der sich der Erforschung der friesischen Geschichte und Sprache sowie dem Naturschutz widmet. Dort ist ein sehenswertes **Museum zur Alltagskultur** vergangener Inseljahrhunderte eingerichtet. Der ehemalige Wohnteil des Hauses mit der gefliesten Wohnstube (Dörnsk), Wandbetten (Wochbaad) und der Küche (Köögem) ist noch original erhalten. Im Wohnzimmer können Paare den Bund fürs Leben schließen.

Die Öffnungszeiten ändern sich kurzfristig und werden auf der Homepage angegeben | Tel. 04682 41 20 | www.oeoemrang-hues.de

Versteckte Orgel

St. Clemens

Die Kirche St. Clemens ist wohl im späten 12. oder frühen 13. Jh. gebaut worden. Sie entstand zunächst als Zweigstelle der **»Friesendom«-Gemeinde** in Nieblum auf Föhr und war für Süd- und Norddorf zuständig. Baulich wurde im 19. Jahrhundert viel verändert: Man erweiterte das Kirchenschiff und erhöhte die Mauern. Jahrhundertelang besaß das dem Schutzpatron der Seefahrer gewidmete Gotteshaus keinen direkt angebauten Turm, sondern nur ein Holzgestell mit einer Glocke. Erst 1908 entschloss man sich, den steinernen Kirchturm mit dem spitzen Rhombendach an das Kirchenschiff zu setzen. Von außen erscheint das weiß getünchte und reetgedeckte Gebäude lieblicher als beispielsweise die drei eher streng anmutenden Backsteinkirchen auf Föhr. Der einschiffige, kleine und niedrige Innenraum wirkt mit seiner dunkelbraunen Balkendecke, der schmalen Empore und blaugrauen Sitzbänken geradezu anheimelnd. Kunsthistorisch von Interesse ist der **dreiflügelige Renaissancealtar** von 1634 mit Darstellungen der Evangelisten und einer Abendmahlszene, vor allem aber eine frühgotische Apostelreihe an der rechten Wand. Der spätromanische Taufstein aus Granit ist zur Zeit des Kirchenbaus geschaffen worden, während die Kanzel aus dem 17. Jh. stammt. Einen recht ungewöhnlichen Platz hat die kleine Orgel gefunden, nämlich im Chor hinter dem Flügelaltar. Übrigens: Immer montags trifft sich der **Gästechor** in St. Clemens.

tgl. 9–17 Uhr | Kirchenführung zwischen Ostern und Erntedank Di. 17 Uhr | www.amrum-kirche.de

»Sprechende Grabsteine«

Gräberfelder

Beeindruckend ist das Gräberfeld rund um die Kirche. Wie auf den Föhrer und Sylter Inselfriedhöfen werden hier auch auf den »sprechenden Grabsteinen« die Lebensgeschichten der Inselbewohner erzählt (► Baedeker Wissen, S. 136). Die ältesten Grabsteine stammen sogar aus dem 17. Jahrhundert, viele stehen heute deswegen unter Denkmalschutz. Eine kleine Berühmtheit ist das **Grab von Hark Olufs,** der in algerischer Gefangenschaft zu Geld gekommen ist. Sein Geburtshaus kann heute in Süddorf (► S. 113) besichtigt werden und eine Ausstellung im Maritur (► S. 109) widmet sich ihm ebenfalls.

6X

EINFACH UNBEZAHLBAR

Erlebnisse, die für Geld nicht zu bekommen sind

1. TAUCHBECKEN XXL

Statt nach dem Saunagang in ein Tauchbecken zu steigen, kann man sich in die **Brandung der Nordsee** stürzen und das prickelnde Salzwasser auf der Haut spüren.

2. NEUJAHR

Alljährlich findet am **Strand vor Westerland** ein riesiges Feuerwerk statt. Von einem »Viewpoint« im Hinterland oder an einem einsamen Strandabschnitt genießt man das farbenfrohe Spektakel am besten und ungestört. (▶ **S. 207**)

3. SPRECHENDE STEINE

373 Wale soll der »Commandeur« Matthias Petersen erlegt haben. Von seinen Heldentaten erfährt man auf dem **Friedhof** zu Süderende. Dort, wie auch auf einigen anderen Insel-Friedhöfen, erzählen »sprechende Grabsteine« spannende Geschichten. (▶ **S. 136**)

4. KEITUM

Reetgedeckte Häuser, umgeben von blühenden Gärten, und vorbeiratternde Pferdekutschen – ein Ausflug in die Sylter Vergangenheit und ein **idyllisches Dorferlebnis.** (▶ **S. 62**)

5. »THE VOICE«

Beim Bäcker bestellt vor ihnen Robert De Niro drei Croissants und vier Roggenschrotbrötchen. Es ist dann allerdings »nur« die Stimme des großen Hollywood-Stars: Christian »The Voice« Brückner, **Deutschlands berühmtester Synchronsprecher,** der gern und oft auf Föhr Urlaub macht. (▶ **S. 133**)

6. HEISSE ANGELEGENHEIT

Am 21. Februar geht es heiß her auf den Nordfriesischen Inseln, wenn das traditionsreiche **Biike-Brennen** stattfindet, ein faszinierendes Ereignis. (▶ **S. 14**)

Letzter Ort der Unbekannten

Friedhof der Namenlosen

Wohl auch weil viele Amrumer Seeleute ihr Leben auf dem Meer ließen, richtete man in Nebel eine weitere ganz besondere Ruhestätte für die Toten ein: den 1906 angelegten Friedhof der Namenlosen. Hier fanden bis 1969 all jene ihre letzte würdige Ruhestätte, die an die Strände der Insel gespült und **nicht identifiziert** werden konnten.

Spannendes Inselmuseum

Nebeler Mühle

Am südlichen Ortseingang (Waasterstigh) steht auf einer Erhebung die alte Nebeler Mühle (1771). Sie war bis 1964 in Betrieb und ist auch heute noch funktionstüchtig, 2011 wurden 250 000 Euro in die umfassende Sanierung gesteckt. In den Räumlichkeiten wurde ein **Heimatmuseum** eingerichtet. Zu sehen sind Exponate zu den Themen Seefahrt und Walfang, Ackerbau, zur friesischen Wohnkultur und zur frühzeitlichen Besiedlungsgeschichte der Insel.

April–Okt. tgl. 10.30–13 u. 14.30–17, Mo. bis 16, So. ab 11 Uhr
www.amrumer-windmuehle.com

NORDDORF

Höhe: 9 m ü. d. M. | **Einwohner:** 560

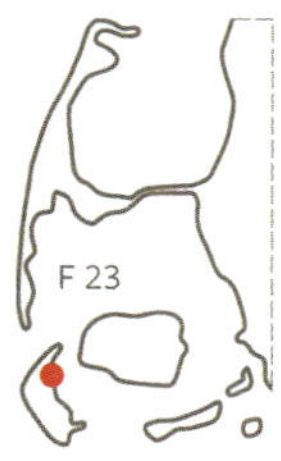

Als der Inselpastor Wilhelm Tamsen in den 1880er-Jahren den Verfall der guten Sitten durch das Aufkommen des Bade-Tourismus auf Amrum befürchtete, wandte er sich in einem Brief an die Landesvertretung der Inneren Mission. Pastor Friedrich von Bodelschwingh bekam den Hilferuf in die Hand. 1988 reiste er nach Amrum und gründete zwei Jahre später in Norddorf ein christliches Seehospiz, um dem moralischen Niedergang etwas entgegenzusetzen.

Das erste Seehospiz des rührigen Pastors Friedrich von Bodelschwingh (▶ Interessante Menschen) reichte bald nicht mehr aus. Weitere Gebäude entstanden und 1905 kam schließlich das vierte und letzte hinzu. Die Hospize prägten über Jahre den Charakter des Ortes, der damals noch viel näher am Wasser lag. Denn erst im Verlauf des 20. Jh.s breitete sich der Kniepsand immer weiter aus. Einen Gegenpart zum christlich geprägten Hospiz-Tourismus gab es aber von Beginn an. Bereits 1892 baute der Hamburger Kaufmann **Heinrich Hüttmann** in Norddorf das bis heute erhaltene und nach ihm benannte Hotel, in dessen Tanzsaal es sicher nicht immer so zuging

Baden, surfen, segeln oder einfach nur die Füße hier am Kniepsand hochlegen

wie die Bodelschwingh-Jünger sich das vorstellten. Und auch im »Seeheim« wurde schon Ende des 19. Jh.s geschwoft und bisweilen ordentlich gebechert – sehr zum Verdruss der Seehospiz-Pastoren. 1925 änderte sich das Antlitz des Dorfes gewaltig: Große Teile Norddorfs brannten bei einem Großfeuer ab, weshalb es hier heute nur noch wenige alte Friesenhäuser gibt.

Idylle im grünsilbrigen Strandhafer

Landschaft

Den Reiz Norddorfs macht neben dem guten gastronomischen Angebot vor allem die Lage aus. Der Ort wird **von völlig unterschiedlichen Landschaften umrahmt.** Am westlichen Ortsrand beginnt das Dünengebiet, in dem auch die höchste Düne der Insel zu finden ist: die 32 Meter hohe Setzerdüne (friesisch: A Siatler). Viele Häuser stehen direkt mit Blick auf die mit grünsilbrigem Strandhafer überzogenen, sanft gewellten Hügel und Täler. Im Norden schließen sich die flachen Wattwiesen an, die in die sandige Nordspitze Amrums, die Odde, übergehen. Die Wiesen werden nach Osten hin vom Deich begrenzt, von dem aus das benachbarte Föhr zu sehen ist. Im Südwesten erstreckt sich ein ausgedehntes Waldgebiet.

NORDDORF ERLEBEN

AMRUM TOURISTIK NORDDORF

Ual Saarepswai 7
Tel. 04682 947 00
www.amrum.de

UAL ÖÖMRANG WIARTSHÜS €€-€€€

Friesische Behaglichkeit und Slow-Food bietet das »Alte Amrumer Wirtshaus«. Auf den Tisch kommen regionale Gerichte und internationale Klassiker. Das 1A-Labskaus gibt es als Probierportion und als Hauptgericht.
Ual Saarepswai 4
Buchung: Tel. 05321 68 55 40
zentralreservierung@sonnen-hotels.de

RESTAURANT DE STRUNLUUKER €-€€€

Absolut empfehlenswertes Restaurant im Gebäude des alten Norddorfer Schwimmbads, das sich der Slow-Food-Küche verschrieben hat. Das heißt u. a., dass überwiegend regionale Produkte verwendet werden. Die Tageskarte wechselt, immer aber im Angebot sind die Currywurst vom Susländer Schwein sowie vegetarische und vegane Gerichte.
Strunwai 31
Tel. 04682 968 94 40
www.destrunluuker.de

STRAND 33 €-€€

Schöner kann man kaum sitzen auf Amrum. Statt regionaler Küche werden überwiegend internationale Leckereien wie Tapas, Burger, Gegrillter Halloumi oder Flammkuchen serviert.
Strunwai 33
Tel. 04682 96 15 55
www.strand33.de

ZUM FISCHBÄCKER €

Backfisch, Räucherfisch, »Halligbrot« (das ist Nussbrot mit Nordseekrabben) auf die Hand oder im Imbiss-Restaurant. Wer auf die Schnelle etwas Leckeres essen will, ist beim Fischbäcker im Ortskern von Norddorf genau richtig.
Lunstruat 13
Tel. 04682 43 64
www.fischbaecker.de

EISCAFÉ BEI CARLO €

Der Italiener, den alle auf Amrum nur Carlo nennen, eröffnete bereits 1976 in Wittdün seine erste Eisdiele. Nach Zwischenstopp in Hamburg verwöhnt er nun wieder Amrumer und Gäste aus seiner kleinen Norddorfer Bude heraus mit köstlichem Eis, Milchshakes und Kaffeespezialitäten.
Lunstruat 9

HOTEL PIDDER LYNG €€€

Der einstige Kuhstall ist heute ein 4-Sterne-Wohlfühlhotel, in dem auch schon ehemalige Bundespräsidenten urlaubten. Inhaberin Renate Peters kümmert sich mit viel Liebe und Engagement um ihre Gäste – wobei die sowieso meistens wunschlos glücklich sind.
Bideelen 5
Tel. 04682 944 40
www.pidderlyng.de

HOTEL SEEBLICK €€€

Die »Seeblicker« verstehen ihr Handwerk bestens, bieten ihren Gästen herzlichen Service, bewährte Qualität und schöne Zimmer im modernen Friesenstil. Weil auch noch die »feinheimische« Küche richtig gut ist (Spezialität: Amrumer Wildauster) und das Haus über ein Schwimmbad

und eine Sauna verfügt, kann man das Hotel wirklich nur empfehlen.
Strandstr. 13
Tel. 04682 92 10
www.seeblicker.de

MEIN INSELHOTEL €€-€€€

Das Ehepaar Jöns hat sich in Amrum verliebt. Aber es kommt nicht immer wieder her, sondern ist einfach auf der Insel geblieben und führt seit 2010 das außergewöhnliche kleine »mein Inselhotel«. Verschiedenfarbige, hell und freundlich gestaltete Zimmer, ein gemütlicher Gastraum, persönliche Inselführungen des Chefin, was will man mehr?
Madelwai 4
Tel. 04682 945 00
www.mein-inselhotel.de

INSEL-GOLDSCHMIEDE C. RICKMERS

Maritime Kollektion und Namen wie »Strandgut«, »Geoline«, »FloraMare« und »Jo´s Inselfische«. Weitere Rickmers-Filialen findet man in Wittdün sowie in Wyk auf Föhr.
Lunstruat 1
Tel. 04682 564
www.rickmers-schmuck.de

CORDULAS TÖPFEREI

Ab Ostern veräußert Cordula Rudolph ihre Töpferware jeden Freitag (11–16 Uhr) an einem Verkaufsstand in ihrem Garten.
Degelk 16
Tel. 04682 99 53 23
www.amrum-hoernkhues.de

LICHTBLICK INSELKINO

Wenn mal »Schietwetter« ist: Im Inselkino sind die aktuellen Filme zu sehen, die auch in München oder Hamburg laufen. Dazu meist ein paar Klassiker aus vergangenen Jahren.
Triihuk 1
Tel. 04682 962 00
www.kino-amrum.de

Wohin in Norddorf und Umgebung?

Natur, Piraterie und Faszination des Orients

Carl-Zeiss-Naturzentrum, Maritur

Im Carl-Zeiss-Naturzentrum Amrum erfährt man Wissenswertes zu den Lebensräumen Sand, Meer und Luft. Im Obergeschoss zeigt das sehenswerte Maritur, ein Museum für **maritime und naturkundliche Themen,** zwei spezielle Ausstellungen zur Inselgeschichte. »Hark Olufs – als Sklave verkauft, als General zurückgekehrt« handelt von Piraterie, Sklaverei und der Faszination des Orients. »Der Kojenmann« thematisiert am Beispiel von Cornelius Peters das Verhältnis von Mensch und Natur im Wattenmeer.
Strunwai 31 | April–Okt. Fr.–Mi. 10–17, Nov.–März Mi., Fr., Sa. u. So. 12–16 Uhr | www.naturzentrum-amrum.de

Durch den Naturlehrpfad zwischen Enten und Gänsen

Vogelkoje Meeram

Im Wald zwischen Nebel und Norddorf liegt ein kaum bekannter **Naturerlebnisraum:** die Vogelkoje Meeram. Die Entenfanganlage lieferte bis in die 1930er-Jahre hinein einen wichtigen Beitrag für die

Ernährung der Inselbevölkerung. Heute führt ein Bohlenweg als Naturlehrpfad herum, Enten und Gänse bewegen sich frei, im Gehege äst Damwild. Einbezogen in den Naturerlebnisraum wurden ein Steinzeitgrab und ein cimbrisches Dorf.

Faszinierendes Vogelschutzgebiet

Wattwanderung

Die Odde, Amrums Nordspitze, steht seit 1936 unter Naturschutz. Bereits damals zeigte sich, dass die brütenden Vögel, darunter die stark gefährdeten Sandregenpfeifer und die Zwergseeschwalben, durch zu viele Besucher empfindlich gestört werden. Zwischen April und August ist das Betreten der Odde außerhalb von geführten Touren deshalb verboten, eine Umrundung am Wassersaum ist jedoch erlaubt.

SONNENAUFGANG AM KLIFF

Ganz früh aufzustehen und den Sonnenaufgang an der Nordsee zu erleben, hat etwas Magisches. Auf Sylts Wattseite, beispielsweise am Morsum-Kliff, am Weißen Kliff zwischen Braderup und Kampen. Oder am kleinen Hafen in Steenodde auf Amrum, am Watt von Nebel oder an der Ostseite von Föhr. Dort zu sitzen und zu warten bis die Sonne mit all ihrer Kraft aus dem Meer steigt, das beeindruckt.

Der Naturschutzverein Jordsand bietet **Führungen** in das Vogelschutzgebiet an. Treffpunkt ist das Vogelwarthaus an der Wattseite. Von der Odde aus werden zudem geführte Wattwanderungen hinüber nach Dunsum auf Föhr angeboten.

Naturschutzverein Jordsand: Führungen: April–Okt. tgl. außer Mo. ab 10 Uhr | Tel. 04682 23 32 | www.jordsand.eu
Wattwanderungen: www.wattwandern-amrum.de

STEENODDE

Höhe: 4 m ü. d. M. | **Einwohner:** 70

Steenodde liegt mitten drin – und doch ab vom Schuss. In dem idyllischen Ort zwischen dem Fährhafen Wittdün und dem Vorzeige-Friesendorf Nebel machen die Möwen mehr Krach als die Besucher. Hier wird noch Fisch direkt vom Kutter verkauft; hier mähen die Schafe den Deich. Wer sich nach Ruhe und Beschaulichkeit sehnt, ist in Steenodde an der Wattseite Amrums genau richtig.

Kleinod am Watt

Der Geestkern Amrums zieht sich an dieser Stelle bis zum Watt und wurde im Lauf der Zeit vom Wasser ausgespült, sodass die eiszeitlichen Gesteins- und Geröllmassen zum Vorschein gekommen sind. Daher der Name: **Steenodde (friesisch: Stianood) bedeutet Steinspitze.** Die Gründung des heutigen Dorfs geht auf das Haus eines Hamburger Kaufmanns zurück, das 1721 auf der Steenodde gebaut wurde. Erst 200 Jahre später entstand ein zweites Haus. Bevor Wittdün Ende des 19. Jh.s. diese Rolle übernahm, wurde der gesamte Personen-, Post- und Frachtverkehr über Steenodde abgewickelt. Heute existiert nur noch eine kleine Landungsbrücke als Zeugnis davon.

Wohin in Steenodde?

Eindrucksvolles Gräberfeld

Esenhugh

Auf dem erhöhten Geestrücken gab es allerdings schon in der jüngeren Steinzeit und in der älteren Bronzezeit Siedlungen, wie die zahlreichen Grabhügel dort belegen. Westlich von Steenodde liegt das mit 4,7 m Höhe und 26,5 m Durchmesser größte **Steingrab** der Insel, der Esenhugh. Man fand hier u. a. äußerst fein gearbeitete Schwertbeschläge, Schlüssel, Kämme und Schmuckstücke. Das bedeutendste

STEENODDE ERLEBEN

INSELHOTEL KAPITÄN TADSEN €€

Das Hotel bietet gemütliche, relativ kostengünstige Zimmer, Ferienwohnungen und eine sehr gastfreundliche Atmosphäre. Vielleicht serviert das Restaurant Hal Mei im Haus (www.hal-mei.de, Tel. 04682 94 24 40) in Zukunft auch wieder seine leckeren friesischen und spanischen Tapas.
Stianoodswai 17
Tel. 04682 942 40
www.amrum-inselhotel.de

LIKEDEELER €€-€€€

In dem gemütlichen Restaurant gibt es feine regionale Küche, aber auch spannende internationale Kreationen wie gebeizten Entenschinken, Ricotta-Spinat-Ravioli in Salbeibutter oder Filet vom Petersfisch. Ab 21 Uhr gibt's im Likedeeler Cocktails.
Stianoodswai 29a
Tel. 04682 777
www.likedeeler-amrum.de

KLEINER HAFEN IN STEENODDE

Der kleine Hafen in Steeodde ist Anlaufpunkt für die Schiffe der Initiative Fisch vom Kutter. »Den Fischer (Thaden) sin Frau« verkauft Dienstag bis Samstag zwischen 10 und 12 Uhr frische Nordseekrabben.
www.fischvomkutter.de

Ausgrabungsstück ist im Friesenmuseum in Wyk auf Föhr zu besichtigen: ein 4000 Jahre alter Schädel mit Operationsspuren. Eindrucksvoll ist auch das Gräberfeld gleich nebenan, das ursprünglich aus 88 Grabhügeln bestand und aus der Wikingerzeit stammt. Somit ist diese Anlage erheblich jünger als der Esenhugh.

SÜDDORF

Höhe: 10 m ü. d. M. | **Einwohner:** 300

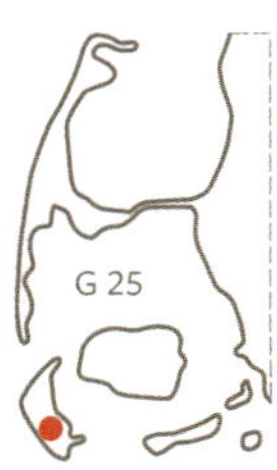

Als 1875 der Amrumer Leuchtturm unweit des kleinen Süddorf errichtet wurde, jubelten nicht alle Amrumer vor Begeisterung; sorgte das Leuchtfeuer doch zuverlässig dafür, dass keine Schiffe mehr auf den Sandbänken vor der Insel havarierten. Und das bedeutete schließlich das Ende der Strandräuberei, von der die Insulaner jahrhundertelang gelebt hatten. Im nahe gelegenen Süddorf geht es heute überaus friedlich zu, der Ort zwischen Wald, Dünen und Feldern hat sich seine bäuerliche Gemütlichkeit bewahrt. Hier wird noch Vieh- und Landwirtschaft betrieben.

Der Amrumer Leuchtturm bei Süddorf ist der höchste an der schleswig-holsteinischen Nordseeküste.

Ruhe und Beschaulichkeit

Die kleine, zu Nebel gehörende Gemeinde besteht aus ein paar hübschen alten Friesenhäusern und aus neueren Feriensiedlungen am Ortsrand. Dennoch spielt der Tourismus hier längst keine so bedeutende Rolle wie in Nebel, Norddorf oder Wittdün. Die Umgebung von Süddorf ist noch vorwiegend von **Landwirtschaft** mit Viehweiden und Getreidefeldern geprägt. Wie Norddorf wurde auch Süddorf 1464 erstmals urkundlich erwähnt – damals unter dem Namen Suder. Mit Sicherheit hat das Dorf aber schon zu Beginn des 13. Jh.s existiert, da in dieser Zeit St. Clemens als Gemeindekirche für Suder und Nortorp gebaut wurde. Dass sich auch im Bereich von Süddorf schon sehr früh Menschen niedergelassen haben, bezeugen die **zahlreichen Hügelgräber** wie der Klaffhugh nordöstlich und der Heeshugh im Norden des Dorfs.

Wohin in Süddorf und Umgebung?

Vom Sklaven zum reichen Mann

Geburtshaus von Hark Olufs

In Süddorf steht das Geburtshaus von Hark Olufs (1708–1754), einem der berühmtesten Amrumer. Als 15-Jähriger wurde der Matrose bei Algier von maurischen Piraten entführt und als Sklave verkauft. Doch Hark Olufs machte eine **außergewöhnliche Karriere:** Er diente über elf lange Jahre als Schatzmeister des Bey (Herrscher) der algerischen Stadt Constantine und erhielt einen bedeutenden Posten beim Militär. 1735 kehrte er als reicher Mann nach Amrum zurück. Der dänische König hatte von seinem Schicksal gehört und bot ihm eine gut bezahlte Stelle an. Doch Hark Olufs blieb auf Amrum, wo er das Amt des Strandvogts versah. Mit 28 Jahren ließ er sich in orientalischer Kleidung in der St. Clemens-Kirche zu Nebel, die bis auf die letzte Bank besetzt war, konfirmieren. Olufs ist auf dem Friedhof in Nebel begraben.

Ein Leuchtturm mit phänomenaler Aussicht

Amrumer Leuchtturm

Nahe der Straße nach Wittdün steht ganz unübersehbar Amrums Leuchtturm, mit 41,8 m Höhe (Feuerhöhe 63 m ü. d. M.) der höchste an der Nordseeküste Schleswig-Holsteins. 1874 wurde er fertiggestellt, im darauffolgenden Jahr wurde das heutige Wahrzeichen Amrums in Betrieb genommen. Zuvor gab es hier kein Leuchtfeuer, daher strandeten immer wieder Schiffe in den flachen Gewässern vor Amrum, häufig wurden sie Beute für die **Amrumer Strandpiraten** (▶ S. 20). Zunächst brannte auf dem Turm eine Mineralflamme mit fünf Dochten. 1905 wurde sie ersetzt durch ein Petroleumfeuer, das von mehreren Leuchtturmwärtern in Gang gehalten wurde. Seit 1936 wird der Leuchtturm elektrisch betrieben. Die Reichweite des Feuers beträgt 23 Seemeilen, also gut 42 Kilometer. 172 Treppenstufen innerhalb des Turms müssen erklommen werden, ehe man von oben einen **grandiosen Ausblick über die Nordsee,** hinüber zu den Nachbarinseln Sylt und Föhr und an ganz besonders guten Tagen sogar bis Helgoland genießt.

April–Okt. Mo.–Fr. 8.30–12.30, Mi. bis 14 Uhr | Eintritt: 3,50 € mit Gastkarte, sonst 8 €!

WITTDÜN

Höhe: 0 m ü. d. M. | **Einwohner:** 780

Bis vor etwas mehr als 125 Jahren gab es in Wittdün (Weiße Düne) nichts. Rein gar nichts, außer den Sand der Dünen, die Wellen der anbrandenden Nordsee und das Geschrei der Möwen. Das ist nur schwer zu glauben, wenn man heute in dem trubeligen, an drei Seiten von Wasser umspültem Seebad ankommt. Der Fährort Wittdün ist das Tor zur Insel und der urbanste der Amrumer Urlaubsorte. Nur die Möwen schreien immer noch auf der Suche nach einem Leckerbissen über den ankommenden Fähren.

WITTDÜN ERLEBEN

AMRUM TOURISTIK WITTDÜN
Am Schwimmbad 1
Tel. 04682 940 30
www.amrum.de

STADL AM MEER €€
Kaiserschmarrn und Backhendl an der Nordsee? Warum nicht, wenn es so gut schmeckt und so freundlich serviert wird, wie hier, wo regionale norddeutsche mit der österreichischen Küche kombiniert wird.
Achtern Strand 12
04682 998 34 64
www.stadl-am-meer.de

DIE BLAUE MAUS €
Seit mehr als 50 Jahren »die« Bar der Insel mit über 300 Whiskysorten, Störtebeker-Schwarzbier und Maus-Pils. Manchmal Livemusik, immer Backgammon und Schach. Für Nachteulen gibt es das Ein-Uhr-Taxi für 3 €.
Inselstr. 107
Tel. 04682 20 40
www.blauemaus-amrum.de
Küche von 18 Uhr bis Mitternacht

KAFFEEFLUT €
Eine kleine Perle, im Februar 2017 wieder eröffnet, in der es nicht nur Kaffeespezialitäten, sondern auch leckeren Kuchen sowie Snacks gibt!
Inselstraße 24
Tel. 04682 96 88 65
www.kaffeeflut.de

SCHOLLE'S FISCH-BUTTZE €
Das Motto der Betreiber lautet, frei nach Loriot: »Ein Leben ohne Fischbrötchen ist möglich – aber sinnlos.« Sinn macht es in jedem Fall, den guten Backfisch zu probieren, auch wenn er für einen Imbiss etwas teuer ist.
Inselstraße 34
01512 9806715

AMRUM BADELAND
Erlebniswellenbad mit Saunalandschaft – bei »Schietwetter« genau das Richtige!
Am Schwimmbad 1
Tel. 04682 94 34 31
www.amrum-badeland.de
Öffnungszeiten wechseln derzeit häufig und werden auf der Website angegeben oder sind telefonisch zu erfragen.
Tageskarte Sauna und Wellenbad 27,50 €, nur Sauna 20 €

GESUNDHEITSZENTRUM AMRUMSPA
Die Preise für die verschiedenen Angebote und Anwendungen findet man auf der Website des AMRUMSPA, u. a. Fitness, Massagen, Thalasso-Behandlungen, Kaiserbad und Whole Body Vibration.
Am Schwimmbad 1
Tel. 04682 961 58 88
www.amrumspa.de
Mo.–Fr. 8–12 u. 14–20 (Di. u. Do. bis 21 Uhr), Sa., So. u. Feiertage nach Bedarf

FOTO- UND BUCHHANDEL QUEDENS
Hier gibt's u. a. die vielen Veröffentlichungen des Amrumer Fotografen und Sachbuch-Autors Georg Quedens. (► Interessante Menschen)
Inselstraße 35-37
Tel. 04682 41 11
www.quedens.de

Wie groß und breit der Kniepsand auf Amrum wirklich ist, lässt sich erst aus der Luft erkennen.

Zurück in die Vergangenheit

1890 wurde an der Südspitze Amrums ein neuer Fähranleger installiert, drumherum entstand mit der im Mai des Jahres erteilten Badekonzession ein Urlaubsort, der mit einigen Wellblech-Unterkünften seinen Anfang nahm. Nach der Gründung der Aktiengesellschaft Wittdün-Amrum entstanden zahlreiche Hotels, die erste Inselbahn transportierte die Badegäste zum **Kniepsand.** Kurzum: Wittdün boomte. In dieser Zeit wollte man mit aller Macht den Vorbildern Westerland und Wyk folgen. Doch bereits 1906 musste die Aktiengesellschaft nach zwei völlig verregneten Sommern Konkurs anmelden. 1914 wurde der Ort durch den Bau einer steinernen Mauer vor den Sturmfluten geschützt, sie war die Basis für die heute existierende Promenade. Durch den Ersten Weltkrieg kam der Badebetrieb zunächst fast vollkommen zum Erliegen, erholte sich bis zum Zweiten Weltkrieg nur bedingt. In den ersten Zeiten des Wiederaufbaus prägten Kinderheime das Bild des Ortes, in den Hotels wurden zum Teil Flüchtlinge und Vertriebene des Zweiten Weltkriegs untergebracht. In den darauffolgenden Wirtschaftswunderjahren kurbelten private Investoren den Tourismus wieder an. In den 1970er-Jahren entstanden zahlreiche Neubauten mit Ferienwohnungen, darunter auch einige architektonische Entgleisungen. Schöner als die Gebäude um den Hafen sind die Häuser an der Mittelstraße und die kleineren Häuser an der oberen Wandelbahn. Im 1976 neu gebauten **Hafen** wird mittlerweile der gesamte Personen- und Frachtverkehr der Insel abgewickelt. Der ursprünglich dritte Anleger für die Fährschiffe vom Festland, den anderen Nordfriesischen Inseln und den Halligen wurde 2013 abgebaut.

Wohin in Wittdün?

Faszinierende Wanderungen

Wattenmeer-Schutzstation

In der Wattenmeer-Schutzstation werden **Vorträge** zum Wattenmeer und Umweltschutz, Dünen-, Strand-, Nacht- und Wattwanderungen sowie vogelkundliche Exkursionen und Radtouren angeboten.
Am Schwimmbad 1 | April–Okt. Di.–So. 10–12, 15–18 Uhr, sonst 13–17 Uhr | Tel. 04682 27 18 | www.schutzstation-wattenmeer.de

Einmaliger Drehort

Filmlocation

Amrum und der Kniepsand sind beliebt bei Filmemachern. Die bei Norddorf eigens für die Teenager-Romanze **»Sommer«** (2008) errichtete Strandbar hätten die Insulaner am liebsten behalten. 2000 wurde **»Das Glück ist eine Insel«** mit Maria Furtwängler und Christian Kohlund gedreht und 2005 **»Die Pferdeinsel«** mit Muriel Baumeister und Hannes Jaenicke. Der lakonische Krimi **»Mörder auf Amrum«** (2009) mit Hinnerk Schönemann als Inselpolizist zählt inzwischen zu den Klassikern im deutschen Fernsehen.

6X TYPISCH

Dafür fährt man auf die Nordfriesischen Inseln!

1. GESCHÜTZTE MINDERHEITEN-SPRACHE

Friesisch ist kein Dialekt, sondern eine eigene Sprache, die durch die Europäischen Charta der Minderheitensprachen geschützt wird. Auf den Inseln gibt es viele Dialekte, auf Sylt das Söl'ring, auf Föhr und Amrum das Fering bzw. das Öömrang. (▶ **S. 14**)

2. »LAND UNTER«

Sturmfluten suchen immer wieder die Nordfriesischen Inseln heim. »Land unter« heißt es aber dann nur auf den **Halligen.** (▶ **S. 150**)

3. NACKTBADEN

Einfach mal die Hüllen fallen lassen und in der Nordsee **baden,** wie Gott einen schuf. Das machte schon Max Frisch gern. (▶ **S. 144**)

4. SANDBANK AUF WANDERSCHAFT

Der **Kniepsand** auf Amrum ist einer der schönsten Strände an der gesamten Nordseeküste. Das kann, wenn man ganz korrekt sein will, nicht so stehen gelassen werden, denn geologisch betrachtet ist der Kniepsand kein Strand sondern eine Sandbank auf Wanderschaft. (▶ **S. 116**)

5. HALLIG-KINO

Die Hallig Hooge liegt inmitten der Nordsee, dort leben mehr Schafe als Menschen. Und doch gibt es ein Kino. Das zeigt immer wieder **einen Film:** über die Sturmfluten und wie sich die Hallig-Bewohner dagegen schützen. (▶ **S. 154**)

6. FISCH AUS DEM BAUCHLADEN

Jürgen Gosch ist gelernte Maurer. Zunächst hat er nach Feierabend aus einem Bauchladen Fisch verkauft. Daraus entstand im Laufe der Jahre sein millionenschweres Unternehmen **GOSCH.** (▶ **S. 74, 87**)

Z
ZIELE AUF FÖHR

Magisch, aufregend, einfach schön

Alle Reiseziele sind alphabetisch geordnet. Sie haben die Freiheit der Reiseplanung.

Traditionsgemäß mit reetgedecktem Dach zeigen sich die Häuser auf Föhr. ►

FÖHR

Föhr ist anders als die anderen, hat keine Dünen wie Amrum und Sylt. Föhr hat keinen Kniepsand und so gut wie keine Promis. Dafür hat Föhr eine ganze Menge anderer Reize: Föhr bewahrt die Traditionen wie kein anderer Ort in Nordfriesland, hat die schönsten Friesendörfer und eine Menge guter Ideen. Die beste aller Ideen war wohl, das Eiland mit dem Slogan »Friesische Karibik« zu bewerben. Der macht neugierig, lockt Gäste auf die Insel, die tatsächlich ein vergleichsweise mildes Klima bietet, weil Föhr durch die vorgelagerten Halligen und die Nachbarinseln relativ geschützt liegt.

Wie ein Pfannkuchen

Die 82 km² große Insel ist platt wie ein Pfannkuchen und sie hat beinahe eine solche Form. Mit ihren sattgrünen Marschwiesen, den Äckern, kleinen Wäldchen und den knallgelb blühenden Rapsfeldern wähnt man sich fast am Festland. Wären da nicht die 15 km langen **Sandstrände** zwischen Wyk und Utersum, feinsandig und weiß. Mit plätschernden Wellen statt tosender Brandung – wie eben in der Karibik. Der Rest der Küstenlinie ist norddeutscher Grünstrand. Und im Inselinneren geht es nicht karibisch, dafür umso friesischer zu.

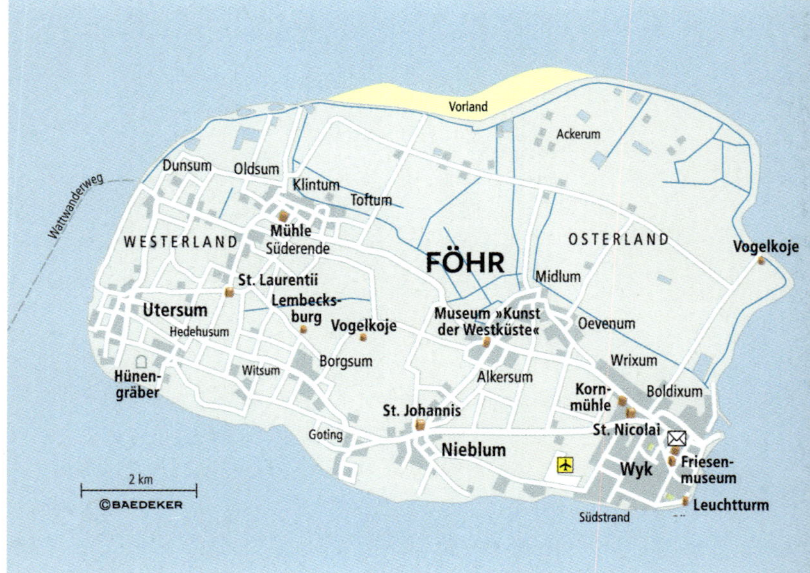

Alte Sprache, Trachten und viel Brauchtum

Tradition

Nirgendwo sonst an der gesamten Nordseeküste werden die Traditionen so gepflegt und bewahrt wie auf Föhr. Viele Familien sprechen noch den friesischen Inseldialekt Fering, es gibt sogar einen Radiosender, der in friesischer Sprache ausgestrahlt wird. Zumindest an Festtagen werfen sich die Frauen und Mädchen in ihre Trachten, die auf Föhr ganz besonders prachtvoll ausfallen. Und sie tun das nicht – von der Großmutter bis zur Enkelin –, weil sie damit Touristen bespaßen wollen, sondern weil es ihnen wichtig ist, weil es ein Stück ihrer **Identität** ist.

Dörfliche Idylle vom Feinsten

Leben

Und nirgendwo sonst in der Region gibt es so viele hübsche Dörfer, in denen das Bild eines **ursprünglichen Friesendorfs** noch gewahrt ist: reetgedeckte Häuser, in deren gepflegten Bauerngärten Stockrosen, Malven und Rosen für Farbtupfer sorgen, kopfsteingepflasterte Alleen mit altem Baumbestand. Allen voran in Nieblum, aber auch in Orten wie Oevenum oder Alkersum findet man diese dörfliche Idylle noch vor, wenngleich natürlich auch der Tourismus seine Spuren hinterlässt – der längst die Haupteinnahmequelle der Insulaner ist.

»Ferien auf dem Bauernhof«

Landwirtschaft

Aufgrund des fruchtbaren Bodens hat die Landwirtschaft auf der **»Grünen Insel«** eine größere Rolle gespielt als auf den Nachbarinseln. Allerdings hat das Land die Bauern lange Zeit nicht wirklich satt gemacht; auf Föhr herrschte oft bittere Armut. Bis heute wird Getreide angebaut und Vieh gezüchtet. Die meisten landwirtschaftlichen Betriebe auf Föhr haben sich inzwischen zusätzlich auf **Urlaubsgäste** eingestellt und bieten »Ferien auf dem Bauernhof« an.

Walfang

Friedhof

Erst mit dem Walfang kam Mitte des 17. Jh.s Wohlstand auf die Insel, zu sehen heute noch an den stattlichen Kapitänshäusern. 1760 waren von den 4500 Einwohnern etwa 1450 Männer auf Schiffen tätig. Angeblich waren die Feringer die besten Walfänger, legendär ist der **»Glückliche Matthias«,** unter dessen Kommando 373 Wale gefangen wurden. Nach seinem Tod anno 1706 wurde er auf dem Friedhof von Süderende beerdigt, von seinen und anderen Heldentaten erzählen noch heute die **»sprechenden Grabsteine«.** (▶ S. 136)

Pionierin im Badebetrieb

Badetourismus

Nach dem Ende der Walfangära Anfang des 19. Jh.s mussten sich die Föhrer nach neuen Verdienstmöglichkeiten umsehen. Viele Familien wanderten, vom Goldrausch gelockt, nach Amerika aus, andere wandten sich der Landwirtschaft und irgendwann im frühen 19. Jh. schließlich dem Tourismus zu. Föhr war in Sachen **Badebetrieb** die

Pionierin der Nordfriesischen Inseln. Bereits am 15. Juli 1819 wurde das Seebad Wyk gegründet und immerhin 60 Urlauber wurden in der ersten Saison gezählt. Ab 1834 ging alle zwei Wochen ein Dampfschiff von Hamburg über Helgoland nach Föhr. 1880 verzeichnete Wyk schon 1000 Gäste. Die erste Motorschiffsverbindung nach Föhr entstand 1911, zwei Jahre später kamen 10 000 Badegäste.

Schwimmen im Luxus

»Syltisierung«

Heute sind es in jedem Jahr 200 000 Urlauber, die die **»Friesische Karibik«** erleben wollen. Überwiegend Urlauber, die Ruhe in der Natur suchen, Gäste, denen ein Labskaus für 15 Euro lieber ist, als eine Seezunge für 50 Euro, Menschen, denen Gastfreundschaft wichtiger ist als Luxus. Aber seit die Immobilien-Preise auf der mondänen Nachbarinsel in schwindelnden Höhen angekommen sind, ist eine gewisse »Syltisierung« auf Föhr zu beobachten: Immer mehr Reiche, die nicht reich genug sind, um auf Sylt zu kaufen, legen ihr Geld in Immobilien auf Föhr an.

★★ ALKERSUM

Höhe: 6 m ü. d. M. | **Einwohner:** 394

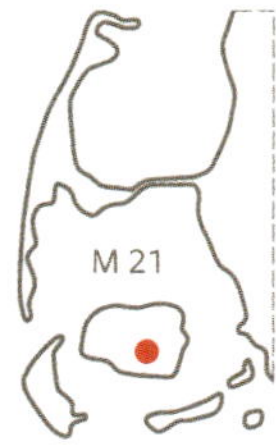

Alkersum ist so etwas wie die »Kulturhauptstadt« der Insel. Hier, im Herzen von Föhr, ist nicht nur das faszinierende Museum »Kunst der Westküste« beheimatet, in Alkersum hat auch die 1988 gegründete Ferring-Stiftung ihren Sitz. Von dort aus sendet der Friisk Funk täglich eine Stunde lang friesisches Radio. Und – kaum zu glauben, aber wahr – bei Alkersum wird seit 2009 Wein angebaut!

Verschönertes Erscheinungsbild

Alkersum, rund fünf Kilometer nordwestlich von Wyk, ist eines der ältesten Dörfer der Insel. Die ersten Siedler ließen sich vermutlich bereits vor 4000 Jahren hier am Geestrücken Föhrs nieder. Stolz sind die Alkersumer noch heute darauf, über Jahrhunderte eine eigene Beliebung (Verfassung) besessen zu haben, was ihnen eine gewisse Unabhängigkeit bescherte. Anders als die meisten Föhrer Friesendörfer war Alkersum nicht einheitlich bebaut. In den 1990er-Jahren begann man damit, Alkersum zu verschönern, wobei großer Wert auf ein traditionell-friesisches Erscheinungsbild gelegt wurde. Den ganz **großen Wurf** wagten die Alkersumer 2015, als der Dorfplatz erneuert wurde. Seitdem schmückt ein alter Brunnen samt einer vom Inselsteinmetz Markus Thiessen entworfenen **Sonnenuhr** den Platz.

Wie im weiter südwestlich gelegenen Nieblum baut die Firma Waalem in Alkersum Wein an. Die beiden Weißweinreben der Sorten Johanniter und Solaris erweisen sich als robust genug, dem norddeutschen Wetter zu trotzen, und 2011 wurde der erste **Föhrer Wein** gekeltert.

Wohin in Alkersum?

Eindrucksvolles Museum

Kunst der Westküste

Die Faszination der Seefahrt, der Meere und des Lebens an der Küste ist das zentrale Sujet des 2009 eröffneten, eindrucksvollen Museums Kunst der Westküste, dessen Gebäudeensemble nach Plänen von Gregor Sunder-Plassmann errichtet wurde. In sechs Sälen stehen rund 900 m² Ausstellungsfläche zur Verfügung. Grundlage des Museums ist die Sammlung des Stifters Frederik Paulsen, der **skandinavische und deutsche Kunst aus der Zeit von 1830 bis 1930** zusammentrug. Zu den bekanntesten Malern gehören Max Liebermann, Max Beckmann, Emil Nolde und Edvard Munch. Neben den rund 550 Arbeiten der Sammlung sind pro Jahr bis zu acht wechselnde Ausstellungen zeitgenössischer Künstler im Gartensaal zu sehen. Dauerhaft zu bewundern ist das kollektive Kunstwerk »The Föhr Reef«, ein gehäkeltes Korallenriff, das 2012 entstand und auf die Bedrohung der Ozeane aufmerksam machen soll. In Grethjens Gasthof, wo die Museumsgastronomie untergebracht ist und Sonderausstellungen gezeigt werden, waren früher oft Künstler zu Gast, die auf Föhr arbeiteten, so der Berliner Secessionsmaler Otto H. Engel (1866–1949).

Hauptstr. 1 | 5. März–31. Okt. Di.–So. 10–17, 1. Nov.–7. Jan. Di.–So. 12–17 Uhr | Eintritt: 10 €, Führungen: Di. u. So. 13.30 Uhr (+ 5 €) | www.mkdw.de

Ein wahres Reiterparadies

Reiten

Föhr wird gern auch die **»Pferdeinsel«** genannt, und auch diesbezüglich ist Alkersum auf der Insel führend. Nirgends sonst auf Föhr findet man so viele Reiterhöfe, auf denen auch das traditionelle Ringreiten noch eine große Rolle spielt.

Köstliche Milchprodukte

Käse

Auf dem Hof der Familie Hartmann kann man leckeren **Rohmilchkäse** probieren und kaufen. Im Angebot sind u. a. Föhrer Kümmelkäse, Bärlauch- und Bockshornkleekäse. Zudem gibt es hier täglich frische Milch. Die Familie Carstensen produziert aus Milch von Föhrer Kühen das Föhrer Hofeis, das im Hof und an mehreren Verkaufsstellen auf der Insel zu haben ist.

Föhrer Inselkäse: Hauptstraße 9 | Tel. 04681 24 92 | www.foehrer-inselkäse.de

Föhrer Hofeis: Nieblumweg 7 | www.foehrer-hofeis.de

DUNSUM

Höhe: 0 m ü. d. M. | **Einwohner:** 70

Das einzige Restaurant in Dunsum, dem zweitkleinsten Dorf Föhrs, trägt den Namen »Zum Wattläufer«. Der Name ist Programm, denn von Dunsum aus starten die Wattwanderungen hinüber zur Nachbarinsel Amrum. Und keine Sorge, wer sich spontan für eine Wattwanderung entscheidet, aber ohne das richtige Schuhwerk angereist ist, für den stehen gleich neben dem »Wattläufer« mehr als 300 Paar Gummistiefel zum Verleih bereit. Und wer nicht ins Watt will, der genießt einfach den Ausblick hinüber nach Amrum oder Sylt, am besten zum Sonnenuntergang.

Hier gibt es deutlich **mehr Schafe als Menschen;** gerade einmal 70 Einwohner hat Dunsum und leistet sich dennoch den Luxus, den Ort in Klein-Dunsum und Groß-Dunsum aufzuteilen. Das **»Dorf am Deich«** ist Ausgangspunkt für ausgedehnte **Wattwanderungen** hinüber zur Nachbarinsel Amrum oder auch zum Kormoransand, der Mutterbank der Seehunde. Zwischen Dunsum an der Westküste Föhrs und der Amrumer Odde ist das Wattenmeer stellenweise außerordentlich flach, weshalb bei Ebbe größere Flächen trockenfallen und eine längere Wanderung durchs Watt möglich ist. Weil sich kurz vor Amrum das sogenannte »Mittelloch« auftut (ein etwas tieferer Priel), nützen übrigens auf der Tour nach Amrum auch die Gummistiefel nichts mehr! Und ohne den Gummistiefelverleihern in die Suppe spucken zu wollen – die echten Wattwanderexperten raten sowieso dazu, Neopren-Füßlinge oder alte Socken beim Wattwandern zu tragen!

Infos zu den Wattwanderungen: H.J. Fischer: Tel. 0175 460 72 92

DUNSUM ERLEBEN

»CAFÉ WATTLÄUFER« €

Das Café Wattläufer bietet dienstags ab 18 Uhr »Lamm satt« an, wo zum schmackhaften Salzwiesenlamm grüne Bohnen und Kartoffeln gereicht werden. Eine Voranmeldung wird erbeten.

Tel. 0160 472 28 45

HINRICHSENS FARM €

Auf dem Bauernhof der Familie Hinrichsen kann man in einem kleinen Café Kuchen und Eis genießen und an einem Dinner mit Shorthorn-Steak und anschließendem Hayride teilnehmen. Ebenfalls im Angebot: Fußballgolf und ein Baseballcage.

www.hinrichsens-farm.de

Tel. 04683 963 49 79

NIEBLUM

Höhe: 4 m ü. d. M. | **Einwohner:** 610

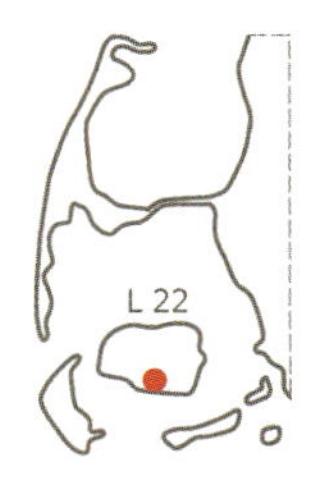

Vom Reichtum der Kapitäne, die sich einst in Nieblum niederließen, zeugen die großen, prächtigen Friesenhäuser, die den Ort heute zum »Schmuckstück« der Insel machen. Und weil Nieblum auch noch einen Strand vor der Haustür hat, müssen die Nieblumer den nicht immer einfachen Spagat bewältigen, einerseits den Besucherströmen etwas zu bieten, andererseits den Charme vergangener Zeiten zu bewahren. Sie bekommen das gut hin – wenngleich das Bilderbuch-Friesendorf sicherlich am frühen Morgen am schönsten ist, wenn der Ort erwacht, oder am Abend, wenn sich der Trubel ein wenig gelegt hat.

Dorfschönheit

Bereits im 18. Jh. wurde Nieblum (friesisch Nijblem) als außerordentlich schönes Dorf erwähnt, es hat sich bis heute das traditionelle Antlitz bewahrt. Man findet hier prachtvolle alte Friesenhäuser, gebaut von Kapitänen, die durch Seefahrt und Walfang im 17. Jh. zu Geld gekommen waren. Die reetgedeckten Häuser erscheinen äußerst gepflegt, die Hauseingänge werden von Rosenstöcken umrankt, in den prächtigen Bauerngärten blühen Stauden und Einjährige in farbenfroher Pracht um die Wette. Die Straßen des Ortes sind keine gewöhnlichen Straßen, sondern von prächtigen jahrhundertealten Ulmen und Linden gesäumte Alleen. Einst galt Nieblum als Geheimtipp und man tuschelte sich zu: **»Pssst, nicht weiter verraten!«** Mit der Geheimhaltung wurde es schon deshalb schwierig, weil der Ort unweit der Föhrer Südküste bereits in den 1980er-Jahren zum schönsten Dorf Deutschlands gekürt wurde. Und als **»Schönheitskönigin«** muss Nieblum nun mal damit leben, dass alle Welt sie bestaunen will.

Wohin in Nieblum und Umgebung?

St. Johannis

»Friesendom« mit gigantischen Ausmaßen

Am Rand von Nieblum steht die Kirche St. Johannis, ein mittelalterlicher Backsteinbau, der aufgrund seiner gigantischen Ausmaße gerne als »Friesendom« bezeichnet wird. Das heutige Gotteshaus entstand weitgehend im 13. Jahrhundert. An der Basis der Mauern sind noch alte **Granitquader der Vorgängerkirche** auszumachen. Von außen zeigt sich der »Friesendom« eher streng und spröde. Die Größe des schmucklosen quadratischen Kirchturms lässt auf die einstige Bedeutung der Kirche schließen, zumal die anderen Föhrer Kirchen im 13. Jh. keinen bzw. nur einen Holzturm hatten. Der Grundriss der

NIEBLUM ERLEBEN

TOURISTENINFORMATION IM DÖRPSHUS
Poststrat 2
Tel. 04681 25 59
www.nieblum.de

ALTES LANDHAUS €€
Begonnen hat das Alte Landhaus 1954 mit einem Mittagstisch: freitags Fisch, samstags Eintopf und sonntags Braten. Die Nachfahren servieren immer noch einen Mittagstisch, bei dem u. a. die schmackhaften Gerichte der Abendkarte zum kleinen Preis serviert werden.
Bi de Süd 22
Tel. 04681 25 72
www.landhaus-nieblum.de

FÖHRER TEESTUBE €
Nettes und vom Magazin »Feinschmecker« empfohlenes Café in einem ehemaligen Stall, leckere Kuchen und Torten. Donnerstags gibt es Flammkuchen. Der Nachwuchs kann das Kerzenziehen üben oder Kindergolf spielen.
Poststraat 7
Tel. 04681 58 01 43
www.hof-pergande.de

SAIMONS €
Klein, aber fein. Wechselnde Tageskarte, die Gerichte sind auf einer Wandtafel zu lesen. Mediterrane und internationale Gerichte für junges und junggebliebenes Publikum. In der Königsstraße 2 in Wyk eröffnete die Dependance »Hin und weg«, in der es u.a. leckere Burger gibt.
Jens-Jacob-Eschel-Straße 26
Tel. 04681 964 34 84
www.saimons.de

WAALEM
Kaum zu glauben aber wahr: Seit 2009 wird bei Nieblum und Alkersum Wein angebaut. 2011 gab es die ersten Erträge: Drei verschiedene Weine, ein Schaumwein und zwei Brände werden im Laden verkauft.
Meedsweg 1
Tel. 04681 741 20 90
www.waalem.de

FRIESENTÖPFEREI
Hier kann man Handwerkern bei der Arbeit zuschauen und Töpferwaren kaufen. Individuelle Wünsche erfüllt die Inhaberin Gisela Rerup gerne.
Klanxbüller Straße 4
Tel: 04661 60 08 80
www.friesentoepferei.de

INSELWEBEREI
In dem kleinen Laden von Ines Hansen werden die Stücke an einem traditionellen Kontermarschwebstuhl gewebt: flauschige und farbenfrohe Decken aus Mohair und Wolle.
Jens-Jacob-Eschel-Straße 24
Tel. 04681 746 20 27
www.inselweberei.de

GOLFCLUB FÖHR
Der Platz mit 27 Löchern zählt zu den schönsten in Norddeutschland.
www.golfclubfoehr.de

WASSERSPORTSCHULE
Kurse und Verleih von Windsurf- und Kitesurf-Equipment, SUP, Kitebuggy, außerdem Katamarane für Segeltouren nach Amrum und zu den Halligen.
Guatingwai 4b
Tel. 04681 47 66 u. 0171 831 55 46
www.nws-foehr.de

St.-Johannis-Kirche ist kreuzförmig angelegt. Im Innern ist noch zu erkennen, dass der ursprüngliche Bau aus einem flach gedeckten Hauptschiff bestand. Im 13. Jh. wurden die Mauern höher gezogen, in der Verlängerung des Hauptschiffes ein neuer Chor und eine neue Apsis errichtet, das Querschiff entstand und damit gleichzeitig die Vierung. Querschiff und Chor tragen eine Gewölbedecke, während man im Hauptschiff bei der Flachdecke geblieben ist.

Helle, freundliche Atmosphäre

Im **Innenraum** sorgen die vorherrschenden Farben Weiß und Taubenblau für eine helle, freundliche Atmosphäre, die die Schätze der Kirche zur Geltung bringen. Am ältesten ist der Taufstein (um 1200), der vermutlich schon in der früheren Kirche seine Dienste geleistet hat. Der Flügelaltar (spätes 15. Jh.) in der Apsis zeigt unter spätgotischen Baldachinen die zwölf Apostel, in der Mitte Maria und Christus sowie Johannes den Täufer und den Papst Silvester (999–1003). Im Chor fällt die große farbige Holzfigur Johannes des Täufers (Mitte 15. Jh.) ins Auge. Die Loge an der Nordseite des Chors mit sieben Fenstern aus dem 18. Jh. war früher für wohlhabende Insulaner reserviert. Darunter steht ein sogenannter Pastorenfrauen-Stuhl (17. Jh.), denn die Frauen der Föhrer Pastoren hatten in der Kirche

St. Johannis, auch als »Friesendom« bekannt, wirkt in seinem mittelalterlichen Backsteingewand aus jeder Perspektive beeindruckend.

ihre gesonderten Plätze. Aus derselben Zeit stammt die Kanzel. Ihre Renaissanceschnitzereien stellen biblische Szenen dar, die auf Plattdeutsch erläutert werden. Wie auch auf anderen Inselfriedhöfen berichten auf dem der St.-Johannis-Kirche **viele alte Grabsteine** Wissenswertes aus dem Leben der Verstorbenen.

tgl. geöffnet | Führung durch die Kirche und über den Friedhof: Ostern–Sept. Do. 15 Uhr | Dauer 2 Std. | Ticket: 5 € | Regelmäßig finden im Friesendom klassische Konzerte statt, das Gotteshaus in Nieblum ist Spielstätte beim Schleswig-Holstein-Musikfestival
www.friesendom.de

Lohnenswerter Ausflug

Goting-Kliff

Das Goting-Kliff im namensgebenden kleinen Ort südwestlich von Nieblum ist heute als steiler Sandabbruch von etwa 8 m Höhe mit einem schmalen vorgelagerten Dünenstreifen zu erkennen. Es entstand im Zuge der **Saale-Eiszeit** aus Gesteinsmassen, die die Gletscher aus dem skandinavischen Raum hierher transportierten und ablagerten. Sedimente aus rund 200 000 Jahren sind übereinander geschichtet. Das Kliff war über Jahrtausende Wind und Wetter ausgesetzt, so ist von den Gesteinsschichten kaum noch etwas zu sehen. Trotzdem lohnen sich eine **ausgedehnte Wanderung** oder eine Radtour von Nieblum über Goting durch die Salzwiesen der Godelmündung nach Utersum und zurück. Von Utersum aus geht es ggf. per Bus zurück nach Nieblum.

Burg erobern in Borgsum

Lembecksburg

Einst diente er dem Schutz vor den wilden Horden der Wikinger, heute kann man auf dem Ringwall der Lembecksburg einen friedlichen Urlaubstag mit Ausblick bis zum Horizont ausklingen lassen. Den Namen Borgsum verdankt der Ort einer Burg (fries. = borig), deren Reste nördlich des Dorfs in den Feldern zu finden sind. Bei Ausgrabungen in den frühen 1950er-Jahren stellte man anhand von Keramikscherben fest, dass die Gegend bereits vor den Friesen bewohnt war. Vor allem aber erkannten die Archäologen, dass die Lembecksburg nicht, wie lange angenommen, erst im 14. Jh. durch den dänischen Ritter Klaus Lembeck gebaut worden war, sondern bereits 500 Jahre früher als **Verteidigungsanlage gegen die Wikinger** diente. Der Durchmesser der Anlage beträgt 95 Meter, die damalige Höhe des Ringwalls lag bei ungefähr 10 Metern. Der Legende nach brach Klaus Lembeck den Lehenseid gegenüber dem dänischen König Waldemar IV. und wurde 1374 von Föhr vertrieben. Gesichert ist Lembecks Aufenthalt auf Föhr keinesfalls, die **Ringwallanlage zu Borgsum** trägt dennoch seinen Namen. Nicht zu übersehen ist die Borgsumer Mühle, die 1992 als sogenannter Galerieholländer anstelle eines maroden Vorgängers errichtet wurde und sich in Privatbesitz befindet.

OEVENUM

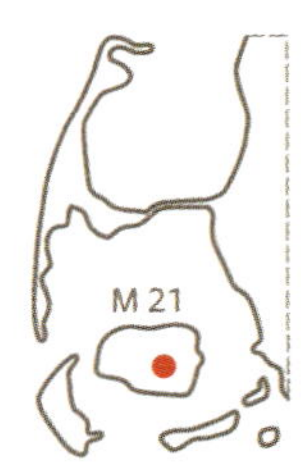

Höhe: 2 m ü. d. M. | **Einwohner:** 440

Im Sommerhalbjahr lockt der schöne Dorfmarkt zahllose Besucher nach Oevenum, das sich bis heute seinen bäuerlichen Charakter bewahrt hat. Auch hier werden friesische Traditionen wie das Biike-Brennen, das Ringreiten und das Maibaumfest in Feringer Tracht bewahrt und praktiziert.

Das **pittoreske Bauerndorf,** nur wenige Kilometer nordwestlich von Wyk gelegen und Föhrs größtes Dorf, besteht im Wesentlichen aus zwei parallel verlaufenden Hauptstraßen, nämlich der ein wenig höher liegenden Dörpstraat sowie der Buurnstraat, die sich unten am Rand der Marsch entlangzieht. Die Verbindung zwischen den beiden Straßen mit ihren hübschen Friesenhäusern stellen kleine, manchmal recht verwunschene Sträßchen und Gässchen oder unbefestigte Wege dar.

Wohin in Oevenum und Umgebung?

Kampf gegen die Flammen

Feuerwehr

Der große Stolz der Oevenumer ist die 1882 als erste in Deutschland gegründete Jugendfeuerwehr. In dem bis 1956 genutzten Schulhaus befindet sich eine Glocke, die nicht nur den Schülern zur nächsten Stunde läutete, sondern auch gleichzeitig als Alarmglocke bei Bränden und Sturmfluten diente. Auf die Idee, diese **multifunktionale Glocke** zu installieren, waren die Oevenumer gekommen, nachdem 1796 im benachbarten Nieblum zahlreiche Häuser Opfer eines Großbrandes wurden.

Reichlich Leben in Oevenum

Obst, Gemüse, Trödel & Kunst

Im Sommer findet an jedem Donnerstag der traditionelle, bei Einheimischen wie Besuchern beliebte **Dorfmarkt** statt, auf dem neben frischem Obst und Gemüse auch reichlich Trödel angeboten wird. Samstags findet in Oevenum der **Kreativmarkt** statt.

Ort der Beschaulichkeit

Midlum

364 Tage im Jahr ist Midlum ein stilles Friesendorf im Herzen der Insel, umgeben von sattgrünen Weiden in der Marsch, auf denen das schwarz-bunte Vieh es sich gut gehen lässt. Nur an einem Sonntag vor Ostern erlebt Midlum alljährlich einen Massenauflauf – im wahrsten Sinne des Wortes: Denn dann startet der **Föhr-Marathon.** Die Gründung der Ansiedlung ist wahrscheinlich auf eine Klosterkapelle

zurückzuführen, daraufhin deutet zumindest der Name **»Kabelackerum«** (Kapellenacker) für eine Fläche am westlichen Rand des Ortes. Hier im Inselzentrum geht es zwischen reetgedeckten Häuschen und viel Grün äußerst beschaulich zu.
Marathon: www.foehr-marathon.de

OEVENUM ERLEBEN

RACKMERS HOF €€€-€€€€

Ein schönes Hotel garni am Ortsrand von Oevenum. Die vier edel eingerichteten Suiten heißen Muschel, Düne, Perle und Sand, außerdem können sich Gäste in einer Ferienwohnung einquartieren. Eine Sauna und ein kleiner Fitnessraum stehen allen zur Verfügung. Und wer lieber ganz in Ruhe faulenzen bzw. einmal ordentlich ausschlafen möchte, ist hier ebenfalls goldrichtig: Das Frühstück in der Captain's Longue wird bis 12 Uhr serviert.
Buurnstraat 1
Tel. 04681 74 63 77
www.rackmers.de

NAMINE WITT – GENUSSHANDWERK FÖHR €-€€€

Aus dem traditionsreichen Landhaus Villa Witt wurde das moderne »Namine Witt – Genusshandwerk Föhr«, das Restaurant, Bistro und Feinkostladen unter einem Dach versammelt. Im Restaurant speist man in schöner, gepflegter Atmosphäre, das Bistro ist lässig und geschmackvoll. Das Angebot des Ladens umfasst verschiedene Pastasorten, Pestos, Saucen, aber auch Suppen, Eintöpfe und traditionelle friesische Speisen, die in der eigenen Manufaktur hergestellt werden.
Alkersumer Stieg 4
Tel. 04681 964 35 23
www.naminewitt.de

STERNHAGENS LANDHAUS €€-€€€

Ein Reethaus, das mehr als 300 Jahre auf dem Buckel hat, ein verwunschener Garten, ein dichtender Wirt, mehrere verwinkelte und gemütliche Zimmer, jedes mit einem eigenen Namen versehen, reichlich friesisches »Gedöns« an den Wänden – das ist Sternhagens Landhaus, das auch nach einem Besitzerwechsel nach wie vor sehr zu empfehlen ist.
Buurnstraat 49
Tel. 0172 459 56 78
www.sternhagenslandhaus.de

FÖHRER SNUPKROOM

Im Bonbonladen von Enken Brodersen gibt es den namensgebenden »Föhrer Snupkroom«: Lollys, Zuckerstangen, Bonbons und Lutscher aus der eigenen Manufaktur und in allen nur erdenklichen Geschmacksrichtungen.
Wohlackerum 2
Tel. 04681 746 21 38
www.foehrersnupkroom.de

BUURNSTRAART WOCHENMARKT

Der Markt in der Buurnstraat gilt als der schönste der Insel. Obst, Gemüse, Wurst, Käse, Handgemachtes und Flohmarkttrödel werden verkauft.
Do. 10 bis 12 Uhr

OLDSUM

Höhe: 4 m ü. d. M. | **Einwohner:** 507

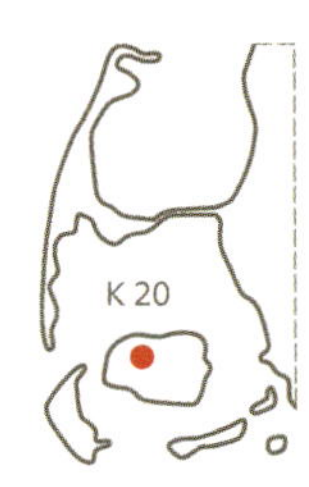

Der berühmteste Sohn des Ortes, der Walfänger Matthias Petersen, liegt in Ermangelung eines Oldsumer Friedhofs im nahen Süderende begraben. Petersen, so die Legende, soll im 17. Jh. die stattliche Anzahl von 373 Walen erlegt haben. Männer wie er, Walfänger und »Commandeure«, prägten einst das Bild des sogenannten Langdorfs, das genau genommen aus den Ortsteilen Oldsum, Klintum und Toftum besteht. Anstelle einer Kirche überragt die Oldsumer Mühle die gemütlichen Friesenhäuser. Die berühmteste Tochter des Ortes ist Friede Springer, die lange Jahre die Geschicke des Axel-Springer-Konzerns (Bild, Die WELT etc.) mitgestaltete.

Wie die meisten Häuser in Oldsum besitzt auch die Oldsumer Mühle ein Reetdach. Die Windmühle stammt aus dem Jahr 1901 und war bis 1954 in Betrieb. Sie ist allerdings nicht die ursprüngliche Windmühle des Ortes; bereits zu Matthias Petersens Zeiten gab es eine Oldersumer Mühle, die jedoch im Jahr 1900 bei einem Gewitter abbrannte. Der heutige, etwas außerhalb des Ortes liegende Galerie-Holländer befindet sich in Privatbesitz und ist leider **nicht zu besichtigen,** wirkt aber auch von Weitem betrachtet.

Wohin in Oldsum?

Zeitreise durchs Dorf

Lebendige Geschichte

Oldsum pflegt die friesischen Traditionen, viele der Ureinwohner sprechen »Fering« und zeigen sich gerne in ihren friesischen Trachten. Mehrmals im Jahr nimmt Ingke Wolff die Gäste mit auf eine Zeitreise durchs Dorf, **zurück in die Welt der Kapitäne und Walfänger.** Die Geschichte des Ortes auf der Website von Oldsum erzählt übrigens kein Geringerer als Christian »The Voice« Brückner, Deutschlands berühmtester Synchronsprecher.

»Ohrenschmaus und Augenweide«

»Art & Weise«

In Oldsum, am Westrand der Föhrer Marsch, haben sich inzwischen auch andere Künstler und Kunsthandwerker niedergelassen. Einer, der schon immer da war, ist Hauke Nissen. Das »Art & Weise« ist **Laden, Klangraum und Galerie** in einem. »Ohrenschmaus und Augenweide« zugleich sozusagen. Annette Nissen hat hier ihre Bilder ausgestellt, untermalt von der Musik ihres Mannes Hauke. »Mit Nissens Musik schafft man es binnen Minuten, alle Unruhe loszulassen,

OLDSUM ERLEBEN

STELLYS HÜÜS €

Stellys Hüüs ist Café, Töpferstube und Teeladen in einem. Das einst dazugehörige Kuriositätenkabinett ist inzwischen geschlossen.
Haus 38
Tel. 04683 306
www.stellys-cafe.de

abzuschalten und neue Wärme und Kraft in sich zu entdecken«, urteilte eine Zeitung über die Entspannungsmusik des gebürtigen Insulaners.
Art & Weise, Oldsum/Haus 56 | Tel. 04683 10 10
www.haukenissen.de.

★★ SÜDERENDE

Höhe: 4 m ü. d. M. | **Einwohner:** 185

Ein ursprüngliches Friesendorf wie aus dem Bilderbuch – mit reetgedeckten Häusern, die von steinernen Wällen und duftenden Bauerngärten umgeben sind. Die »sprechenden Grabsteine« auf dem Friedhof an der Kirche St. Laurentii erzählen seit Jahrhunderten vom Leben und Sterben der Insulaner in früheren Zeiten. Seinen Namen (fries. = Söleraanj) trägt der Ort, weil er sich im Süden von Oldsum entwickelt hat.

St.-Laurentii-Kirche

Die kunstgeschichtliche Attraktion von Süderende ist die 1,4 km südlich des Ortes gelegene St.-Laurentii-Kirche. An den Außenmauern ist das Nebeneinander von Granit- und Backstein gut zu beobachten. Das Gotteshaus wurde im ausgehenden 12. Jh. erbaut, im 13 Jh. wurde es umfassend erweitert. Dabei vergrößerte man den Raum nach Westen sowie nach Osten um den Chor und die Apsis und fügte das Nordquerschiff an. Im 16. Jh. entstanden die Gewölbedecke und der Kirchturm. Dank heller Wände und großer Fenster erscheint der Innenraum licht und klar. Noch aus der Entstehungszeit der Kirche stammt der romanische Taufstein. Eindrucksvoll ist der **dreiflügelige Altar** aus farbig bemaltem Eichenholz mit 12 Figuren: Maria und Jesus, Apostel und Heilige, ganz rechts der namensgebende Laurentius, der Patron der Armen. Im Zuge von Renovierungsarbeiten wurden Reste von Deckenmalereien aus dem 17. Jh. entdeckt und restauriert. Relativ gut zu erkennen ist

SÜDERENDE ERLEBEN

LANDHAUS ALTES PASTORAT €€€
Relaxen im Studierzimmer, wo einst die Pastoren an ihren Predigten feilten. Schlafen auf dem Heuboden, wo einst die Kühe unter knarzenden Holzbalken gemolken wurden. Und frühstücken, wo einst die Konfirmanden büffelten. Wer Ruhe und Erholung sucht, findet sie in diesem mehr als 300 Jahre alten Idyll in Süderende auf Föhr.
Tel. 04683 226
www.landhaus-altes-pastorat.de

die Darstellung von Jesus mit Arbeitern im Weinberg im dritten Joch. Schließlich fallen die drei flämischen Kronleuchter auf, von denen der erste und der dritte 1677 vom Föhrer Kapitän Matthias Petersen und seinem Bruder Jon Petersen gestiftet wurden, der mittlere 1702 von dem Kapitän Peter Petersen. Auf dem Friedhof stehen zahlreiche **»sprechende Grabsteine«,** auch der des »Glücklichen Matthias« findet sich hier. (▶ Baedeker Wissen, S. 136)

St. Laurentii-Kirche: tgl. Juni–Mitte Sept. 9–18 Uhr | Kirchenführung: siehe dortigen Aushang
Friedhofsführungen: siehe www.st-laurentii.de/termine

UTERSUM

Höhe: 3 m ü. d. M. | **Einwohner:** 415

Auf der Suche nach einem schlagkräftigen Slogan für die Insel kamen die Tourismus-Experten irgendwann auf die »Friesische Karibik«. Es ist davon auszugehen, dass sie dabei zumindest an Utersum gedacht oder gar vom Utersumer Strand zu diesem genialen Slogan inspiriert wurden. Denn der weiße »karibische« Sandstrand von Utersum gilt als der schönste der Insel.

Friesische Karibik

Ganz im Westen von Föhr findet man das kleine, aber feine Nordseebad Utersum. Von hier zieht sich der **15 km lange Sandstrand** bis nach Wyk an der Südostküste, gleichzeitig beginnt hier der Deich, der die Inselnordhälfte vor dem »Blanken Hans« schützt. Zur Nordspitze Amrum kann man hinüberwinken und Hörnum in Sylts Süden ist auch nicht allzu weit entfernt. Und viel schöner als hier in der Friesischen Karibik geht die Sonne auf Barbados oder den Bahamas auch nicht unter.

LEBENSGESCHICHTEN IN STEIN

Auf den Friedhöfen der Nordfriesischen Inseln gibt es »sprechende Grabsteine« aus alten Zeiten zu entdecken, die viel vom früheren Leben und Sterben der Insulaner berichten. Ewig und still liegen sie da, Wind und Wetter gehen über sie hinweg, und sie erzählen weiter ihre Geschichten.

Seit dem 17. Jh. haben die Inselfriesen ihren Vorfahren auf den Friedhöfen steinerne Denkmäler gesetzt, die vom Leben der Verstorbenen berichten. Spröde und bedächtig, geschrieben in Friesisch, Latein oder Hochdeutsch, finden sich auf den sprechenden Grabsteinen **Geschichten von Kapitänen und Walfängern** und von den harten Lebensbedingungen einer längst vergangenen Zeit.

Die Sprache der Bilder

Viele symbolische Bilder sind auf den Steinen zu sehen: Schiffe sind meist das Berufszeichen. Fahren sie unter vollen Segeln, stehen sie für den frühen Tod eines Seefahrers. Abgetakelte, vor Anker liegende **Schiffe** gelten dagegen als Sinnbild für ein langes Leben. Das Gleiche gilt für die Pflanzen: Rosen und Narzissen am rechten Rand des Steins stellen **Frauen** dar, Tulpen und Eichenblätter auf der linken Seite hingegen **Männer.** Die Zahl der gebrochenen Stängel besagt, wie viele der Familienmitglieder zum Zeitpunkt der Grabsteinsetzung bereits verstorben waren. Blumen fungieren als Symbole der Vergänglichkeit, Schmetterlinge als Bild für die unsterbliche Seele. Kreuz, Herz und Anker stehen für die christlichen Tugenden Glaube, Liebe, Hoffnung.
Die **Steinmetze** waren eine wichtige Handwerkszunft und genossen hohes Ansehen bei den Inselfriesen. Für die Grabmäler verwendeten sie den für seine Wetterfestigkeit bekannten Sandstein aus dem Wesergebiet.

Glücklicher Walfänger

Einer der schönsten Friedhöfe der Nordfriesischen Inseln umgibt die beeindruckende St.-Laurentii-Kirche in Süderende auf Föhr. Hier findet man unter anderem das Grab des Kommandeurs **Matthias Petersen,** genannt »der Glückliche«. In lateinischer Sprache berichtet der Grabstein vom Leben des erfolgreichen Walfängers aus Oldsum, der **373 Wale** erlegt haben soll. »Matthias Petersen, geb.: Oldsum d. 24. Dez. 1632; gest.: d. 16. Sept. 1706. Er war in der Schifffahrt nach Grönland sehr kundig, wo er mit unglaublichem Erfolg 373 Walfische gefangen hat, so dass er von da an mit Zustimmung aller den Namen des Glücklichen erlangt hat. Und seine Ehefrau Inge Matthiesen, geb.: d. 7. Okt. 1641, gest.: d. 5. April 1727.«
Unter diesem Spruch findet sich das **Emblem mit dem Wal,** der eine Fontäne bläst und sich unbeeindruckt von der Ausgelassenheit der unbekleideten Fortuna über ihm auf den Wellen treiben lässt. Schließlich ist da noch zu lesen: »Sicher im Tod ist, wer weiß, dass er im Tod wiedergeboren wird. Tod kann das nicht genannt werden, sondern vielmehr ein neues Leben.«

OBEN wird der Grabstein des »Glücklichen Matthias« präsentiert, denn in Süderende spricht der Stein.

UNTEN: Die Steine verraten vieles über das Leben und das Sterben der Begrabenen.

Wohin in Utersum?

Ferienort mit dörflichem Charme

Grabkammer

Utersum, friesisch Ödersem, boomt als Ferienort und hat dennoch (bislang) seinen dörflichen Charme bewahrt. Außerhalb des kleinen Zentrums wurden allerdings viele neue Häuser gebaut. Zwischen Utersum und der Kurklinik erkennt man entlang der Straße drei Grabhügel, die »Triibergem«, Überbleibsel eines bronzezeitlichen Gräberfelds. Die Reste des Sunberigs (Sandberg), einer **Grabkammer aus der Megalithgrabkultur** (um 4000 v. Chr.), sind an der Innenseite des Deichs in Höhe der kleinen Seebrücke noch auszumachen. Das Grab wurde 1895 geöffnet: Neben Knochenresten, der Asche eines Totenfeuers sowie einigen anderen Beigaben wurde ein Feuersteinbeil gefunden, das heute im Wyker Heimatmuseum (► S. 142) zu sehen ist.

Durch die Salzwiesen

Spaziergang

Empfehlenswert ist ein Spaziergang von Utersum über Hedehusum nach Witsum und Goting. Bei Witsum passiert man die **Godel,** den einzigen Fluss der Insel. Gemütlich schlängelt er sich durch die Salzwiesen der Godelniederung, ist Heimat zahlreicher Vögel wie Eiderenten und Säbelschnabler, und fließt schließlich östlich von Utersum in die Nordsee.

Strand in Utersum: beste Aussicht bis nach Amrum

UTERSUM ERLEBEN

TREIBHOLZ €€€
1A-Blick aufs Wasser und in die Dünen und abends Sonnenuntergang gratis. Im modernen Café-Restaurant gibt es vom schnellen Mittagsimbiss über die asiatisch-italienisch-friesischen Köstlichkeiten am Abend bis hin zu leckeren Cocktails an der Bar alles, was das Urlauberherz begehrt.
Klaf 2
Tel.: 04683 963 85 55
www.treibholz-foehr.de

WYK

Höhe: 4 m ü. d. M. | **Einwohner:** 4335

N/O 22/23

Im 17. Jh. legten vom Hafen in Wyk auf Föhr die Walfänger ab und – wenn sie ihre gefährliche Reise heil überstanden – auch wieder an. Heute kommen im Fährhafen von Wyk, dem einzigen der Insel, die Besucher an – und das schon seit rund 200 Jahren. Denn als 1819 in Westerland auf Sylt nur ein paar einheimische Bauern und Fischer ihrem Tagewerk nachgingen, da wurde Wyk auf Föhr bereits zum ersten Seebad an der schleswig-holsteinischen Nordseeküste ernannt.

Stadt-feeling

Die einzige Stadt auf Föhr fällt aus dem Rahmen. Wyk kann mit der sonst so ländlich-beschaulichen Idylle in den pittoresken Friesendörfern nicht mithalten. Vom Schiff aus gesehen erscheint die Kleinstadt mit ihren etwas mehr als 4000 Einwohnern (in der Hauptsaison mehr als 20 000) zunächst nicht besonders einladend angesichts des architektonischen Wirrwarrs rund um den Hafen. Aber mit Promenade, Fußgängerzone, dem Badehaus Aquaföhr, Kino und Kurpark gibt es hier eine Menge Abwechslung und zudem hat Wyk neben dem wunderbaren **Strand vor der Haustür** definitiv auch schöne Ecken zu bieten: Besonders ansprechend ist die geschmackvoll gestaltete Fußgängerzone mit den hübschen Stadthäusern aus der Zeit um 1900 und die Carl-Häberlin-Straße mit kleinen Spitzgiebelhäusern, ebenso die angrenzenden Wohnviertel zur Mühle hin, wo einige prachtvolle Villen und Bürgerhäuser stehen.

Wyk als Zufluchtsort

Stürmische Zeiten

1704 baute man die ersten befestigten Hafenanlagen. Wie auch in Nieblum siedelten sich in Wyk im 17. und 18. Jh. zahlreiche Halligbewohner an, die sich durch die großen Sturmfluten bedroht und auf Föhr sicherer fühlten. Die Naturkatastrophen richteten aber auch hier größere Schäden an; so wurde der Hafen mehrmals zerstört und Ende des 18. Jh.s sogar für einige Zeit stillgelegt. Mit der **Gründung des Seebads vor 200 Jahren** wurde der bis dahin recht verschlafene Hafenort an der Bucht (bi de Wiek) an Föhrs südöstlicher Küste plötzlich lebendig und verschaffte sich nach dem Abflauen des Seehandels ein neues Standbein.

Adeliges Seebad

AquaFöhr

Zwischen 1842 und 1848 urlaubte der dänische König Christian VIII. einmal im Jahr hier und begründete den Ruf Wyks als Seebad für den gehobenen Adel. Allerdings blieben nach seinem Tod 1848 die anderen vornehmen Sommergäste aus und Wyk versank erst einmal wieder im Dornröschenschlaf. Erst mit den Ärzten Carl Gmelin und Carl Häberlin wurde zu Beginn des 20. Jh.s die Basis für eine Entwicklung gelegt, die schließlich in den heutigen Tourismus mündete. Beide Ärzte machten sich mit grundlegenden **Forschungen zu Meeresheilkunde und Seeklima um Föhr** verdient. Drei verschiedene Kurkliniken sind heute hier ansässig, hinzu kommt das Bade,- Gesundheits-, Wellness- und Thalasso-Zentrum AQUAFÖHR.
www.aquafoehr.de

Wohin in Wyk und Umgebung?

Fangfrisch vom Kutter

Jacht- und Fischereihafen

Neben dem modernen Fähranleger gibt es den 1984 in Betrieb genommenen Jachthafen und den alten Fischereihafen, in dem man den **Krabbenfischern** bei der Arbeit zusehen und oft auch direkt vom Kutter den frischen Fang erwerben kann. Im Sommer findet hier jeden Sonntag ein Fischmarkt statt.
An einer Flutmarkierung sieht man den Pegelstand, den die Wassermassen bei Sturmfluten erreichen können. Die höchste Markierung stammt von 1825.

Flanieren an der Uferpromenade

Sandwall

Durch den Deichdurchlass, der bei Fluten geschlossen wird, kommt man vom Hafen aus ins Zentrum. Prachtstück war einst eine wundervolle Ulmenallee auf der Uferpromenade. 1000 junge Ulmen soll der dänische König dem Seebad 1820 vermacht haben, die aber dem Splintkäfer zum Opfer fielen und durch Kastanien ersetzt wurden. Alte, vornehme Hotels finden sich an **Wyks Uferpromenade,** dazu ein kleiner Musikpavillon, Restaurants und Cafés. Am Horizont sieht man die Warften der Hallig Langeneß aus der Nordsee herausragend, aufgereiht wie die Perlen auf einer Schnur.

WYK ERLEBEN

FÖHR TOURISMUS

Feldstraße 36
Tel. 04681 300
www.foehr.de

ALT WYK €€€-€€€€

Erstes Haus am Platze. 2012 gab es den ersten Michelin-Stern für Gerichte wie »Hausgemachte Kalbfleisch-Spinat-Maultaschen mit Pfifferlingen« oder »Knuspriges Cornette mit Föhrer Ziegenfrischkäse und mediterraner Gemüse-Terrine«.
Große Straße 4
Tel. 04681 32 12
www.alt-wyk.de

SCHAPERS WASSERSPORTCENTER/BISTRO, CAFÉ, BAR €-€€

Schapers verspricht Strandfeeling pur, in einer Atmosphäre, die die Betreiber der Strandbar als »freundlich-familiär, kultig-legendär« beschreiben. Barbecue »Pirates of the Carribean« nach Voranmeldung
Tel. 04681 747 52 30
www.schapers.net

ERDBEERPARADIES €-€€

Die angesagteste Musikkneipe auf Föhr ist das Erdbeerparadies. Hier kann man Fußballspiele live verfolgen, Karaoke singen oder bei Motto-Partys das Tanzbein schwingen. Ab und zu finden auch Live-Konzerte im EP statt, wie die Insulaner die Location nennen. Das Erdbeerparadies ist definitiv kein Paradies für Nichtraucher, denn es ist eine Raucherkneipe!
Ocke-Nerong-Straße 29
Tel. 04681 746 89 88
www.erdbeerparadies-auf-foehr.de

ALTE DRUCKEREI €-€€

Hier werden gute Weine und leckere Kleinigkeiten serviert. Die Betreiberin Agnes Mikulska ist Opernsängerin und Pianistin, daher finden in der Alten Druckerei immer wieder Kulturveranstaltungen statt.
Mittelstraße 17/Hofgarten
Tel. 04681 74 86 00
www.altedruckereidasweinkontor.de

UPSTALSBOOL WELLNESS RESORT SÜDSTRAND €€€-€€€€

Das moderne, stylishe Haus hat 144 Zimmer und 23 exklusive Residenzen. Zum Ensemble gehört das 2000 m² große »eilun spa« mit allen erdenklichen Wellness-Angeboten, das Restaurant »bi a wik« und die Bar »hygge«. Internationale Küche auf hohem Niveau serviert das direkt an der Waterkant gelegene Restaurant Sydbar – Frisches Strandgut.
Gmelinstraße 11
Tel. 04681 992 00
www.resort-suedstrand-foehr.de

INSELHOTEL ARFSTEN €€

Klein aber fein – das familiengeführte Hotel liegt idyllisch im Wyker Vorort Wrixum, einen 20-minütigen Spaziergang vom Hafen und vom Strand entfernt. Zum Hotel gehören die hübschen Ferienwohnungen im reetgedeckten Friesenhaus auf einer Warft.
Ohl Dörp 64, Tel. 04681 23 31
www.arfsten.de

AQUAFÖHR

Bade-, Gesundheits-, Thalasso- & Wellnesscenter, ein Meerwasserwellenbad, eine Wasserrutsche und

Aquafit-Fitnesscenter. Von Tibetanischen Massagen bis zu Thalasso-Anwendungen ist im AquaFöhr alles zu haben.
Stockmannsweg 1
Tel. 04681 30 48
www.aquafoehr.de

SPEISEKAMMER

Im Angebot ist eine bunte Mischung, von Föhrer Apfelringen bis hin zu Amrumer Meersalz. Zudem bietet die Bistroküche kleine Leckereien an.
Friedrichstraße 8a
Tel. 04681 748 44 77
www.speisekammer-foehr.de

UWE'S BERNSTEINTRUHE

Der »Feringer« Uwe Petersen verkauft fossile Schmuckstücke, hält Vorträge über Bernstein und empfängt Besucher im größten »Bernstein-Zoo« der Welt.
Sandwall 54, Tel. 04681 746 22 03
www.uwebernstein.de

WOLLFLUR

Im Wollflur gibt es handgesponnene Wolle, dazu bekommen Kunden den Namen und ein Bild des Schafs, von dem die Wolle stammt. Außerdem Schafsfelleund Schönes aus Wolle.
Wilhelmstraße Nr. 8
Tel. 04681 746 24 31
www.wollflur.de

★ Glockenturm

Schmucke Sträßchen

Die nach dem Arzt Dr. Carl Häberlin (1871–1954; s. o.) benannte Straße zweigt direkt vom Sandwall ab. Sie ist bekannt für ihre **schmucken kleinen Giebelhäuschen,** vor denen im Sommer die Rosen blühen. Das Wahrzeichen von Wyk, der Glockenturm, steht an der Ecke Große Straße/Mittelstraße. Er diente als Kirchturm, da die Wyker bei entsprechender Windrichtung die Glocken der damals noch auf freiem Feld stehenden St.-Nicolai-Kirche nicht hören konnten. Stürme zerstörten zwei der 1701 erbauten hölzernen Türme, 1892 wurde der heutige Backsteinturm errichtet. An der Mühlenstraße steht die Mühle Venti Amica (Freundin des Windes) von 1879.

★

Einmaliger Eingang

Dr. Carl Häberlin hat sich nicht nur den Forschungen der Meeresheilkunde intensiv gewidmet, sondern auch weitgehende Studien zur Heimatkunde und zur friesischen Geschichte betrieben. Er gehörte 1902 zu den Gründern des naturwissenschaftlich-kulturhistorischen Vereins, der sechs Jahre später das Friesenmuseum, das heute seinen Namen trägt, ins Leben rief. Von der Straße Rebbelstieg aus ist der Eingang an den **6,30 m hohen Unterkieferknochen eines Blauwals** zu erkennen. Friesische Bräuche und Alltagskultur sowie Geschichte und Natur der Insel werden hier auf rund 600 m² lebendig. Gezeigt werden u. a. die kostbaren Föhrer Trachten, eine Abteilung ist dem Walfang und der Seefahrt gewidmet. Gleich nebenan steht das älteste Friesenhaus der Insel, das Haus Olesen aus Alkersum (Baujahr 1617). Es wurde hierher umgesetzt, um es vor dem Verfall zu retten.
Mitte März–Ende Okt Di.–So. 10–17, Juli, Aug. tgl. 10–17, Winter Di.–So. 14–17 Uhr | Eintritt: 4,80 € | www.friesen-museum.de

OBEN: Am Strand von Wyk steigen die bunten Drachen bei gutem Wind in die Höhe.

UNTEN: Hier sagen sich Seehunde und Kegelrobben gute Nacht. Die Wyker Dampfschifffahrt-Reederei bietet Exkursionen zu diesen beliebten Sandbänken. (www.faehre.de)

VOM BADEKLEID ZUM LICHTKLEID

Als der Sylter Arzt Dr. Andreas Ludwig Otto Jenner anno 1850 vorschlug, das Bad im Meer unbekleidet zu genießen, da dies am heilsamsten sei, war er seiner Zeit weit voraus. Das eher prüde Establishment, das sich Mitte des 19. Jh.s zu Beginn des Bädertourismus überhaupt einen Badeurlaub leisten konnte, war von Kopf bis Fuß bedeckt, wenn es sich in die Nordsee wagte. Erst im Laufe des 20. Jh.s kam das Nacktbaden in Mode, zahlreiche FKK-Abschnitte entstanden an den Nordseestränden, insbesondere am Sylter Weststrand.

Im Jahr 1855 stellte der Sylter Landvogt Werner von Levetzau am Strand von Westerland einige **Badekarren** auf, hölzerne Wagen, in denen sich die Badenden umziehen konnten. Es war, wenn man so will, die **Geburtsstunde des Tourismus** auf Sylt, und Westerland war das erste Seebad auf der Insel. Damit war Sylt allerdings ganz klar ein Nachzügler, denn bereits Ende des 18. Jh.s hatten Kollegen des Sylter Arztes Dr. Jenner die Heilkraft des Meerwassers und des Reizklimas an der Küste entdeckt: Das erste Nordseebad eröffnete 1797 auf Norderney, in Heiligendamm an der Ostsee gab es bereits seit 1793 einen geregelten Badebetrieb. Nach Föhr kamen 1819 die ersten Badegäste, nach Amrum erst 1890.

Zugeknöpftes Baden

Es ging zunächst streng und züchtig zu, von der Freizügigkeit, die Dr. Jenner vorschwebte, war das **Badeleben** Lichtjahre entfernt. Damenbad im südlichen Westerländer Strandabschnitt und Herrenbad im Norden waren ca. 2 km voneinander entfernt. Da gab es selbst mit einem Fernglas nichts zu sehen. Und wenn schon: Die **Damen**

wechselten ihre Hüllen diskret im Badekarren und verschwanden umgehend im Wasser. Auch für die Frauenwelt lohnte sich der Blick ins andere Lager nicht, denn im **Herrenbad** ging es nicht weniger streng zu. In der neutralen Zone dazwischen war das Baden nicht gestattet; man sonnte sich, promenierte auf und ab, bildete sich in der Lesehalle fort oder genehmigte sich einen Kümmelschnaps, der damals in den »Giftbuden« am Westerländer Strand ausgeschenkt wurde.

Nackte Prominenz

Mit nackten Tatsachen wurden die Sylter und die Sylt-Urlauber erst ab den 1920er Jahren konfrontiert. Der Hamburger Knud Ahlborn, Mitgründer der Freideutschen Jugend, hatte 1919 die Militärbaracken im Klappholttal und Puan Klent erworben. Er errichtete auf dem Gelände nicht nur ein Ferienlager, sondern holte sich 1927 auch eine Sondergenehmigung, aufgrund derer seine Klientel zwischen Rotem Kliff und Ellbogen splitterfasernackt baden durfte. Der Schriftsteller **Max Frisch** schwärmte 1949 vom Nacktbaden an Sylts Stränden, wie aus seinem Tagebuch des Jahres 1949 zu entnehmen ist: »Man badet hier ohne alles, und das ist herrlich, man verwundert sich höchstens, wie selbstverständlich es ist. Heute liegen wir in einer Gruppe, es kommt ein junges Paar, beide im Badekleid, Bekannte, und als sie uns erkennen, bleiben sie stehen, machen das einzig Geziemende, streifen ihr Badezeug herunter, nehmen es in die linke Hand und kommen zur Begrüßung.« An das von der Stadt Westerland im Jahr 1947 ausgesprochenes **Nacktbadeverbot** hielt sich kaum noch jemand. Legendär auf der Insel wurden FKK-Strände wie Kampens **Buhne 16,** Abessinien, Samoa oder Sansibar bei Rantum. Aber auch auf Sylt gab es »sone und solche«: Romy Schneider soll bei einem Sylt-Besuch anno 1968 gar gemosert haben: »In jeder Welle hängt ein nackter Arsch...«

Heute

Fakt ist, dass in letzter Zeit das Nacktbaden, vor allem die reine **Nudisten-Kultur, rückläufig** ist; was Experten zufolge auch an den vielen Strandbars in Sichtweite liegen soll. Von den angezogenen Gästen dort fühlt sich der eine oder andere Nacktbader dann doch auf unangenehme Art und Weise beobachtet. Und insbesondere bei Jüngeren dürfte es auch damit zu tun haben, dass viele fürchten, wenige Stunden nach dem Nacktbaden hüllenlos auf Facebook zu erscheinen.

FKK-Strände heute

Sylt: List – 3 km lang, am Übergang 19; Kampen – von Buhne 16 bis Dünensteg, im Norden des Hauptstrandes; Wenningstedt – 1 km lang, nördlich bei der Strandsauna; Westerland – Nordstrand: am Strandabschnitt 4.21. Südstrand: an den Abschnitten 4.71 (Campingplatz), 4.72 (Grillplatz), 4.81 (Café »Oase zur Sonne«; von Rettungsschwimmern überwacht) und 4.90 (Diekjen Deel, für Gäste mit Hund); Rantum – Strände »Samoa« und »Sansibar«, je 2 km; Hörnum – 2 km am Weststrand, mit Strandsauna

Amrum: Strandabschnitte am Kniepsand bei Norddorf, Nebel und Süddorf. Die Grenzen zwischen Textil- und FKK-Strand sind fließend. FKK-Zeltplatz unweit von Wittdün

Föhr: Wyk – Strandabschnitt 29 und Nieblum – im Westen am Goting Kliff.

Natur erleben und verstehen

Naturparkhaus

Sehenswert ist das Naturparkhaus (Strandstraße 70). Es gibt einen guten Einblick in die **Entstehungsgeschichte und Naturwelt der Region.**

Das Naturparkhaus ist vorübergehend geschlossen, Hinweise zur Wiedereröffnung findet man auf der Website.
www.nph-foehr.nationalparkservice.de

Und ein bisschen Plattdeutsch...

Boldixum

Im Ortsteil Boldixum steht eine der drei historischen Kirchen Föhrs: die St.-Nicolai-Kirche. 1707 stieß man bei Erweiterungsbauarbeiten auf ein Behältnis mit drei Silbermünzen, deren Inschrift den Hinweis auf einen Baubeginn im Jahr 1240 in der **Übergangszeit zwischen Romanik und Gotik** gibt. Der schlichte, strenge Backsteinbau besteht aus dem Kirchenschiff, einem Chor und einer halbrunden Apsis. Jünger als der Kirchenkörper ist der schmucklose Turm aus der

DIE NORDSEE VON OBEN

Erweitern Sie ihren Horizont im wahrsten Sinne des Wortes und erleben Sie ihre Urlaubsinseln mal aus einer anderen Perspektive! Die unendliche Weite des Weltnaturerbes Wattenmeer im Wechsel der Gezeiten bei einem Rundflug von Föhr oder Sylt aus zu beobachten, verspricht ein einzigartiges Schauspiel. (www.westkuestenflug.de)

Hochgotik. Auch der helle Innenraum ist relativ schlicht gehalten. Der **Altar** wurde 1643 von einem Stedesander Handwerker geschnitzt. Auf unterschiedlich großen Relieftafeln sind biblische Szenen zu sehen, die mit Inschriften auf Plattdeutsch erläutert werden; im Zentrum steht die farbig herausgehobene Abendmahlszene. Aus derselben Zeit stammt die Kanzel, ebenfalls mit Reliefbildern. Auch zur St.-Nicolai-Kirche gehört ein **alter Friedhof,** dessen älteste Grabsteine aus der zweiten Hälfte des 17. Jh.s stammen.

Von der Todesfalle zum Rückzugsort

Vogelkoje

Etwa 4 km nordöstlich von Boldixum kann man eine der letzten Vogelkojen auf Föhr besichtigen. Mithilfe dieser ausgeklügelten Entenfanganlagen wurden Wildenten auf einen Teich gelockt: Die **Wildenten** landeten, wurden in eine der Pfeifen getrieben und dann vom Kojenwärter »gekringelt«, d. h., ihnen wurde der Hals umgedreht. Mit ehemals sechs Vogelkojen hatte Föhr die meisten Fanganlagen auf den Nordfriesischen Inseln. Als Erste war die Borgsumer gebaut worden, am ertragreichsten waren die Alte und die Neue Oevenumer Vogelkoje, in denen jeweils bis zu 12 000 Enten jährlich gefangen wurden. Heute dienen die Vogelkojen den Wildenten als Rückzugsort.

Mit der Bimmelbahn über die Insel

Inselrundfahrten

Am Parkplatz vor dem AquaFöhr (Rebbelstieg 1) starten die Bimmelbahnen **»Friesenexpress«** und **»Friscoexpress«** zu Inselrundfahrten, die rund anderthalb Stunden dauern. Die Busrundfahrten von Taxi-Korf starten am Reedereigebäude direkt am Hafen.
www.friesenexpress-foehr.de | www.taxi-korf.com

Innenleben einer Windmühle

Windmühle

Nur fünf der einst 40 Windmühlen auf Föhr stehen heute noch. In dem lang gezogenen Straßendorf **Wrixum** steht die einzige Inselmühle, deren Innenleben dank einer Privatinitiative besichtigt werden kann. In diesem achtkantigen Erdholländer aus dem Jahr 1851 kann man bis fast in die Spitze hinaufsteigen und das technische Wunderwerk, das ab 1905 von Motoren betrieben wurde, aus nächster Nähe anschauen. Das Café im Erdgeschoss ist inzwischen geschlossen.

Z
ZIELE AUF DEN HALLIGEN

Magisch, aufregend, einfach schön

Alle Reiseziele sind alphabetisch geordnet. Sie haben die Freiheit der Reiseplanung.

Mit einer Lorenbahn kann man auf und zu den Halligen fahren. ►

HALLIGEN

Einwohner: 270

»Schwimmende Träume« hat Theodor Storm die Halligen inmitten des Nationalparks Schleswig-Holsteinisches Wattenmeer genannt. Wie ankernde Schiffe auf hoher See erscheinen die Häuser auf den Halligen. Die kleinen Marschinseln im Wattenmeer sind ein auf der ganzen Welt einzigartiges Naturphänomen. Bis zu 50-mal pro Jahr, wenn der »Blanke Hans« sein Unwesen über der Nordsee treibt, heißt es hier »Land unter«.

Wie »Felsen in der Brandung«

Relikte des Festlands

Sie liegen im Wattenmeer vor der Westküste Schleswig-Holsteins zwischen der Halbinsel Eiderstedt im Süden und den Inseln Amrum und Föhr im Norden. Sie umfassen **insgesamt knapp 2300 ha** und zählen rund 270 Einwohner. Gröde-Appelland, Habel, Hamburger Hallig, Hooge, Norderoog, Nordmarsch-Langeneß, Nordstrandischmoor, Oland, Süderoog und Südfall entstanden bei der Ersten Marcellusflut (1362) und sind Relikte des Festlands, das einst viel weiter nach Westen reichte. Während das Meer immer weiter landeinwärts vordrang, blieben die Halligen stehen.

Von Fähr- bis Kutschfahrten

Erreichbarkeit

Für Besucher sind diese grünen Tupfer im **Weltnaturerbe Wattenmeer** nicht so einfach zu erreichen. Regelmäßige Fährverbindungen gibt es nur nach Hooge und Langeneß, die anderen bewohnten Halligen werden von Ausflugsschiffen angefahren. Zur Hamburger Hallig (die streng genommen keine Hallig mehr ist) führt ein Damm vom Sönke-Nissen-Koog aus. Nach Oland und Langeneß kommt man auch mit der Lorenbahn, vorausgesetzt man hat eine Übernachtung gebucht und die Gastgeber haben Zeit, ihre Gäste abzuholen. Gleiches gilt für Nordstrandischmoor. Tagesausflügler erreichen die **»Schwimmenden Träume«** ansonsten auch bei einer geführten Wattwanderung oder einer Kutschfahrt. Außer Hooge und Langeneß sind die Halligen autofrei. Norderoog, Süderoog und Südfall können nur im Rahmen von Führungen besichtigt werden, da sie im Naturschutzgebiet liegen. Das Betreten der Hallig Habel ist hingegen überhaupt nicht möglich.

Führungen: www.jordsand.de / www.süderoog.de / www.suedfall.de

Außergewöhnliches Leben

Leben auf den Halligen

»Land unter« heißt es auf den Halligen normalerweise 20- bis 30-mal im Jahr. Trotz dieser Bedingungen ist man u. a. wegen der Küstenschutzfunktion daran interessiert, dass die Inseln bewohnt blei-

ben und bewirtschaftet werden. Es ist ein außergewöhnliches Leben, das die Halligbewohner dort draußen bestreiten, einsam und gleichzeitig ganz und gar eingebunden in eine Gemeinschaft. Im Rhythmus der Jahreszeiten und vor allem im Rhythmus der Gezeiten, gefühlte Lichtjahre entfernt von der Hektik des digitalen Zeitalters. Unweigerlich spürt der Mensch hier, welch kleines Teilchen er ist im großen Geschehen der Natur, Ebbe und Flut, Wasser und Wind ausgesetzt. Man muss schon aus einem besonderen Holz geschnitzt sein, um auf einer Hallig zu leben.

Der Unterschied: Hallig vs. Insel

Sturmfluten und Häuser

Hallig! Nicht Insel, darauf bestehen die Bewohner. Der Unterschied sei einfach: Eine Insel würde in der Regel nicht **überschwemmt** werden, eine Hallig zwischen Oktober und März ständig. Die Häuser stehen deshalb auf künstlich aufgeworfenen Hügeln, sogenannten **Warften,** die auch bei starken Fluten noch aus dem Meer herausragen. Das Dach der Häuser ruht auf einer fest im Boden verankerten Ständerkonstruktion, die selbst dann noch stehen bleibt, wenn die Mauern vom Wasser eingedrückt werden, und die das Dach einigermaßen sicher trägt. So können die Bewohner bei Sturmflut auf den Dachboden fliehen. Sogenannte Fethinge (Süßwasserbrunnen) versorgten die Bewohner früher mit Wasser, heute gibt es Trinkwasserleitungen. Seit den 1950er-Jahren verfügen Hooge, Langeneß und Oland über Strom, Gröde erhielt dagegen erst Mitte der 1970er-Jahre Elektrizität.

Unterricht auf den Halligen

Schule

Für die wenigen Kinder wurden **eigene Grundschulen** auf den Halligen eingerichtet, mangels Nachwuchs wird allerdings inzwischen nicht mehr in allen Halligenschulen unterrichtet. Zur weiterführenden Schule müssen die Kinder dann hinüber auf eine der Nordfriesischen Inseln oder aufs Festland. Süderoog wird von zwei Menschen bewohnt, die Hallig Südfall wird im Sommer von zwei Bewohnern bewirtschaftet, Norderoog und Habel sind unbewohnt; lediglich in den Sommermonaten leben hier Vogelwarte des Naturschutzvereins Jordsand. Die Hamburger Hallig hat im eigentlichen Sinn keine Bewohner mehr, doch wird das Ausflugsrestaurant dort bewirtschaftet.

Hallig Gröde

Kleinster Wahlkreis Deutschlands

Bundestagswahl

Bei der Auszählung der Bundestagswahl ist sie zu vernachlässigen und doch spielt die Hallig Gröde bei den Wahlen stets eine große Rolle. Bei noch nicht einmal **einem Dutzend wahlberechtigten Einwohnern** geht das Auszählen der Stimmen schnell, und schon wenige Minuten nach Schließen der Wahllokale werden die Ergebnisse des kleinsten Wahlkreises der Republik bekannt gegeben. Bei der Landtagswahl 2017 in Schleswig-Holstein waren die »Piraten« stärkste Kraft auf der Hallig Gröde.

Gröde und Appelland

Drittgrößte Hallig

Genau genommen besteht die 277 ha große Hallig aus Gröde und Appelland, die jedoch seit rund 100 Jahren **miteinander verbunden** sind. Damit ist Gröde die drittgrößte der Halligen. Es gibt allerdings weder eine Gaststätte, noch einen Kaufmann. Treffpunkt für Hallig-Bewohner und Urlauber ist Monikas Kiosk.

Einsamer Unterricht

Schule

Auf der Knutswarft stehen vier Wohnhäuser, auf der Kirchwarft gibt es nur ein Gebäude, in dem Schule, die Kirche St. Margarethen und die **Dienstwohnung des Lehrers** untergebracht sind. Die Hallig-Kinder werden hier gemeinsam von der Grundschule bis zur 9. Klasse unterrichtet – wenn es denn schulpflichtige Kinder gibt.

»Land unter« in der Kirche

St. Margarethen

Die Kirche auf der namensgebenden Warft wurde im Laufe der Jahrhunderte mehrfach überflutet. Der heutige reetgedeckte Bau stammt aus dem Jahr 1779 und wurde in den 1970er-Jahren umfassend renoviert. Sehenswert ist vor allem der Renaissance-Altar (1592). **Gottesdienst** findet, so die lapidare Ansage auf der Website der Hallig Gröde, **»alle 4-5 Wochen je nach Wetterlage statt«.**

HALLIG GRÖDE ERLEBEN

MS SEEADLER
Hallig-Reederei Heinrich von Holdt
Tel. 04674 15 35
www.seeadler-hooge.de

MS RUNGHOLT
Kapitän Uwe Petersen
Tel. 04667 367
www.halligmeerfahrten.de

ZIMMERVERMITTLUNG
Claudia Mommsen
Tel. 04674 302
Sabine Kolk
Tel. 04674 14 48

Ein wahres Naturerlebnis

Ringelgänse

Im Frühjahr kann man auch auf Gröde Tausende von Ringelgänsen beobachten, die auf dem Rückweg in ihre **sibirische Heimat** hier Rast machen und sich auf den Salzwiesen für den Rückflug stärken. Wenn die Salzwiesen zur Zeit der Fliederblüte lila gefärbt sind, ist diese Hallig besonders hübsch. Schafe kann man das ganze Jahr über auf den Wiesen grasen sehen, im Sommer auch Pensionsvieh aus Pellworm und vom Festland. Hier wird heute noch ein Teil des Lands gemeinschaftlich bewirtschaftet, es gibt keine Zäune und die Anzahl Vieh, die jeder Bauer weiden lassen darf, wird nach den jeweiligen Besitzverhältnissen festgelegt. Zwischen März und Mai werden auf Gröde die kleinen Lämmer geboren.

Hamburger Hallig

Mit Verbindung zum Festland

Fahrradtour

Namensgeber für die Hallig, die eigentlich eher eine Halbinsel ist, sind die beiden Hamburger Kaufleute Rudolf und Arnold Amsinck, die im frühen 17. Jh. die Deichrechte dieses Landstücks erwarben. Dadurch entstand zunächst der nach ihnen benannte Amsinck Koog. Im frühen 18. Jh. waren die Deiche nach mehreren Sturmfluten so weit zerstört, dass einzig die Warft übrig blieb, die ab dem späten 18. Jh. Hamburger Hallig genannt wurde. Der erste, 1859 gebaute Damm dorthin brach bald nach Fertigstellung ein, seit 1901 hält der Damm und verbindet die Hamburger Hallig mit dem Festland. Am Anfang des Damms befindet sich im **Amsinck-Haus** ein Informationszentrum zur Region Mittleres Nordfriesland, zudem können hier Fahrräder ausgeliehen werden, mit denen man allerdings ausschließlich die knapp 5 km lange Strecke zur Hamburger Hallig fahren darf. Inmitten des seit 1930 als Vogelschutzgebiet ausgewiesenen Gebiets befindet sich der Hallig Kroog, ein äußerst empfehlenswertes Restaurant, in dem regionale Spezialitäten kredenzt werden. Auf der Hallig gibt es ein paar **schöne Badestellen,** vor allem aber hat man von hier einen tollen Blick hinüber zu den Halligen Habel, Gröde, Oland, Langeneß und Nordstrandischmoor.

Informationszentrum: www.amsinck-haus.de

Hallig Hooge

Sturmfluten im Kino

»Königin der Halligen«

Hooge, gern auch als »Königin der Halligen« bezeichnet, ist wahrscheinlich die **hübscheste, aber auch die besucherreichste der Halligen.** Da kann es im Sommer schon mal zu Schlangen vor dem Inselkaufmann, beim Radverleih oder vor dem Kino kommen. Ja, die

NUR FLIEGEN IST SCHÖNER!

Den Wind im Rücken zu spüren und sich tragen zu lassen von der aufbrausenden Natur lässt Sie fast abheben. Die Nordseeinseln sind ein Paradies für Radfahrer, denn es gibt keine Berge zu bewältigen, sondern nur weite Natur zu bewundern. Planen Sie ihre Radtour so, dass sie zuerst gegen den Wind anstrampeln. Und sausen Sie mit Rückenwind wieder nach Hause. Nur Fliegen ist schöner! (► S. 198)

Hallig Hooge hat tatsächlich ein Kino, allerdings wird dort immer nur ein und derselbe Film gezeigt. Der ist allerdings beeindruckend, zeigt er doch, wie es ist, wenn die Sturmfluten auf den Halligen für »Land unter« sorgen. Davon wird Hooge übrigens vergleichsweise selten heimgesucht: Weil die 560 ha große Hallig ein 1,50 Meter hoher Sommerdeich umgibt, wird hier pro Jahr »nur« drei bis viermal »Land unter« vermeldet.

Beachtenswerte Tür

Das Wasser steht häufig auch bis zur Schwelle der hübschen Inselkirche St. Johannis (1637), die in Teilen aus den Resten älterer Kirchen gebaut wurde, die 1634 in der Burchardiflut untergingen. Das blaue, bemalte Gestühl ist typisch für nordfriesische Kirchen. Die Bänke wurden ursprünglich auf Sand gesetzt, bei Sturmfluten konnte das Wasser so besser ablaufen. An der Renaissancekanzel des Flensburger Meisters Ringeling von 1743 ist die kleine Tür beachtenswert: Sie zeigt einen Wal mit Jungtier. Schön ist auch das hölzerne Taufbecken mit den vier Evangelisten von 1624. Die **Grabsteine** auf dem Hooger Friedhof sind vorn und hinten beschriftet: Aus Platzgründen mussten sich die verstorbenen Insulaner Grab und Grabstein teilen.

HALLIG HOOGE ERLEBEN

TOURISTIKBÜRO HALLIG HOOGE

Hanswarft 1
Tel. 04849 91 00
www.hooge.de

RESTAURANT FRIESENPESEL €€

In der Gaststätte mit gemütlichem Pesel aus dem 18. Jh. und schönem Außenbereich gibt es nordfriesische Spezialitäten wie Mehlbüdel und Porenpann.
Backenswarft 6
Tel. 04849 250
www.friesenpesel.de

HALLIG CAFÉ ZUM BLAUEN PESEL €€

Im Friesenhaus Blauer Pesel von 1750 ist ein uriges kleines Café eingerichtet worden, in dem es köstliche Kuchen – u.a. auch die leckere Friesentorte –, Kaffee und Friesentee gibt. Bei gutem Wetter sitzt man auch draußen mit schönem Blick.
Backenswarft 2
Tel. 04849 231
www.blauerpesel.de

»KULTUR AUF DEN HALLIGEN«

Auch auf Hooge finden Veranstaltungen der Initiative »Kultur auf den Halligen« statt.
www.kulturaufdenhalligen.com

OBEN: Die alten Pesel auf den Halligen zeugen vom Reichtum der Kapitäne im 18. Jahrhundert.

UNTEN: Typische Sommerurlauber auf den Halligen sind auch die Kühe, denn sie beweiden die Grünflächen nur während der sturmflutarmen warmen Jahreszeit.

Faszinierende Wohnstube in Blau-Weiß

Hanswarft, Königspesel

Die Touristenattraktion auf Hooge ist der Königspesel (18. Jh.) im Kapitänshaus Tade Hans Bendiks. Seinen Namen erhielt der Pesel (gute Stube), weil der dänische König Friedrich VI. 1825 aufgrund des schlechten Wetters in eben jener Wohnstube der Witwe Stienke Alberte Hansen übernachten musste. Der unter **Denkmalschutz** stehende Königspesel auf der Hanswarft ist vollständig mit blau-weißen Fliesen verkleidet, das Mobiliar ist original erhalten geblieben. Auf engstem Raum ist alles Nötige untergebracht: Das Bett, der Alkoven, und ein Schränkchen für Geschirr sind in die Wand eingebaut. Hübsch ist auch der gusseiserne Ofen mit dem Fliesenbild darüber.

Wohnkultur, Seefahrt und Walfang

Heimatmuseum

Gleich nebenan bietet das private Heimatmuseum **Hans von Holdt** einen guten Einblick in das Alltagsleben und die Wohnkultur der Halligen, zudem werden Exponate zur Seefahrt und speziell zum Walfang ausgestellt.

Hanswarft 10 a | Tel. 04849 217

Thematische Wattwanderungen

Erlebniszentrum Meer & Watt

Wattwerkstatt und ein Gezeiten-Aquarium gehören zu den Höhepunkten des Erlebniszentrums Meer & Watt der Schutzstation Wattenmeer im Biggerhus, wo man ansonsten verschiedene thematische Wattwanderungen und Führungen buchen kann.

Hanswarft 2 | Tel. 04849 229 | www.schutzstation-wattenmeer.de

Hallig Langeneß

Die bevölkerungsreichste aller Halligen

Lebendige Hallig

Langeneß ist die Hallig, auf der die Bewohner der anderen Halligen eine Pizza essen gehen. Langeneß ist die bevölkerungsreichste Hallig, die einzige Hallig, auf der ein richtiges Hotel steht, und mit 956 ha auch die mit Abstand größte der Halligen. Man darf dort sogar mit dem Auto fahren, tanken sollte man allerdings vorher, denn eine **Tankstelle gibt es nicht** auf Langeneß.

Zu Besuch in einem orginalen Hallighaus

Kapitän-Tadsen-Museum

Ihre heutige Größe verdankt Langeneß (Lange Nase) der Tatsache, dass vor gut 150 Jahren die drei Inseln Butwehl, Langeneß und Nordmarsch durch systematische Landgewinnung allmählich zusammenwuchsen. Langeneß ist vielleicht nicht ganz so ein **»Bullerbü-Idyll«** wie ihre winzigen Nachbarn und doch ticken auch hier die Uhren für die rund 120 Bewohner und die Urlauber deutlich langsamer. Wie sie früher tickten, das erfährt man am besten im Kapitän-Tadsen-Muse-

HALLIG LANGENESS ERLEBEN

TOURISMUSBÜRO LANGENESS & OLAND

Ketelswarft 1
Tel. 04684 217
www.langeness.de

ANKER'S HÖRN €€

Malte und Virginia Karaus eröffneten 2009 das erste Hotel auf einer Hallig: Es steht auf der Mayenswarft und hat 11 Zimmer mit schönem Wattenmeerblick, einen Whirlpool, eine kleine Sauna und Strandkörbe am Privatstrand.
Mayenswarft 2
Tel. 0468 42 91
www.ankers-hoern.de

»KULTUR AUF DEN HALLLIGEN«

Von Mai bis September finden auf Langeneß unter dem Motto »Kultur auf den Hallligen« Lesungen, Konzerte und Kabarettvorführungen in einem alten Schafstall statt. Regelmäßig sind auch bekannte Künstler wie Stefan Gwildis, Gustav Peter Wöhler oder Pohlmann zu Gast.
www.kulturaufdenhalligen.com

FÄHRE

Via Oland über den Lorendamm oder ab Schlüttsiel und im Sommer auch ab Wittdün auf Amrum
www.faehre.de

um auf der Ketelswarft, einem originalen Halligghaus aus dem Jahr 1741. Möbel und Gerätschaften in dem kleinen Museum stammen weitgehend aus dem 18. Jahrhundert. Kurios ist das Grasterloch, in dem die Bäuerin beim Brotbacken saß, um es bequemer zu haben.
Kapitän-Tadsen-Museum: Tel. 04684 217 | Ostern–Okt., Mo.–Sa. 13.30 Uhr (Führungen = Öffnungszeit).

Mitbringsel von Walfangkapitänen

Privatmuseum »Friesenstube«

Auch das Privatmuseum »Friesenstube« der Familie Johannsen bietet in seinen Räumen einen interessanten Einblick in die **Kulturgeschichte** der Halligen.
Honkenswarf | Tel. 04684 235 | ganzjährig Di. u. Do. 10.30 Uhr | www.honkenswarf.de

Aquarium des Wattenmeers

National-park- & Biosphären-Infozentrum

Beim Fähranleger auf der Rixwarft ganz im Südwesten der Hallig gibt es nicht nur leckere Fischbrötchen, hier informiert das Nationalpark- & Biosphären-Infozentrum Langeneß über die **Geschichte, Flora und Fauna der Hallig.** Was sich ringsum alles im Wasser tummelt, verrät das Aquarium mit typischen Tieren des Wattenmeers. Die Schutzstation unterhält auf der Peterswarft zudem ein Seminarhaus

(31 Betten, Selbstversorgerküche, Aufenthaltsraum, kleine Bibliothek) und bietet Wattwanderungen, Ausflüge und Vorträge an.
Schutzstation Wattenmeer: Peterswarft | Tel. 04684 216

Klein, aber fein
Auch in die 1894 gebaute Kirche auf der Kirchwarft sollte man einen Blick werfen. Mehrere Vorgängerkirchen wurden zerstört, Teile des Inventars wie der bemalte Flügelaltar wurden aus dem 17. Jh. übernommen. Auffällig ist die **bemalte Holzdecke** (1730) mit Szenen aus dem Alten und Neuen Testament.

Kirche

Hallig Nordstrandischmoor

Grabplatten gegen die Sturmflut
Praktische Leute sind die Halligbewohner schon immer gewesen. Auf Nordstrandischmoor kamen sie einst auf die Idee, die Gräber ihrer Friedhöfe mit liegenden Grabplatten zu versehen anstatt wie üblich mit stehenden Grabsteinen. Eine gute **Idee,** denn alles andere hätte keinen Sinn gemacht, die Grabsteine wären von den Fluten umgestürzt oder weggespült worden. Denn auf keiner anderen Hallig wird und wurde so oft »Land unter« gemeldet wie auf Nordstrandischmoor.

Hallig »Land unter«

Das »Fressen« der Nordseestürme
1634 riss die verheerende Burchardiflut den Inselstrand auseinander, ein Teil der überlebenden Insulaner flüchtete in das höher gelegene **»wüste Moor«.** Ehemals war das Gebiet 500 ha groß, doch die Nordseestürme ließen bis heute nur ca. 190 ha übrig.

Burchadiflut

Die kleinste Schule Deutschlands
Auf den drei Warften (Neuwarft, Amalienwarft und Norderwarft) leben etwas mehr als 20 Menschen (die Halberwegwarft ist seit längerem unbewohnt), Kinder werden in der kleinsten Schule Deutsch-

Leben

HALLIG NORDSTRANDISCHMOOR ERLEBEN

ADLER V
Tagesgäste nehmen die Adler V ab dem Fährhafen Strucklandshörn auf Nordstrand.
www.adler-schiffe.de

HALLIGKROOG €€
Einzige Gaststätte auf Nordstrandischmoor ist der Halligkroog von Karin und August Glienke.
Voranmeldung unter
Tel. 04842 361

lands unterrichtet. Das Schulgebäude dient heute auch als **Kirche,** nachdem das ehemalige Gotteshaus bei der Sturmflut 1825 stark zerstört und abgerissen wurde.

Salzwiesenlämmer und Halligflieder

Erreichbarkeit

Die Salzwiesen der Hallig sind ein idealer Weideplatz für Schafe, als Delikatesse gilt neben dem Fleisch der Salzwiesenlämmer der Honig vom Halligflieder, zu erwerben bei Familie Siefert auf der Neuwarft. Auch Nordstrandischmoor ist über einen ca. 3,5 km langen Damm mit dem Festland (Lüttmoorsiel/Beltringharder Koog) verbunden. Wie auf Oland können auch hier Feriengäste, die länger auf der Hallig bleiben, von den Vermietern mit einer **Lore** abgeholt werden.

Hallig Oland

Spannende Anfahrt

Halligbahn

Ohne die Schönheit der Hallig Oland in Abrede stellen zu wollen – das spannendste dürfte die Anfahrt sein. Denn die erfolgt – bei Abholung durch die Olander Gastgeber – mit der Halligbahn Dagebüll – Oland – Langeneß. Drei Jahre brauchte man vor bald hundert Jahren, um die auf einem Damm errichtete Strecke zu bauen. Einst sausten die **kleinen Loren mit Segeln** und der Kraft des ständig blasenden Windes über die Gleise, seit den 1960er-Jahren sind sie motorisiert. Die Strecke vom Festland bis Oland (von dort aus geht es weiter nach Langeneß) wurde in den Jahren 2005 bis 2009 neu erbaut und dabei etwas erhöht, um sie auch bei etwas höherem Wasserstand noch nutzen zu können.

HALLIG OLAND ERLEBEN

Entweder mit der Lore (nur möglich, wenn man auf Oland eine Ferienwohnung gemietet hat und vom Gastgeber abgeholt wird) oder mit der MS Rungholt.
www.halligmeerfahrten.de

»KIEK IN«
In der Halligstube »Kiek in« wird von Mai bis Oktober jeden Samstagabend ein Grillbuffet angeboten. Ansonsten nur für Gruppen nach Voranmeldung
Tel. 04667 390

Wattwanderungen von Dagebüll nach Oland (2 Std.) und Langeneß (noch mal 1,5 Std.) bieten Regina Matthiesen sowie das Ehepaar Andresen an.
Matthiesen: Tel. 04841 29 35, Tel. 0160 252 17 29
Andresen: Tel. 04667 466

Der einzige reetgedeckte Leuchtturm Europas

Leuchtturm & Saalkirche

Oland (friesisch Ualöön) ist die nördlichste der Halligen und ca. 200 ha groß. Auf ihrer einzigen Warft versammeln sich inzwischen 17 Häuser, deren Bewohner sich allesamt duzen. Auf der Warft stehen außerdem der einzige reetgedeckte Leuchtturm Europas sowie eine Saalkirche aus dem Jahr 1824 mit einem sehenswerten Friedhof. Die Oländer selbst sagen: **»Hier wohnt niemand weiter als 100 Meter vom Friedhof entfernt.«** Die Kirche mit ihrem romanischen Taufbecken und spätgotischen Kruzifix hat die schweren Sturmfluten von 1825 und 1962 weitgehend unbeschadet überstanden. Der 1929 erbaute Leuchtturm ist mit seinen 7,45 Metern Höhe das kleinste Leuchtfeuer in Deutschland. Wenn die Lampen dort defekt sind, klingelt beim Bürgermeister eine Alarmglocke. Wie auf allen Halligen hat hier jeder mindestens drei »Nebenjobs«.

BAEDEKER MAGISCHE MOMENTE

RINGELGANSTAGE

Wenn sich der Himmel schlagartig verdunkelt, weil sich 80 000 Ringelgänse auf einmal in die Lüfte schwingen, erlebt man ein faszinierendes Naturspektakel. Im Frühjahr rasten die Vögel auf den Halligen, um Energie für den rund 5000 km langen Rest ihrer Reise nach Sibirien zu tanken. Denn nur, wenn die dunklen Tiere mit dem weißen Ring am Hals genug in den Salzwiesen fressen, haben sie eine Chance, ihr Ziel zu erreichen. (www.ringelganstage.de)

H
HINTER-GRUND

Direkt, erstaunlich, fundiert

Unsere Hintergrundinformationen beantworten (fast) alle Ihre Fragen zu Sylt.

Die Krähenbeere wächst in der Braderuper Heide. ►

DIE INSELN UND IHRE MENSCHEN

Eine spektakuläre Naturlandschaft bieten die nordfriesischen Inseln, deren Wattenmeer zum Weltnaturerbe zählt, deren Kliffs im Sonnenuntergang erglühen und deren Heide farbenfroh blüht. Die Menschen waren Strandräuber und Walfänger und kämpfen heute noch gegen die Sturmfluten, gegen »Land unter« und für den Erhalt ihrer Inseln. Hier stehen sich jahrhundertealte Traditionen und moderner Tourismus gegenüber.

Natur und Umwelt

Weltnaturerbe

Die Nordfriesischen Inseln, zu denen neben Sylt, Amrum, Föhr und den Halligen auch Pellworm, Nordstrand sowie die dänischen Inseln Fanø und Rømø gehören, liegen vor der Westküste Schleswig-Holsteins bzw. vor Jütland in einer **außerordentlichen Naturlandschaft.** Das Wattenmeer (▶ S. 24) der Nordsee wurde 2009 von der UNESCO zum Weltnaturerbe erklärt. Unzählige Vögel nutzen das Watt als Rast- und Brutstätte, Abermillionen von hochspezialisierten Tieren sind in diesem besonderen Lebensraum zwischen Ebbe und Flut zu finden.

Geestkern der Inseln

Diese Inselgruppe ist in ihrem Erscheinungsbild erdgeschichtlich eine noch **relativ junge Landschaft,** deren geografische Gestalt nach wie vor ständigen **Veränderungen** unterworfen ist. Soweit man heute weiß, hat sich der Geestkern der Inseln im Rahmen der Saale-Eiszeit (180 000–120 000 v. Chr.) gebildet. Gletscher haben gewaltige Geröllmassen aus dem skandinavischen Raum vor sich hergeschoben und als Endmoränen hier aufgetürmt und abgelagert. Aus diesen Ablagerungen besteht der Geestkern der heutigen Inseln. Das Rote Kliff auf Sylt und das Goting-Kliff auf Föhr sind in dieser Zeit entstanden, das Morsum-Kliff bereits im Rahmen einer früheren Eiszeit. Am Ende der Eiszeiten (um 10 000 v. Chr.) lag der Meeresspiegel vermutlich 50 m tiefer als heute, den Weg von Schleswig-Holstein nach Nordengland hätte man zu Fuß machen können, dieser Teil der Nordsee war damals noch eine durchgehende Landmasse. Der Bereich der heutigen Nordfriesischen Inseln war Festland.

Sturmflut

Mit dem Abschmelzen der Gletschermassen stieg der Meeresspiegel an und das Wasser überflutete mehr und mehr die niedrig liegenden Landgebiete. Sturmfluten taten im Lauf der Jahrhunderte und Jahrtausende ein Übriges und sorgten für eine ständige Verlagerung der

Küstenlinie. Um 3000 v. Chr. drang das Wasser wohl erstmals bis in den heutigen Küstenbereich vor. Eine amphibische, von Prielen durchzogene Landschaft entstand, die hin und wieder überflutet war und dann wieder trockenlag. Aus diesem Wattenbereich ragten die erhöhten Geestkerne als kleine Inseln heraus. Eine grundlegende Veränderung des Küstenbereichs brachte die Sturmflut von 1362, die **»Zweite Marcellusflut«,** auch **»Grote Mandränke«** genannt, durch die sich die Form der heutigen Inseln herausbildete.

Dünen und Halligen

Wie und wann es zur Bildung von Dünen kam, ist bis heute nicht genau geklärt. Einige Forscher glauben, dass sich westlich der Inseln Sandbänke oder trockene Böden befanden, von denen Sand mit den vorherrschenden Westwinden nach Osten auf die höher gelegenen Geestkerne geweht wurde. Andere meinen, dass dem heutigen Inselbereich vorgelagerte Sandansammlungen per Strömung nach Osten transportiert wurden, sich an die Geestkerne anlagerten, trockneten und als Wanderdünen auf die Landflächen vordrangen, wo sie landwirtschaftlich genutzte Böden und ganze Dörfer unter sich begruben. Als relativ sicher gilt, dass die **Entstehungszeit** um 1000 n. Chr. oder sogar einige Jahrhunderte später gelegen haben muss. Südlich und südöstlich von Föhr liegen die Halligen im Wattenmeer. Sie stellen ein weltweit einmaliges Phänomen dar. Halligen sind Überbleibsel des Festlands, das einst viel weiter nach Westen reichte als heute. Während das Meer allmählich landeinwärts vordrang, sind die Halligen bis heute stehen geblieben. Die meisten Halligen sind, ebenso wie die Inseln Sylt, Amrum und Föhr, bei der Sturmflut von 1362 entstanden.

Lebensraum Wattenmeer

Amphibische Landschaft

Zwischen den Inseln und dem Festland existiert mit dem Wattenmeer ein auf der ganzen Welt fast einmaliges Revier, das seit Juni **2009 zum Weltnaturerbe der UNESCO** gehört. Es ist eine amphibische Landschaft, die im Wechsel der Gezeiten mal überflutet und dann wieder halbwegs trocken ist. Als 10 bis 20 km breiter Streifen zieht es sich an der niederländischen, deutschen und dänischen Nordseeküste entlang. In diesem Bereich sind der Festlandsküste Inseln und die Halligen vorgelagert, die einen natürlichen Schutzwall für das dahinter liegende Watt bilden.

Wattenregion

Die Wattenregion besteht aus drei Bereichen: **Watt, Unterwasserbereich und Salzwiesen.** Das eigentliche Watt ist der Bereich, der zweimal täglich überflutet wird und dann wieder trockenfällt. Schlick und Sand bilden einen extrem dicht von Kleinstlebewesen besiedelten Boden. Der Unterwasserbereich bleibt auch bei Niedrigwasser

SONNE, MOND UND MEER

Die Gezeiten (Ebbe und Flut) und der Stand von Mond und Sonne zur Erde stehen in direktem Zusammenhang. Die stärkste Anziehungskraft auf das Wasser der Weltmeere hat der Mond. Aber auch die Anziehungskraft der viel weiter von der Erde entfernten Sonne erreicht noch 40% der Anziehungskraft des Mondes. Je nach Stand der Gestirne, Küstenform, Wassertiefe, Windverhältnissen kommt es dann zu mehr oder weniger ausgeprägten Gezeiten. Die höchsten Schwankungen weltweit werden in der Bretagne gemessen.

▶ **Tidenhub an der Nordsee**

▶ **Aktuell: Zeiten und Tidenhub**

www.bsh.de

▶ **Tidenhub am 6. Dezember 2017** (Höchst- und Niedrigstände)

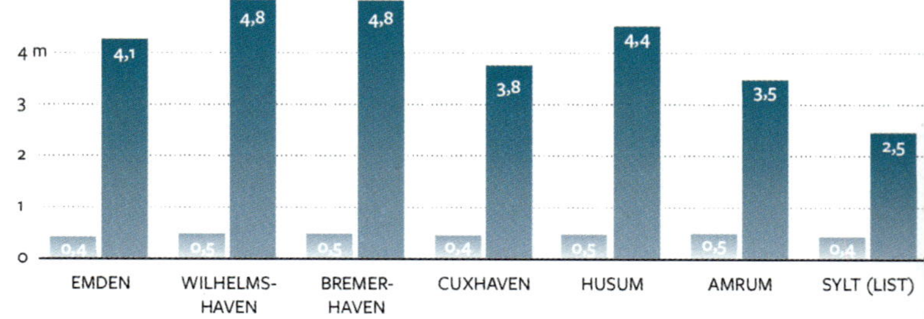

▶ **Die Gezeiten**

An allen großen Weltmeeren kann man täglich ein beeindruckendes Naturschauspiel verfolgen: die in etwa 12 1/2 stündigem Rhythmus ablaufenden Wasserstandsschwankungen. Ursache dieses mit dem Begriff Gezeiten (Tiden) benannten Phänomens sind die Anziehungskräfte von Mond und Sonne sowie die Zentrifugalkraft im System Erde - Mond, die für vertikale Wasserstandsschwankungen und horizontale Verschiebungen der Wassermassen sorgen.

Tägliche Verschiebung
Durch die Erdrotation verzögert sich das Auflaufen der Flut um jeweils etwa 24 Minuten. Pro Tag ergibt dies eine Zeitverschiebung von zirka 48 Minuten.

Springtide
Ein besonders starkes Hochwasser nennt man Springflut (Springtide). Sie entsteht, wenn Erde, Mond und Sonne auf einer Linie stehen und Mond und Sonne das Wasser in ihre Richtung anziehen. Das geschieht jeden Monat ein bis zwei Tage nach Neu- bzw. Vollmond.

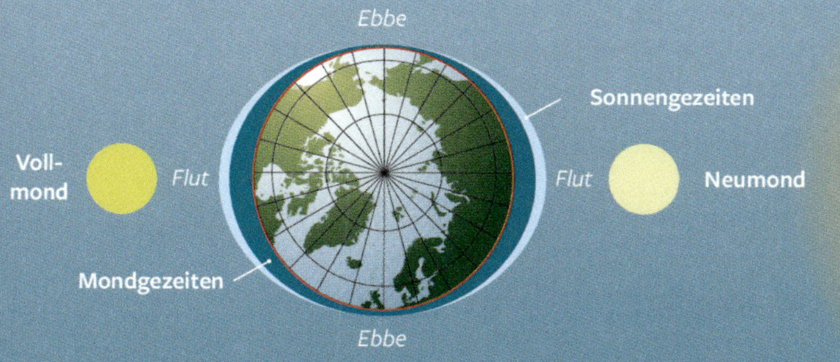

Nipptide
Einen besonders niedrigen Wasserstand bezeichnet man als Nippflut (Nipptide). Sie tritt ein, wenn Erde, Mond und Sonne rechtwinklig zueinander stehen und die Anziehungskräfte von Mond und Sonne in unterschiedliche Richtungen wirken.

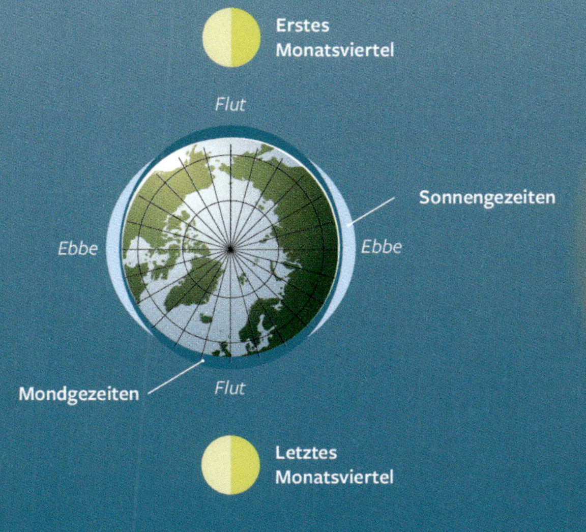

noch überflutet. Er besteht aus Wasserrinnen und Prielen, durch die das ablaufende und auflaufende Wasser mit starkem Druck strömt und die daher auch für geübte Schwimmer ausgesprochen gefährlich sind. Zumeist trocken und nur noch bei starken Überflutungen von Wasser bedeckt sind die Salzwiesen. Das gesamte Wattenmeer vom dänischen Esbjerg bis zum niederländischen Den Helder ist eine der letzten Naturlandschaften in Mitteleuropa, die noch einer **natürlichen Dynamik** unterliegen, und wurde bereits 1985 zum Nationalpark Wattenmeer erklärt. Mit einer Fläche von 525 000 Hektar gilt er als größter Nationalpark Europas. Er ist in drei Schutzzonen gegliedert: Zu Zone 1 zählen ein Teil der Salzwiesen, Brutplätze von Vögeln und die Seehundbänke. Diese Bereiche dürfen nicht betreten werden. Zone 2 ist für eine naturverträgliche Nutzung zugelassen: Jäger, Fischer und Landwirte dürfen hier tätig werden und Gemeinden öffentliche Wege anlegen. Alle übrigen Bereiche, also die gesamte Zone 3, können als Erholungsgebiete genutzt werden.

Pflanzen

Dünenflora

In den Dünenregionen sieht man vorwiegend die langen Stängel des **Strandhafers** mit bis zu 1 m hohen, weißlich-grünen, steif eingerollten Blättern und dichten gelben Ähren. Er zieht sich in großen Feldern über die Dünenkuppe und trägt zu deren Befestigung genauso bei wie der **Strandroggen,** dessen Wurzeln über 40 m lang werden. Auch die **Sandsegge** verfügt über unterirdisch kriechende Wurzelstöcke mit einer Länge von bis zu 10 m, die in regelmäßigen Abständen Ableger hervorbringen; daher wird sie im Volksmund »Nähmaschine Gottes« genannt. Außerdem wachsen hier **Stranddisteln,** auch Seemannstreu genannt, bei der es sich um eine 15 bis 50 cm hohe Edeldistel handelt. Im Volksglauben symbolisiert die vom Aussterben bedrohte Pflanze Heimweh und Treue. Charakteristische Dünenpflanzen sind zudem die Kriechweide, die Krähenbeere und die gelb blühende Dünenrose.

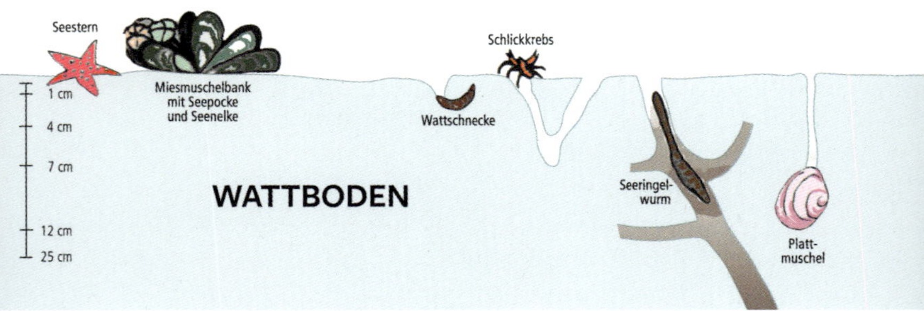

Heide

In etwas feuchteren Dünentälern breitet sich die **Glockenheide** aus, die im Hochsommer rosafarben blüht. Die bekanntere **Besenheide** wächst dagegen auf trockenen Sandböden. Auf den kalkhaltigen **Weißdünen** gedeiht der Weißdorn, der erst seit 1860 auf den Nordfriesischen Inseln heimisch ist. Die ovalen, gelborangefarbenen Früchte sind wegen ihres hohen Vitamin-C-Gehaltes sehr gesund. Direkt am Strand wächst die anspruchslose Strandsalzmiere, die gut an ihren fleischigen Stängeln und Blättern und an den weißrosa Blütenständen zu erkennen ist. Weit verbreitet ist die anspruchslose Kartoffel- oder Syltrose, eine weiß bis kräftig pinkfarben blühende Rosenart.

Salzaufnahme

Sämtliche Pflanzen auf den Salzwiesen der Inseln müssen in der Lage sein, Salzwasser aufnehmen zu können. Häufig findet man den violett blühenden **Strandflieder,** der das aufgenommene Salz über Drüsen wieder ausscheiden kann. Seine Existenz war durch häufiges Abpflücken bedroht, sodass er unter Naturschutz gestellt wurde. Die **Grasnelke,** auch Strandnelke oder Wattnelke genannt, bildet hübsche Blütenstände mit rosafarbenen oder karminroten Blüten aus, die Strandastern blühen zartlila bis hellblau, das Löffelkraut hat weiße oder violette Blüten. In oft überschwemmten Regionen siedelt der Queller, ein glasig-fleischiges **Gänsefußgewächs,** das bis zu 40 cm hoch werden kann. Diese Pflanze besitzt die Fähigkeit, Schlickteile anzusammeln, den Boden mit seinen Wurzeln zu festigen und so die Landneubildung zu fördern. Sie lagert das aufgenommene Salz in den fleischigen Trieben ein und geht im Herbst am zu hohen Salzgehalt ein. Für die Inselfriesen ist Queller, gekocht oder in Butter gedämpft, eine Delikatesse. Dagegen transportiert die Salzmelde das Salz in spezielle Haare, die abgeworfen und neu gebildet werden. Die Salzbinse lagert es in älteren Blättern ab, die dann absterben; neue Blätter wachsen nach. Weiter draußen im Watt gibt es den Meersalat sowie verschiedene Algen und Tange. Der häufig vorkommende braune Blasentang wird durch paarig angeordnete Schwimmblasen im Wasser aufrecht gehalten. Seine heilende Wirkung war schon im Altertum bekannt.

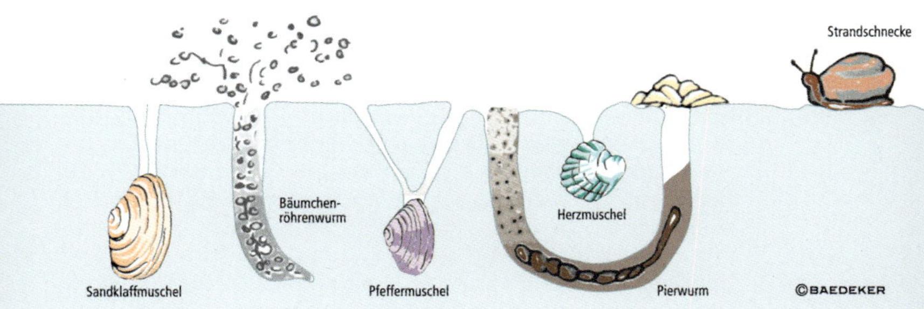

Restliche Plfanzenwelt

Neben Dünenvegetation und Salzwiesenflora gibt es auf den Inseln eine reichhaltige Pflanzenwelt, die im Wesentlichen der **Festlandsvegetation** entspricht. Ihre Wäldchen bestehen größtenteils aus Ulmen, Fichten, Kiefern und kleinen Erlen. Alle Bäume, die hier stehen, wurden eigens gepflanzt, u. a. um den Sandflug einzudämmen. Die ältesten Wäldchen entstanden ab 1850.

Tiere

Fauna

In den Dünen und Dünenwäldchen der Inseln trifft man auf Hasen, Kaninchen und Igel. Ausgesprochen artenreich präsentiert sich die Insektenwelt. So gibt es auf Sylt mehr als **500 Schmetterlingsarten.** Und wer sich für die Vogelwelt interessiert, kommt hier allemal auf seine Kosten.

Fische

In den Gewässern rund um die Inseln findet man **zahlreiche bekannte Fischarten** wie Scholle, Dorsch, Seezunge, Hering, Makrele, Aal, Kabeljau und Sprotte. Heringe und ein Großteil der Schollen und Seezungen wachsen in den flacheren Wattgewässern auf und übersiedeln erst ab einem Alter von ein bis drei Jahren in die Tiefen der Nordsee. Eine Begegnung der unangenehmen Art kann das Zusammentreffen mit einer **Qualle** sein: Mit ihren Tentakelfäden kann sie allergische Reaktionen wie Hautausschlag, Fieber und sogar Atemnot auslösen. Besonders die Berührung mit der Gelben Haarqualle, auch Feuerqualle genannt, kann zu äußerst schmerzhaften Hautverletzungen führen.

Seehunde & Schweinswale

Die **Seehundpopulation** verzeichnete im Schleswig-Holsteinischen Wattenmeer zuletzt (2016) einen leichten Rückgang auf 6600 Tiere, den Experten jedoch mit einer natürlichen Fluktuation erklären. Insgesamt blieb der Bestand an Seehunden im gesamten Wattenmeer der Nordsee weitgehend stabil. Man kann die Tiere in der Nähe von Pellworm und auf den Sandbänken zwischen Sylt und Rømø sowie zwischen Sylt und Amrum beobachten. Steigend ist weiterhin der Bestand der Anfang des 20. Jh.s fast komplett ausgerotteten Kegelrobbe; 2016 wurden fast 5000 Exemplare gezählt. Wer einen verwaisten Heuler entdeckt, sollte auf keinen Fall selbst eingreifen, sondern unbedingt die zuständigen **Nationalpark-Ranger** informieren. Die Telefonnummern findet man auf der Website www.nationalpark-wattenmeer.de. Mit etwas Glück kann man **Schweinswale** sichten. Die nur etwa 2 m langen Tiere tummeln sich gern in den Gewässern der Nordfriesischen Inseln und sind an ihrer dreieckigen Rückenfinne gut zu erkennen.

Vögel

Vogelbeobachter haben auf den Inseln reichlich Gelegenheit, ihrem Hobby nachzugehen. Seeschwalben, von denen man vor allem die

Im Sommer bringen die Seehunde auf den Strandbänken vor den Inseln ihre Jungen zur Welt.

Fluss- und Küstenseeschwalben antrifft, nisten vorzugsweise auf Sandbänken und in Dünentälern. Sie legen Flüge bis zu 20 000 km zurück, um im Mai/Juni auf den Inseln zu brüten, wo sie im Watt ausreichend Nahrung zur Aufzucht der Jungen finden. Ende August ziehen sie in den Süden Afrikas und in die Antarktis zurück. Eine der häufigsten Vogelarten auf den Nordseeinseln ist die **Eiderente.** Etliche Tausend dümpeln auf dem Wattenmeer herum. Ihr wichtigstes Nahrungsmittel sind Miesmuscheln. Auch Brandgänse findet man vorwiegend im Wattbereich. Sie sind am braunen Bruststreifen und dem roten Schnabel zu erkennen. Ständige Begleiter sind die Möwen: Silbermöwen mit dem charakteristischen roten Fleck am gelben Schnabel, die kleinere und dunklere Heringsmöwe, Lachmöwen mit braunem Kopf bzw. dunklem Fleck am Hinterkopf und Sturmmöwen mit grünlich-gelbem Schnabel und ebensolchen Beinen. Der **Austernfischer** ist an seinem typischen Ruf und am roten Schnabel zu erkennen. Er findet seine Nahrung vorzugsweise im Wattboden. Kopf, Rücken und Schwanz sind schwarz, die Bauchseite weiß. Laut und langgezogen ist der Ruf des Kiebitz, der sich in den Marschwiesen und auf der Wattseite der Inseln tummelt. Zu erkennen ist er an seinem typischen Schopf am Hinterkopf und seinem schwarz-weißen

Gefieder. Unverwechselbar ist auch die Uferschnepfe mit ihrem langen und und schmalen Schnabel, mit dem sie den Boden nach Essbarem durchsucht.

Zugvögel

Die Inseln sind ein wichtiger Rastplatz für viele Zugvögel. Bei den **»Ringelganstagen«** Mitte April lassen sich auf den Halligen bis zu 80 000 Ringelgänse beobachten, die hier einen Zwischenhalt einlegen. Die im August eintreffenden Zwergstrandläufer sausen blitzschnell, zumeist in einer kleinen Schar, am Brandungssaum entlang und machen sich ein Spiel daraus, jeder ankommenden Welle davonzulaufen. Strandspaziergängern weichen sie aus, indem sie auffliegen und sich hinter den Störenfrieden wieder niederlassen.
www.ringelganstage.de

Leben im Schlick

Am auffälligsten unter den Lebewesen im Wattenmeer ist für das bloße Auge die **Strandkrabbe,** die im typischen Seitengang über den Schlick huscht. In einem leeren Schneckenhaus versteckt der Einsiedlerkrebs seinen empfindlichen Körper. Das Vorderteil schaut heraus, so zieht er das Gehäuse mit sich herum. Das charakteristische Geräusch des bloßliegenden Wattbodens, ein unermüdliches leises Schmatzen, stammt von kleinen **Schlickkrebsen.** Bis zu 20 000 Tierchen leben auf einem Quadratmeter in u-förmigen Gängen dicht unter der Oberfläche. Zwischen den Fühlern tragen sie eine kleine Wasserhaut, die beim Auseinanderziehen der Fühler platzt und das typische Geräusch erzeugt. Augenfällig sind für Wattwanderer die zahllosen Kothäufchen des **Pierwurms,** den man gemeinhin als Wattwurm kennt. Er sitzt in einem etwa 25 cm tiefen u-förmigen Gang und ernährt sich vom Sand, den er aus der aufsteigenden Röhre aufnimmt. Der Sand durchwandert den Darm, Unverdauliches wird wieder hinausbefördert. Etwa alle 45 Minuten begibt sich der Pierwurm in Richtung Oberfläche und scheidet die Sandreste aus – für den Betrachter bildet sich quasi aus dem Nichts immer wieder ein neues Häufchen. 25 kg Sand filtert jeder einzelne Wattwurm pro Jahr – als Millionenheer wälzen die Würmer den Wattboden kontinuierlich um und sind dadurch so etwas wie Umweltpolizei und Müllabfuhr des Wattenmeeres in einem. Der Pierwurm – deshalb auch Sandwurm genannt – ist zudem ein Paradebeispiel für physiologische Anpassungsfähigkeit: Er besitzt Kiemen und vermag Sauerstoff zu speichern. So geht ihm während der Ebbe, also in der Zeit, in der ihm kein Wasser zur direkten Sauerstoffaufnahme zur Verfügung steht, die Luft nicht aus. Auch der Bäumchenröhrenwurm bringt Erstaunliches zustande: Er klebt Sand und Teilchen von Muscheln, Schneckenhäusern und Stacheln von Seeigeln mit Schleim aneinander und baut so einen regelrechten kleinen Baum auf. Zwischen die Äste spannt er Schleimfäden, in denen sich seine mit dem Wasser herangetriebene Beute verfängt.

Muscheln

Der Lebensraum der zahlreichen Muscheln liegt zwischen 2 und 25 cm unter dem Wattboden. Auch sie sind den einzigartigen Bedingungen perfekt angepasst. Ein Röhrchen stellt die Verbindung zur Erdoberfläche dar. So nehmen sie Wasser auf und ziehen daraus Sauerstoff und Nahrungspartikel. Da sie Wasser speichern können, überstehen sie die Trockenphase in der Gezeitenfolge. Wattspaziergänger erkennen den Wohnsitz der Muscheln an einer kleinen Fontäne aus dem Boden. **Vier einzeln lebende Arten** findet man im Wattboden: die Herzmuschel, die Plattmuschel, die etwas größere Pfeffermuschel und die größte von allen, die Sandklaffmuschel. Alle bestehen aus zwei symmetrischen Schalenhälften, die durch Schließmuskeln fest verschlossen sind. Stirbt die Muschel ab, öffnen sich die Schalen und fallen auseinander – so werden sie von Spaziergängern am Strand gefunden und gesammelt. Miesmuscheln bilden häufig Massenansiedlungen: Sie leben zu mehreren Tausend auf Miesmuschelbänken zusammen. Hier siedeln sich auch Seesterne, Seepocken und Schnecken an.

Bevölkerung und Wirtschaft

Einwohner

Knapp **14 000 Menschen** leben heute dauerhaft mit Erstwohnsitz auf Sylt, 2010 waren es noch 26 000. Die Gemeindeverwaltung rechnet damit, dass es bis 2033 nur noch 10 000 Sylter geben wird.

Mieten

Schuld an der schrumpfenden Einwohnerzahl ist die Umwidmung von dauerhaft bewohnten Eigenheimen und Wohnungen in hochpreisige Feriendomizile, für die astronomische Preise bezahlt werden, wodurch die Orte veröden. Mancherorts beträgt der Anteil von **Zweitwohnsitzen** reicher Festlandsbürger mehr als zwei Drittel; um die 7500 Zweitwohnsitze gibt es offiziell auf Sylt. Hinzu kommt die Überalterung eingesessener Insulaner: Es gibt fast doppelt so viele Todesfälle wie Geburten. Junge Sylter können sich Wohnen auf Sylt oft nicht leisten, ziehen aufs Festland und pendeln mit den Zügen über den Hindenburgdamm täglich zum Arbeiten zurück auf ihre Heimatinsel. Tausende sind es, die sich selbstironisch »Schienenscheißer« nennen.
Jeder Vierte verdient auf der Insel der Reichen weniger als den Mindestlohn, in der Sylter Tafel kaufen mittlerweile auch ganz normale Familien ein. Eine weitere Folge: Das normale Gemeinschaftsleben auf Sylt krankt mehr und mehr an dem **Einwohnerschwund.** Die Fußballvereine bekommen ihre Mannschaften nicht mehr voll, Grundschulen und Kindergärten schließen. Einheimischen Familien bezahlbare Grundstücke zukommen zu lassen, die über Generationen auch nur an Inselbewohner verkauft werden dürfen, ist eine der Überlegungen, dem Einwohnerschwund entgegenzuwirken.

▶ dänisch: **Sild** — friesisch: **Söl**

Lage: Die größte deutsche Nordseeinsel liegt zwischen **9 und 16 km** vor der Festlandküste auf **54° 30´ bis 55° 20´ nördlicher Breite und 8° bis 9° östlicher Länge**

Fläche:
Sylt: 99 km²
Amrum: 20 km²
Föhr: 82 km²
Halligen: 23 km²

Einwohner:
Sylt: 13 000
Amrum: 2200
Föhr: 8250
Halligen: 270

Bevölkerungsdichte:
239,1 Einwohner/km²

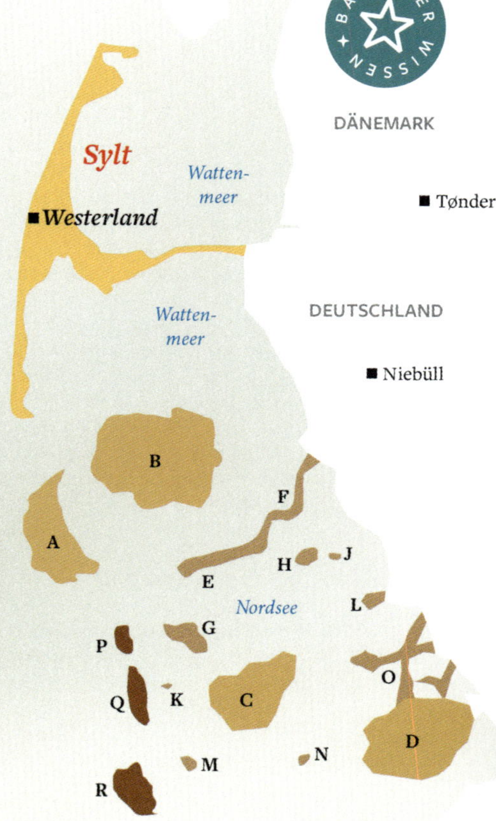

Nachbarinseln von Sylt:	**Halligen:**		**Nordfriesische Außensände:**
A: Amrum	E: Langeneß	K: Norderoog	P: Japsand
B: Föhr	F: Oland	L: Hamburger Hallig	Q: Norderoogsand
C: Pellworm	G: Hooge	M: Süderoog	R: Süderoogsand
D: Nordstrand	H: Gröde	N: Südfall	
	J: Habel	O: Nordstrandischmoor	

▶ Inselfriesisch

Diese westgermanische Sprache ist dem Englischen wesentlich ähnlicher als dem Hoch- oder dem Plattdeutschen und unterscheidet sich stark vom Festlandsfriesisch. Sie unterteilt sich in Sylter Friesisch (»Söl'ring« oder »Soltring«), Amrumer Inselfriesisch (»Amring« oder »Öömrang«) und Föhrer (»Föhring« oder »Fering«).

▶ Wappen

Das sogenannte Friesenwappen entstand etwa um 1840. Die Krone steht für den dänischen König. Der Grütztopf ist auf Sagen zurückzuführen, denen zufolge einst friesische Frauen die Feinde mit kochender Grütze in die Flucht geschlagen haben. Der halbe Adler wird auf angeblich von deutschen Kaisern verbürgte Freiheiten für die Friesen zurückgeführt.

Tourismus 2019

75 000 Gästebetten und
1,12 Mio. Gäste mit
7,75 Mio. Übernachtungen

= 1 Mio. Übernachtungen

Verkehr

30 Linienbusse auf
5 Linien
1 Sylter Inselbahn
250 km Radwegnetz
2 öffentliche Häfen
2 ehemalige Fährhäfen

Religion

Der überwiegende Teil der Bevölkerung gehört der evangelisch-lutherischen Konfession an. Nur ein kleiner Teil ist katholisch.

Klimastation Sylt

Durchschnittstemperaturen

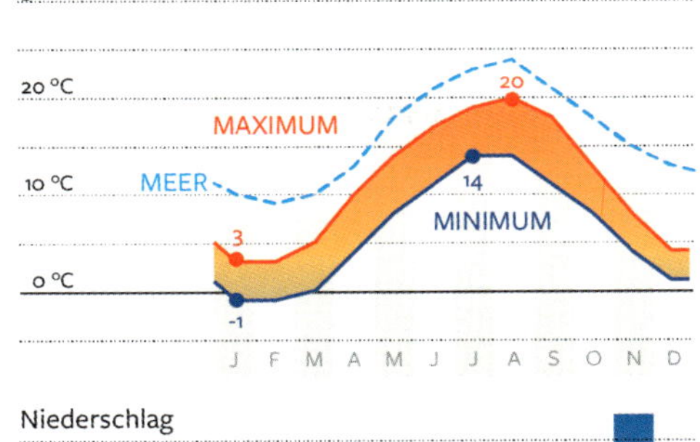

Niederschlag

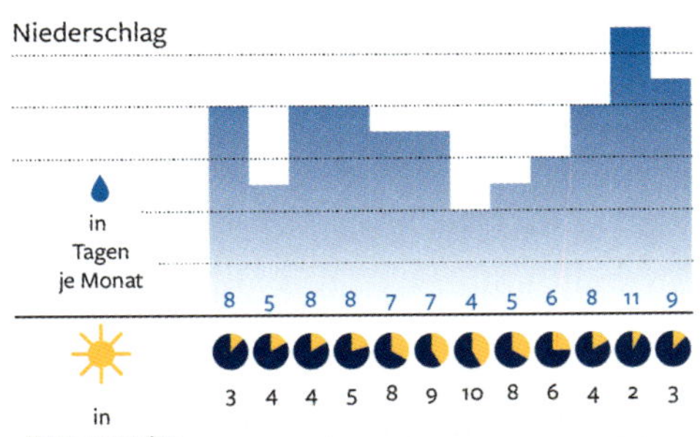

Hindenburgdamm in Zahlen

Der Hindenburgdamm verbindet seit 1927 Sylt mit dem Festland.

Bauzeit:
4 Jahre

Anzahl Dammbauer:
1000 – 1500

Baumaterial:
Steine
120 000 t

Sand und Klei
3 Mio. m³
entspricht dem dreifachen Volumen des Reichstags

Nordsee

Wattenmeer

Westerland

Querschnitt:
10 m Höhe
10 m Breite (Dammkrone)
50 m Breite (Sohlenbreite)

Hindenburgdamm

11,3 km

Niebüll

10 min

100 – 120 Züge/tägl.

Tourismus Einst verdienten die Insulaner ihr Geld mit Salzsiederei, Strandräuberei, Fischerei – im 15. Jh. vor allem Heringsfang –, Walfang, Handelsschifffahrt und Landwirtschaft, heute leben sie fast ausschließlich vom Tourismus. 2021 standen auf Sylt ca. 62 500 Gästebetten zur Verfügung. 2016 kamen rund **940 000** auf die Insel, im ersten Coronajahr 2020 waren es **770 000 Urlauber**. An guten Tagen in der Hauptsaison tummeln sich gleichzeitig 150 000 Touristen (Tagesgäste und Urlauber). Die hohen Sylter Preise sorgen heute für kürzere Aufenthalte: Blieb der Durchschnittsgast 1990 noch mehr als zehn Tage, bleiben die Sylt-Urlauber im Schnitt heute weniger als eine Woche. Rückläufig sind klassische Kuren, Wellness und Beauty hingegen boomen. Das kulinarische Angebot ist äußerst vielfältig, überwiegend gut, wenngleich einige der Michelin-Sterne über Sylt erloschen sind, wie z. B. im Fährhaus in Munkmarsch, bei Jörg Müller in Westerland oder im Spices in List. 2021 hielt der Söl'ring Hof noch zwei Sterne, das Bodendorf's in Tinnum sowie das KAI 3 in Hörnum noch jeweils einen Stern. Auf Föhr strahlt seit 2012 ein Stern über dem Restaurant Alt Wyk.

Auch auf der Nachbarinsel Amrum boomt der Tourismus. Etwa 150 000 Gäste pro Jahr sorgen hier für gut 1,3 Mio. Übernachtungen.

Den 212 000 Urlaubern auf Föhr (mit 1,85 Mio. Übernachtungen im Jahr 2019) stehen ca. 20 000 Betten zur Verfügung, davon knapp ein Viertel in Wyk. Auf Föhr wird nach wie vor auf mehr als 50 Höfen noch Landwirtschaft betrieben: Angebaut wird überwiegend Getreide, die meisten Flächen der **»grünen Insel«** dienen jedoch als Weideland.

GESCHICHTE

Vom Meer bestimmt: Im ewigen Kampf gegen den »Blanken Hans« litten die Inselbewohner oft unter bitterer Armut. Sturmfluten wie die »Grote Mandränke« im Jahr 1362 rissen Abertausende Friesen in den Tod, die Küstenlinie veränderte sich durch die Fluten im Laufe der Jahrhunderte. Salzsiederei, Heringsfischerei und vor allem das »Goldene Zeitalter« des Walfang im 17. Jh. brachten Erleichterung und teilweise sogar Reichtum auf die Inseln – aber erst der Tourismus sorgte für einen breiteren Wohlstand.

Frühzeit und Altertum

Erste Besiedulung

Aus megalithischen Grabanlagen schließt man, dass die erste Besiedlung der Nordfriesischen Inseln im **Neolithikum** ab 2 500 v. Chr. durch Bauern und Viehzüchter aus Jütland erfolgte. Zeugnisse der **Bronzezeit** (1600–450 v. Chr.) sind mehr als 1 000 Grabhügel. Vielfach fand man kostbare Beigaben (Bronzeschmuck und Waffen), was auf einen gewissen Reichtum schließen lässt. Der Handel zwischen den nordischen Ländern und dem Mittelmeerraum über den Seeweg führte im heute nordfriesischen Küstenbereich zu einer Blütezeit.

Eiszeit

Wie Funde bezeugen, war die Region während der Eisenzeit (ab 450 v. Chr.) besiedelt. Mit ansteigendem Meeresspiegel kam es aber häufig zu **Überflutungen,** wobei Äcker und Viehweiden verloren gingen. Nach der Zeitenwende beruhigte sich das Klima weitgehend, zumindest stagnierte der Meeresspiegel. In der Folge entstanden Marsch- und Weideflächen. Daraufhin wurde die Region wieder stärker besiedelt.

Besiedlung durch die Friesen

Einwanderung

Namensgebend für das heutige Nordfriesland sind die Friesen. Sie kamen zwischen 700 und 1000 aus dem heute niederländischen

Raum und besiedelten die sogenannten **»Uthlande«** (Außengebiete), die dem Festland vorgelagerten Inseln, Halligen und Marschen der Region.

Christianisierung

Ab dem 10. Jh. wurde Nordfriesland allmählich christianisiert. An erhöhten und dadurch vor Überflutungen etwas besser geschützten Stellen baute man zunächst **kleine Holzkirchen** und **richtete Begräbnisplätze** ein, oft an der Stelle heidnischer Kult- und Thingstätten. Um 1100 entstanden viele Kirchen, inzwischen auch aus Stein. Große Teile des heutigen Wattenmeers waren besiedeltes Land. Allerdings wurden die noch nicht eingedeichten Regionen von breiten Prielen durchzogen; so existierten viele inselartige Landstücke. Ab 1000 begann man an der Nordseeküste, Deiche zu errichten. An den Arbeiten, die auf den Erfahrungen der Friesen beruhten, war damals das gesamte Volk beteiligt. Die **Eindeichungen** des Landes ermöglichten nun einen ertragreichen Ackerbau.

Salzsiederei

Vom 12. Jh. an lebten die Küstenbewohner über mehrere Jahrhunderte von der Salzsiederei. Die stark **salzhaltigen Torfschichten** im Wattboden wurden abgetragen und verbrannt. Mithilfe eines speziellen Verfahrens ließ sich das Salz aus der Asche herauslösen. Auf Föhr existierte noch bis 1780 eine Salzsiederei.

Sturmfluten

Immer wieder waren die Uthlande von heftigen Sturmfluten betroffen. In der Regel wurden solche Flutkatastrophen nach dem Kalendertag benannt, an dem sie eingetreten waren: Im Jahr 1164 sollen mehr als 20 000 Menschen bei der Julianen-Flut ums Leben gekommen sein. Die sogenannte Lucia-Flut traf 1287 die gesamte Nordseeküste und kostete angeblich 50 000 Menschen das Leben. 1362 wurden bei der Marcellus-Flut, auch die **»Grote Mandränke«** genannt, in einer einzigen Nacht 30 Kirchspiele, unter anderem das legendäre Rungholt, weggespült. Große Landflächen zwischen Sylt und dem Festland gingen verloren, der Hafenort Wendingstadt westlich von Wenningstedt und Listum im Norden wurden vernichtet. An der gesamten Nordseeküste sollen insgesamt rund 100 000 Menschen umgekommen sein. Durch diese Flutkatastrophe erhielten die Inseln ungefähr ihre heutige Form.

Wirtschaftliches Auf und Ab

Heringszeit

In der ersten Hälfte des 15. Jh.s begann für die Nordfriesischen Inseln mit der sogenannten Heringszeit eine vorübergehende **wirtschaftliche Blüte.** Bei Helgoland hatte man beträchtliche Heringsvorkommen ausgemacht und für etwa 200 Jahre lebten die Insulaner vom Fischfang, bis die Heringsschwärme im 17. Jh. ausblieben.

EPOCHEN

FRÜHZEIT UND ALTERTUM

Ab 180 000 v. Chr.	Während der Saale-Eiszeit entsteht der Geestkern.
Ab 2500 v. Chr.	Beginn der Besiedlung
1600–450 v. Chr.	Wirtschaftliche Blüte in der Bronzezeit

BESIEDLUNG DURCH DIE FRIESEN

Ab 700 n. Chr	Friesen besiedeln die Uthlande.
Ab 900	Beginn der Christianisierung
Ab 1000	Beginn des Deichbaus an der Nordseeküste
1362	Die Marcellus-Flut, »Grote Mandränke«, richtet großen Schaden an.

WIRTSCHAFTLICHES AUF UND AB

Ab 1500	Heringszeit
1435	Friede von Vordingbord
1634	Auch die Burchardi-Flut fordert ihren Tribut.
Mitte des 17. Jh.s	Beginn des Walfangs und damit des »Goldenen Zeitalters«
Um 1800	Ende des Walfangs

ANFÄNGE DES BADEBETRIEBS

1819	Wyk auf Föhr wird Seebad.
1855	Westerland auf Sylt wird Seebad.
1864–1866	Deutsch-Dänischer Krieg: Sylt, Amrum und Föhr fallen an Preußen.
1890	Beginn des Badebetriebs auf Amrum
1920	Volksabstimmung
1927	Eröffnung des Hindenburgdamms

ERSTER UND ZWEITER WELTKRIEG

1927	Eröffnung des Hindenburgdamms
1940–1945	Sylt wird bombardiert.

NACH 1945

Februar 1962	Eine schwere Sturmflut bedroht Sylt.
1981	Heftige Stürme richten große Schäden am Hindenburgdamm an.
1985	Das Wattenmeer wird zum Nationalpark erklärt.
1988	Verheerendes Seehundsterben
2009	Das Wattenmeer wird zum Weltnaturerbe der UNESCO.
2015	Mit Butendiek geht der erste Offshore-Windpark Nordfrieslands vor Sylt in Betrieb.

SISYPHUS-ARBEIT VOR SYLT

Die Küstenlinie Nordfrieslands hat sich unter dem nagenden Einfluss von Wind und Strömungen im Lauf der Jahrhunderte immer weiter nach Osten verlagert. Sylt ist wegen seiner Lage und Gestalt von allen Nordseeinseln am meisten gefährdet. Bereits die Preußen haben 1872 erste Küstenschutzmaßnahmen getroffen; heute setzt man auf mehrere Methoden.

▶ **Die Grote Mandränke**
... am 16. Januar 1362 zerstörte ca. 30 Kirchspiele und spülte große Landflächen fort.

▶ **Die Buchardi-Flut**
... am 11./12. Oktober 1634 trennte u.a. Pellworm und Nordstrand voneinander ab.

▶ **Maßnahmen zum Küstenschutz**

Deichbau
Erste Deiche wurden schon vor ca. 1000 Jahren gebaut. Erst heute sind sie stark genug, um nachhaltigen Schutz zu bieten.

Innenböschung
Deichkrone
Außenböschung
Innendeichgraben
Deich-längsweg
Freibord
Bemessungshoch-wasserstand
Stützkörper (Sand)
Kleiedecke
Deichkörper
Untergrund

Buhnen
werden meist senkrecht zur Uferlinie angeordnet. Sie können aus Pfählen oder Steinschüttdämmen bestehen und sollen als Wellenbrecher dienen.

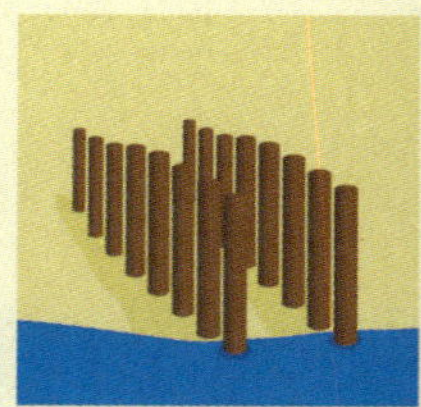

Die nordfriesische Küste heute

Seit den verheerenden Sturmfluten im 14. und 17. Jh. hat sich die Küstenlinie weiter verändert. Auf Sylt werden pro Jahr ca. 1 Mio. m³ Sand fortgespült.

Sandaufspülmengen

Seit 1972 werden Sandaufspülungen auf Sylt durchgeführt

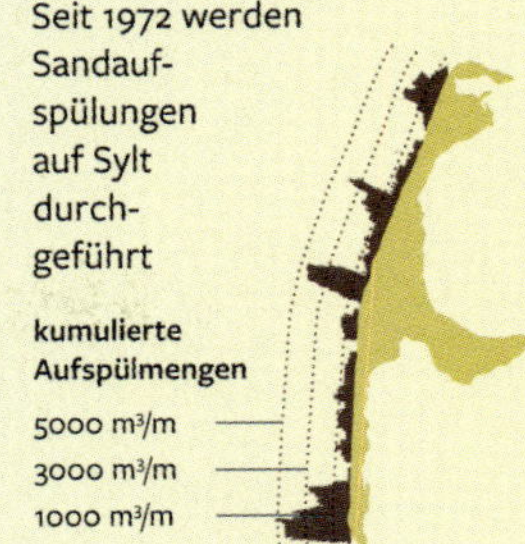

Mengen und Kosten

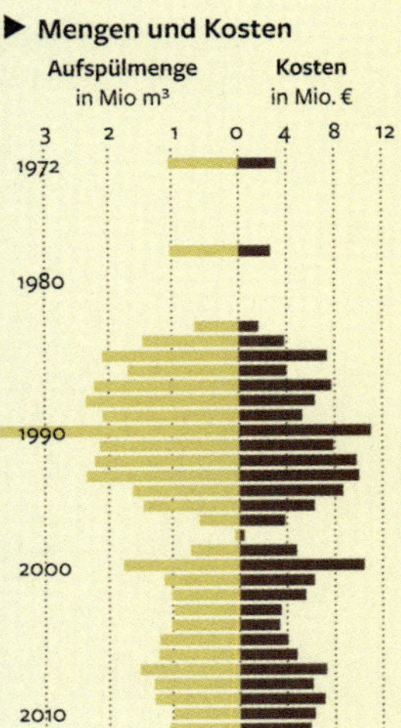

Tetrapoden
bestehen aus Beton und sollen, ähnlich den Buhnen, als Wellenbrecher dienen. Sie sind nicht sehr effektiv, weil sie keinen Sand halten können.

Sandfangzäune
aus natürlichen oder künstlichen Materialien sollen den Sand abfangen und ihn an der weiteren Verwehung hindern.

Sandaufspülung
Sog. Hopperbagger saugen ein Sand- Wasser-Gemisch auf offener See ein.
Bei der **Vorlandaufspülung** wird dieses Gemisch durch ein Rohr vor dem Schiff aufgespült (Rainbow-Verfahren) oder, bei ausreichender Wassertiefe, über Bodenluken abgegeben. Für eine **Strandaufspülung** wird Sand durch eine Rohrleitung (Düker) an den Strand gepresst.

Rainbow-Verfahren

Zugehörigkeit

Bis 1435 unterstanden alle Inseln der **dänischen Krone.** Sylt war eine der 13 sogenannten Harden, in die die Uthlande aufgeteilt waren. Aufgrund von Auseinandersetzungen um die Thronfolge entstand das **Herzogtum Schleswig,** um das sich dänische und holsteinische Adlige stritten. Infolgedessen wurden die Inseln 1435 politisch aufgeteilt: Das nördliche Sylt, Amrum und Westerland-Föhr waren bis 1864 direkt der dänischen Krone unterstellt. Sylts Süden und das östliche Föhr gehörten nun zum Herzogtum Schleswig, das allerdings auch unter der Oberhoheit der dänischen Krone stand. Dieser geteilte Zustand änderte sich erst 1866 mit der Eingliederung Schleswig-Holsteins in Preußen. Obrigkeitsdenken lag den Insulanern allerdings von jeher fern, Reibereien mit der Regierung waren normal. Durch die Abgeschiedenheit konnten sich die Inseln über all die Jahre eine gewisse Eigenständigkeit erhalten.

Walfang

Die große Zeit des Walfangs, die wichtigste wirtschaftliche Blütezeit in der Geschichte der Nordfriesischen Inseln, begann in den Dreißigerjahren des 17. Jahrhunderts. Nach der verheerenden Burchardi-Flut im Jahr 1634 heuerten zahlreiche Insulaner auf niederländischen, dänischen und hanseatischen Walfangschiffen an. Bis zu 3000 Männer waren jedes Jahr auf See, Abfahrtstag war alljährlich um den 21. Februar. Mit dem Walfang kam beträchtlicher Wohlstand auf die Inseln, aber auch viel Leid. Viele der am Walfang beteiligten Männer kamen auf See ums Leben. Ab 1800 nahmen die Erträge im Walfang deutlich ab, weil die Bestände stark dezimiert waren. Das sogenannte **»Goldene Zeitalter«** ging zu Ende.

Anfänge des Badebetriebs

Badekonzession

1819 wurde **Wyk auf Föhr** als erster Ort in Nordfriesland Seebad. 36 Jahre später erhielt Westerland die Badekonzession, 1859 zählte man dort 470 Badegäste. Die Anreise war ausgesprochen umständlich: Mit dem Dampfschiff »Hammer« fuhren die Badegäste von Husum über Wyk auf Föhr zur Halbinsel Nösse im Osten Sylts, von dort aus mit dem Pferdewagen nach Westerland. 1859 nahm die legendäre »Ida« zwischen Hoyerschleuse auf dem Festland und dem Hafen Munkmarsch den Fährverkehr auf.

»Dünen-Express«

Infolge des Deutsch-Dänischen Kriegs wurde Schleswig-Holstein 1864 mitsamt den Inseln, inklusive Rømø, von Dänemark getrennt und fiel 1866 an Preußen. 1888 wurde auf Sylt zwischen dem Hafen Munkmarsch und Westerland eine Kleinbahnlinie eröffnet, liebevoll »Dünen-Express« oder auch **»rasende Emma«** genannt. 13 Jahre später wurde sie nach Hörnum im Süden ausgebaut, 1903 bis nach Kampen und schließlich 1907 bis nach List. Auch Amrum bekam sein

eigenes Seebad: Wittdün wurde 1890 anerkannt. Die Entwicklung des Tourismus ging stetig aufwärts: 1911 zählte man bereits 30 000 Badegäste auf Sylt.

Erster und Zweiter Weltkrieg

Hindenburgdamm

Heiß diskutiert wurde der Bau des 1927 eröffneten Hindenburgdamms **zwischen Sylt und dem Festland.** Unter anderem wurde dieses Projekt deshalb beschleunigt, weil die Hoyerschleuse wenige Jahre zuvor nach einer Volksabstimmung wieder zu Dänemark kam und die Anreise per Fähre dadurch schwieriger geworden war. Zur Zeit des Nationalsozialismus wurde Sylt vor allem für den »Kraft-durch-Freude«-Tourismus genutzt. Ab 1934 hatten Juden Strandverbot, zunächst nur in Westerland, dann auch in den anderen Gemeinden.

Strategischer Stützpunkt

Im Zweiten Weltkrieg wurde Sylt – schon im Ersten Weltkrieg militärisch genutzt – regelrecht zur **militärischen Festung** ausgebaut. Die Seefliegerstationen bei List und Hörnum dienten als Stützpunkte der Luftwaffe, bei Rantum legte man ein Start- und Landebecken für Wasserflugzeuge an. Zwischen 1940 und 1945 wurde Sylt mehrfach Ziel von Fliegerangriffen.

Nach 1945

Schwere Sturmflut

Nach dem Krieg ging es mit dem Tourismus bald wieder aufwärts. Im Februar 1962 wurde die gesamte Nordseeküste von einer schweren Sturmflut heimgesucht, die v. a. in Hamburg viele Todesopfer forderte. Auch auf Sylt und auf den Halligen war die Situation kritisch. 1970 schaffte man die Inselbahn auf Sylt ab, das **Straßennetz** für Autos wurde ausgebaut.

Weltnaturerbe Wattenmeer

Das Wattenmeer an der dänischen, deutschen und holländischen Küste wurde 1985 zum Nationalpark erklärt. Nur drei Jahre später wurden die Ausmaße der **Umweltbelastungen** in der Nordsee erschreckend deutlich: Tausende Seehunde, deren Immunsystem durch die Verunreinigung ihrer Lebenswelt geschwächt waren, fielen einer Viruserkrankung zum Opfer. Der Bestand reduzierte sich um 60 Prozent. Im Juni 2009 wurde das Wattenmeer der Nordsee zum Weltnaturerbe der UNESCO erklärt.

Offshore-Windpark

Bereits 2002 wurde als erster Offshore-Windpark vor der Westküste die Anlage **»Butendiek«** 34 km westlich von Sylt genehmigt. Im Februar 2013 begannen die Bauarbeiten an den 80 Windenergieanlagen, die 2015 schließlich in Betrieb gingen. Begleitet wurde der Bau von Protesten von Umweltschützern und den Tourismus-Verbänden Sylts. Doch sowohl die Klage des NABU, der negative Auswirkungen auf die dort lebenden Schweinswale und Seehunde befürchtete, als auch die Klage der Tourismus-Verbände, die um ihre Gäste fürchteten, blieben erfolglos.

KUNST UND KULTUR

Besiedelt waren die Nordfriesischen Inseln bereits Tausende von Jahren vor Christi Geburt. Durch die Abgeschiedenheit der Inseln und der Halligen entwickelte sich nach der Besiedlung durch die Friesen im Laufe der Jahrhunderte eine zum Teil ganz eigene Kultur. Dazu gehören beispielsweise die friesische Sprache, einzigartige Inselkirchen sowie bestimmte Trachten und Bräuche.

Gräber, Burgen, Kirchen

Frühgeschichtliche Funde

Durch das Gebiet der heutigen Inseln zogen schon um 7000 v. Chr. Jäger und Fischer, wie der Fund einer Knochenharpune und eines Kernbeils auf Föhr belegen. Dass die Region ab ca. 2500 v. Chr. dauerhaft besiedelt war, beweisen neolithische Steingräber. Allein auf Föhr hat man 17 der aus Findlingen aufgebauten Grabanlagen entdeckt. Das bedeutendste jungsteinzeitliche Hünengrab ist der **Denghoog** bei Wenningstedt auf Sylt aus dem 3. Jt. v. Chr. Das Ganggrab gilt im nordeuropäischen Raum als eines der wichtigsten Zeugnisse dieser Epoche. Auch der **Tipkenhoog** bei Keitum ist ein gut erhaltenes Beispiel eines jungsteinzeitlichen Grabhügels. Spuren aus der Bronzezeit sind ebenfalls auf allen Inseln gefunden worden. **Urnengräber** mit auffallend kostbaren Beigaben deuten auf einen relativen Wohlstand in dieser Zeit hin. Auf Amrum sind im Dünengebiet zwischen Nebel und Norddorf die Reste einer eisenzeitlichen Siedlung zu sehen.

Kirchen

Ein interessantes **Kulturgut der Wikingerzeit,** also rund 1000 Jahre alt, ist die kreisrunde Tinnumburg auf Sylt mit einem Durchmesser von ca. 120 Metern. Aus derselben Epoche stammt die Lembecksburg bei Borgsum auf Föhr. Mit der Christianisierung der Friesen ab dem 10. Jh. wurden in Nordfriesland zahlreiche Kirchen errichtet. Die ältesten Inselkirchen – St. Severin (Keitum) und St. Martin (Morsum) auf Sylt, St. Nikolai (Wyk/Boldixum), St. Johannis (Nieblum) und St. Laurentii (Süderende) auf Föhr sowie St. Clemens auf Amrum (Nebel) – sind romanischen oder spätromanischen Ursprungs und gehen oftmals auf einen früheren Holzbau zurück. Keine der Kirchen hat heute noch ein rein romanisches Aussehen. Einen Eindruck, wie frühe Inselkirchen ausgesehen haben, vermittelt das Morsumer Gotteshaus mit seinem frei stehenden Holzturm; ursprünglich hatte außer dem großen »Friesendom« in Nieblum keine der Inselkirchen einen direkt angebauten Turm. Typisch für alle Gebäude ist das seitliche Vorhaus, **Kalefaster** genannt, das möglicherweise zum Aufwärmen diente (lat. cale facere = warm machen). Fast alle Inselkirchen zeichnen sich durch betont helle und freundlich gestaltete Innenräume aus. Kunstgeschichtlich interessante Stücke sind z. B. die zumeist romanischen Taufbecken. Eine frühgotische Rarität sind die zwölf Apostelfiguren in der St.-Clemens-Kirche zu Nebel. Die Altäre sind zumeist spätgotische Flügelaltäre. Sehr schöne Beispiele gibt es in der Morsumer Kirche und in St. Severin in Keitum. Die Inselfriedhöfe wurden wegen ihrer alten Grabsteine berühmt, auf denen Lebensgeschichten der Insulaner in Schrift und Bildern voller Symbolik verewigt sind (▶ Baedeker Wissen, S. 136).

Bildende Kunst

Künstlerkolonie

Nachdem Sylt für den Badebetrieb entdeckt worden war, kamen zahlreiche Maler und ließen sich von der ungewöhnlichen Insellandschaft inspirieren. **Emil Nolde** (1867–1956) siedelte 1930 für einige Wochen nach Sylt um, weil sein Haus in Seebüll auf dem Festland renoviert wurde. Er fand eine Bleibe in Kampen im Haus Kliffende. Der bedeutende Aquarellist des Expressionismus ist vor allem mit seinen stimmungsvollen Landschaftsbildern Nordfrieslands bekannt geworden. Weitere namhafte Künstler wie Max Liebermann, Lovis Corinth, Alexej Jawlensky, die Brücke-Maler Erich Heckel und Otto Mueller, die Worpsweder Fritz Overbeck und Fritz Mackensen sowie der Bildhauer Ewald Mataré hielten sich vorübergehend auf Sylt auf. Der Zeichner C. C. Feddersen (1876–1939) machte sich einen Namen als Inseloriginal; er fertigte meistens Kohlezeichnungen mit architektonischen oder Landschaftsmotiven. Einige **Maler** haben auch Fuß auf Sylt gefasst bzw. stammen von hier. Der in Tinnum geborene Andreas Dirks (1865–1922) malte überwiegend Landschaftsbilder im impressionistischen Stil. Aus Kassel stammte Franz Korwan-Katzenstein (1865–1940). Er hielt in seinen Bildern Alltagsszenen und Insellandschaften fest und arbeitete als Restaurator in St. Severin und im Altfriesischen Haus in Keitum.

Friesisches Kulturgut

Sprache

Ab 700 n. Chr. kamen mit den Friesen aus dem niederländischen Raum die Grundlagen für das Inselfriesisch hierher. Es handelt sich nicht etwa um einen Dialekt, sondern um eine westgermanische

Sprache. Sie ist dem Englischen häufig sogar ähnlicher als dem Plattdeutschen. Weg heißt auf **Sylter Friesisch** z. B. Wai (engl. way), Mittwoch heißt Winjsdai (engl. Wednesday). Das Sylter Friesisch wird als Söl'ring oder Soltring bezeichnet, das Amrumer Inselfriesisch als Amring oder Öömrang, das Föhrer als Föhring oder Fering. Heute wird an Grundschulen wird wieder verstärkt Friesisch unterrichtet und an den Universitäten in Flensburg und Kiel kann man sogar den **Studiengang Friesisch** belegen.

Friesenhäuser

Die hübschen reetgedeckten Friesenhäuser prägen das Landschaftsbild. Sie beruhen auf einer **Ständerkonstruktion,** damit bei Sturmfluten das auf den Ständern ruhende Dach als erhöhter Zufluchtsort genutzt werden konnte. Der uthlandfriesische Haustyp ist lang gestreckt und besteht aus einem Wohnbereich und dem Wirtschaftsteil. Die Holztüren weisen häufig wunderschöne Ornamente auf oder sind mit dekorativen Einrahmungen, Figurenschmuck oder Wappen gestaltet. Besonders schöne Häuser, die meist von gut situierten Kapitänen errichtet wurden, stehen in Keitum auf Sylt, in Nebel auf Amrum sowie insbesondere in Nieblum auf Föhr.

Tracht

Die **Sylter Tracht** aus der Zeit um 1800 war je nach gesellschaftlichem Stand und Jahreszeit unterschiedlich ausgestattet. Im Sommer trugen Sylterinnen knielange Kleider aus hellem Leinen, bei Kälte ein Kleid aus Fellen, dazu grobe rote Wollstrümpfe. Auffällig war vor allem der Kopfschmuck, die sogenannte Hüüf aus schwarzem Samt. Besonders hübsch sind die **Föhrer Trachten,** heute noch wird die einstige Festtagstracht gern zu besonderen Anlässen getragen. In der Blütezeit des Walfangs, im 17. und 18. Jh., waren sie bunt und auffällig; damals gab es noch Alltags-, Sonntags- und Festtagstrachten. Im 19. Jh. prägte sich eine Trachtenform aus, die farblich auf schwarz und weiß reduziert ist. Sie besteht aus einem langen Faltenrock und einem Oberteil mit eng anliegenden Ärmeln, um das ein großes Tuch gelegt wird. Auf dem Kopf wird eine runde, bestickte Haube getragen. Ein Charakteristikum der festlichen Föhrer Tracht ist der auffällige Brustschmuck aus Silber.

Fliesen

Zu den besonderen kunsthandwerklichen Produkten auf den nordfriesischen Inseln gehören die Fliesen. Sie weisen eine deutliche Verwandtschaft zu den im Volksmund als **»Delfter Kachel«** bezeichneten holländischen Vorbildern auf. Die nordfriesischen Seefahrer hatten die Fliesen auf ihren Fahrten kennengelernt, und wer es sich leisten konnte, brachte sie mit nach Hause. Man unterscheidet zwei Arten von Fliesen: die Einzelfliese, die jeweils ein Motiv oder Ornament aufweist, und großflächige Bilder aus mehreren Fliesen. Letztere zeigen meist Schiffe oder biblische Szenen. Als Einzelmotive waren florale oder biblische Motive und kleine Landschaften üblich.

Mit viel Freude präsentieren die Mädchen ihre Trachten auch hier auf der Hallig Hooge.

INTERESSANTE MENSCHEN

Syltliebhaber: Ferdinand Avenarius

1856–1923
Kunstfreund

Ferdinand Avenarius, Schriftsteller, Publizist, Verleger und Gründer des »Dürerbundes«, hat maßgeblich dazu beigetragen, dass sich Kampen zu einem Künstler-Treffpunkt entwickelte. In seiner Heimatstadt Berlin gründete Avenarius 1887 die Kunstzeitschrift »Der Kunstwart«. 1876 besuchte er Sylt zum ersten Mal, 1903 baute er in Kampen das **Haus Uhlenkamp,** das in den Sommermonaten Sitz der Kunstwart-Redaktion wurde. Avenarius rief zudem ein Stipendium ins Leben und holte auf diese Weise zahlreiche Maler in seine Jugendstilvilla. Oftmals veröffentlichte er die auf Sylt entstandenen Werke in seiner Zeitschrift. Avenarius war ausgesprochen naturverbunden und forderte 1913, das Gebiet zwischen Kampen und List unter Naturschutz zu stellen. In seinem Todesjahr 1923 wurden die Dünenlandschaft bei List, der Ellenbogen an der Nordspitze und das Morsumer Kliff zum Naturschutzgebiet erklärt. Ferdinand Avenarius liegt auf dem Keitumer Friedhof begraben.

Gründer des Christlichen Seehospizes: Friedrich von Bodelschwingh

1831–1910
Theologe

Auf Friedrich von Bodelschwingh geht das erste touristische Unternehmen Amrums zurück. Der evangelische Theologe und Gründer der christlichen Wohlfahrts- und Missionsanstalten Bethel, wurde 1888 vom damaligen Inselpastor nach Amrum gebeten, um in der Kirche über den Fremdenverkehr und seine Konsequenzen zu sprechen. Zu diesem Zeitpunkt fürchtete man auf der Insel, dass das Badeleben, wie es sich auf Sylt und Föhr entwickelte, auch auf Amrum Einzug halten könnte. Man wehrte sich damals gegen die Erteilung einer Badekonzession, da man unwiederbringliche Veränderungen für das Leben der Amrumer und den **allgemeinen Verfall der Sitten** befürchtete. Es entstand die Idee, der Profanität des Badebetriebs mit einer **christlichen Alternative** zu begegnen. Bodelschwingh baute daraufhin das Christliche Seehospiz auf, das 1890 seine Tore öffnete. Es erwies sich als außerordentlich beliebt und daher zu klein: Bodelschwingh hatte mit einem Holzhaus im schwedischen Stil angefangen, drei Jahre später wurde ein zweites eingeweiht, bis 1911 entstanden noch drei weitere.

Unbeirrbare Naturschützerin: Wilma Bräuner

1891–1985
Fotografin

Wie nur wenige andere hat sich die **Malerin, Fotografin und Schriftstellerin** mit ihrem Werk und kritischem Engagement für die Insel Sylt eingesetzt. Vielen ist sie heute als originelle und humorvolle Persönlichkeit in Erinnerung. Mit acht Jahren kam Bräuner erstmals nach Sylt. Nach der künstlerischen Ausbildung in ihrer Heimatstadt Hamburg zog sie 1921 auf ihre geliebte Insel. Hier widmete sie sich der Fotografie – mit der Leica in der Hand zog sie zu Fuß, zu Pferd, mit Fahrrad, Motorrad und noch bis ins hohe Alter im Auto über die Insel. Die technisch und künstlerisch herausragenden Bilder sind eine einfühlsame Wertschätzung der **Sylter Landschaften.** Wilma Bräuner kannte Sylt noch aus der Zeit, als es kaum Wege, geschweige denn Straßen gab, und litt unter der zunehmenden Zerstörung. Mit ihren Fotografien wollte sie die allmählich verschwindende Landschaft in ihrer Vielfalt so festhalten, wie sie über Jahrhunderte gewesen war. Deswegen öffnete sie auch 1971 ihr Haus für die Gründung einer Bürgerinitiative, die sich gegen das geplante Atlantis-Appartementhochhaus in Westerland aussprach und den Bau des 100 m hohen Gebäudes verhinderte (► S. 89).

Volksnaher Monarch und Badegast: Christian VIII.

Mit seinen Besuchen auf der Insel Föhr kurbelte Christian VIII., ab 1839 König von Dänemark und Herzog von Schleswig und Holstein, das Badeleben auf der Insel an. 1842 kam der Monarch erstmals zur **Badekur** nach Wyk auf Föhr und reiste danach alljährlich wieder an. Man vermutet, dass bei Christian VIII. auch politische Gründe bei der Wahl des Urlaubsdomizils mitspielten. Sein ausgemachtes Interesse galt der engen Anbindung Schleswigs an Dänemark, und zu einem Zeitpunkt, als sich sowohl die Schleswiger als auch die Holsteiner mehr nach Deutschland orientierten, schien es geraten, auf diese Weise Anhänger auf seine Seite zu ziehen. Die Föhrer schätzten den erlauchten Gast sehr; sie erlebten ihn als gutmütigen Herrscher und veranstalteten alljährlich diverse Festivitäten während seines Aufenthalts.

1786–1848
König von Dänemark

Humorvoller Weltstar: Valeska Gert

Die Tänzerin, Schauspielerin und Kabarettistin Gertrud Valeska Samosch, 1900 in Berlin geboren, lebte lange Zeit in Kampen auf Sylt und führte dort ab 1951 rund ein viertel Jahrhundert unter ihrem Künstlernamen Valeska Gert das berühmte Kabarettlokal **»Ziegenstall«.** Gert hat maßgeblich den Ausdruckstanz geprägt und gilt als Schöpferin der modernen Tanzpantomime. In den 1920er- und 1930er-Jahren war die **Allround-Künstlerin** ein Star, stand auf allen bedeutenden Bühnen Europas. Gert, die u.a. 1931 in der Verfilmung der »Dreigroschenoper« eine Rolle übernahm, bezog ein Jahr später ihr Sommerhaus in Kampen. Wiederum ein Jahr später musste die Jüdin emigrieren. Sie ging nach New York, wo sie – allerdings mit wenig Erfolg – ein eigenes **Kabarett** aufzog. Nach Kriegsende kehrte sie nach Deutschland zurück und eröffnete 1951 den »Ziegenstall«, in dem sie selbst allerdings nicht mehr auftrat. Die Wände des mit Heu und Stroh dekorierten Lokals waren mit Autogrammen Prominenter übersät, dazwischen fand man Sprüche wie: »Die Gäste sind wie Ziegen, sie werden gemolken und meckern.« Ihre Biografie »Die Katze von Kampen« veröffentlichte Valeska Gert 1973. Drei Jahre nach ihrem Tod wurde der »Ziegenstall« abgerissen.

1900–1978
Tänzerin

Leidenschaftlicher Heimatforscher: Christian Peter Hansen

In Westerland als Sohn einer Sylter Seemanns- und Lehrerfamilie geboren, wurde Christian Peter Hansen als **Chronist und Forscher der friesischen Kultur** weit über Sylts Grenzen hinaus bekannt. Ab 1829 war er als Lehrer und Organist in Keitum tätig. Hansen widme-

1803–1879
Chronist

Uwe Jens Lornsen: Freiheitskämpfer und Namensgeber der Uwe-Düne.

te sich mit Leib und Seele der Geschichte der Insel und der nordfriesischen Kultur. Er trug nicht nur regionale archäologische Fundstücke und Fossilien zusammen, sondern schrieb auch mündlich überlieferte Sagen nieder, um sie der Nachwelt zu erhalten. Sein Wunsch, den Insulanern die eigene Vergangenheit bewusst zu machen, ist spätestens mit dem Buch »Chronik der friesischen Uthlande«, das er 1856 veröffentlichte, in Erfüllung gegangen. Hansen lebte in Keitum im Altfriesischen Haus und wurde auf dem Keitumer Friedhof begraben.

Der einzige Kompositionsschüler von Johannes Brahms: Gustav Jenner

1865–1920
Komponist

Cornelius Uwe Gustav Jenner, Sohn des Inselarztes Andreas (Otto) Jenner aus Keitum, kam durch die Vermittlung des niederdeutschen Dichters Klaus Groth zu Johannes Brahms nach Wien. Der damals 19-jährige Jenner hatte zuvor eine schwere Zeit durchgemacht: Sein Vater hatte sich das Leben genommen, nachdem er in einem Prozess in Lübeck der Vergewaltigung für schuldig gesprochen wurde. Brahms wurde wie ein zweiter Vater für den talentierten jungen

Mann aus dem Norden und Jenner ein Musterschüler – der einzige Kompositionsschüler von Johannes Brahms überhaupt. Jenner lehnte 1891 die Stelle als Korrepetitor – mit Aussicht auf eine Kapellmeisterstelle an die Wiener Staatsoper – ab. Stattdessen wurde er im März 1895 zum **Academischen Musikdirector** der Universität Marburg und bald darauf auch zum Dirigenten des Academischen Konzertvereins berufen. In seiner Marburger Zeit entstanden zahlreiche Kompositionen – überwiegend Lieder und Chorwerke –, einige davon wurden von Groth oder auch von Theodor Storm vertont.

Kampf für die Unabhängigkeit: Uwe Jens Lornsen

1793–1838
Freiheitskämpfer

Als Freiheitskämpfer im Raum Schleswig-Holstein machte sich der gebürtige Keitumer Uwe Jens Lornsen einen Namen. Er studierte Jura an den Universitäten Kiel und Jena. Im Alter von nur 37 Jahren wurde er zum **Landvogt der Insel Sylt** ernannt – nach hundert Jahren erstmals wieder ein geborener Sylter. Lornsen blieb jedoch nur zehn Tage im Amt, dann wurde er entlassen und wegen Gefährdung der »öffentlichen Ruhe« für ein Jahr ins Gefängnis gesteckt. Unter dem Titel »Über das Verfassungswerk in Schleswig-Holstein« hatte er eine **Unabhängigkeitsschrift** verfasst, in der er die Loslösung Schleswigs vom dänischen König, die Zusammengehörigkeit von Schleswig und Holstein und eine größere Anbindung an Deutschland forderte. Angeregt durch das Gedankengut der Französischen Revolution und die politisch-revolutionären Veränderungen in Europa, hatte Lornsen sich mit der Situation von Schleswig und Holstein beschäftigt, die gemäß dem Ripener Vertrag von 1460 »ewich tosamende ungedelt«, also für immer ungeteilt bleiben sollten. Nachdem er seine Haftstrafe abgesessen hatte, kam er zurück auf die Insel, die er jedoch als beengend, als »zweites Gefängnis« empfand. Sein physisch und psychisch labiler Gesundheitszustand verschlechterte sich. 1833 ging er für einige Jahre nach Brasilien, um eine Krankheit auszukurieren. 1837 lebte er noch für einige Monate in Genf. Am 13. Februar 1838 nahm er sich mit 44 Jahren das Leben. Auf Sylt hat man die höchste Erhebung nach ihm benannt: die fast 53 m hohe **Uwe-Düne** bei Kampen. Im Sylter Heimatmuseum in Keitum wurde Lornsen und seiner politischen Arbeit ein Raum gewidmet; im Ort steht ein Denkmal, auch eine Straße heißt nach ihm.

Kampener Stammgast: Peter Suhrkamp

1891–1959
Verleger

Dem berühmten Verleger Peter Suhrkamp ist Sylt zur zweiten und schließlich letzten Heimat geworden. Suhrkamp war seit 1933 Herausgeber der »Neuen Rundschau«, die im S. Fischer Verlag erschien. Nachdem Gottfried Bermann Fischer, Inhaber des Verlags, 1936 mit seiner Familie Deutschland verlassen musste und die Geschäfte im Ausland weiterführte, arbeitete Suhrkamp als Leiter eines in Deutschland verbliebenen Verlagsteils. Dieser wurde 1942 in »Suhrkamp-Verlag vormals S. Fischer« umbenannt. Der 1950 gegründete **Suhrkamp Verlag** entwickelte sich zu einem der wichtigsten Verlage für zeitgenössische Belletristik und Geisteswissenschaft. Ebenso wie sein Verlegerkollege Ernst Rowohlt war Peter Suhrkamp ein großer Freund der Insel Sylt. Er wohnte lange Zeit als Stammgast im Haus Kliffende in Kampen. Später kaufte er sich dort ein eigenes Haus, in dem er Literaten und Intellektuelle empfing. Peter Suhrkamp widmete der Insel 1943 den Essay »Die nordfriesische Insel«. Seine Grabstelle befindet sich auf dem Keitumer Friedhof.

Leidenschaftlicher Insulaner: Hans Jessel

*1956
Fotograf

Hans Jessel ist ein waschechter Sylter, der in Westerland geboren wurde und in Hörnum seinen Zivildienst ableistete. Der »Zivi« war in der **Schutzstation Wattenmeer** u. a. für die Dia-Vorträge zuständig, musste aber alsbald feststellen, dass es mit dem Bildmaterial nicht so weit her war. Der Autodidakt schnappte sich eine Kamera und fotografierte selbst. Anschließend studierte Jessel Agrarwissenschaften, später Geografie, Landschafts-Ökologie und Zoologie. Die Leidenschaft des diplomierten Geografen war jedoch die Fotografie. Nach zahlreichen Reisen durch die Welt – Schwerpunkt war sein Lieblingsland Portugal – lebt und arbeitet Jessel, der sich selbst als »leidenschaftlichen Insulaner« bezeichnet, wieder auf seiner Heimatinsel Sylt, über die er zahlreiche **Bücher und Bildbände** veröffentlicht hat.

»Mr. Nordsee« Georg Quedens

* 1934
Chronist

Georg Quedens ist das wandelnde Lexikon Amrums und seit Jahrzehnten der Inselchronist. Er betreibt zwei Buchläden auf seiner Heimatinsel, wo es natürlich auch seine gesammelten Werke zu kaufen gibt. Der gelernte Fotograf, dessen Familie seit 1734 auf Amrum zu Hause ist (und so einige Strandräuber in seinen Reihen hatte), ist gleichzeitig so etwas wie **das Gewissen der Nordfriesischen Inseln:** Er setzt sich engagiert für den Naturschutz ein und erhielt 2009 das Bundesverdienstkreuz am Bande. Quedens ist ganz **»Old School«,** er selbst behauptet, er stamme ungefähr aus der Bronzezeit. Seine ca. 100 Sachbücher, über Amrum, Föhr, die Nordsee, die Halligen, über Legenden und Sagen der Region, über die Kirchen an der Küste, hat er allesamt auf einer Schreibmaschine verfasst – und das tut er heute noch. Wenn er über seine Insel streift, fotografiert er analog. Quedens ist ein aufrechter und bisweilen unbequemer Friese, ein begnadeter Geschichtenerzähler und so etwas wie der »Mr. Nordsee«.

Der Erfinder des Reiseführers: Karl Baedeker

1801–1859
Verleger

Als Buchhändler kam Karl Baedeker viel herum, und überall ärgerte er sich über die »Lohnbedienten«, die die Neuankömmlinge gegen Trinkgeld in den erstbesten Gasthof schleppten. Nur: Wie sollte man sonst wissen, wo man übernachten könnte und was es anzuschauen gäbe? In seiner Buchhandlung hatte er zwar Fahrpläne, Reiseberichte und gelehrte Abhandlungen über Kunstsammlungen. Aber wollte man das mit sich herumschleppen? Wie wäre es denn, wenn man all das zusammenfasste?

Gedacht, getan: Zwar hatte er sein erstes Reisebuch, die 1832 erschienene »Rheinreise«, noch nicht einmal selbst geschrieben. Aber er entwickelte es von Auflage zu Auflage weiter. Mit der Einteilung in »Allgemein Wissenswertes«, »Praktisches« und »Beschreibung der Merk-(Sehens-)würdigkeiten« fand er die klassische Gliederung des Reiseführers, die bis heute ihre Gültigkeit hat. Bald waren immer mehr Menschen unterwegs mit seinen **»Handbüchlein für Reisende, die sich selbst leicht und schnell zurechtfinden wollen«.** Die Reisenden hatten sich befreit, und sie verdanken es bis heute Karl Baedeker. Sylt und die Nordfriesischen Inseln beschreibt er erstmals in der 1861 erschienenen 10. Auflage von »Baedeker's Mittel- und Norddeutschland«.

»

Sylt hat den stärksten Wellenschlag von allen
Nordseebädern; fast immer lebhafte Brandung.
Die Zahl der Badegäste beträgt jetzt jährlich etwa 1500.
[...]
Die Einwohner treiben Schifffahrt, Fischerei,
Austern- und Entenfang.

»

Baedeker's Mittel- und Norddeutschland, 17. Auflage 1876

E

ERLEBEN & GENIESSEN

Überraschend, stimulierend, bereichernd

Mit unseren Ideen erleben und genießen Sie die Nordfriesischen Inseln.

Anker lichten und volle Fahrt voraus! Die Schiffswege spielen heute noch auf den Inseln eine bedeutende Rolle. ►

BEWEGEN UND ENTSPANNEN

Die Nordfriesischen Inseln sind ein wahres Paradies für sportlich Aktive. Vor allem Wassersport wie Baden, Tauchen und Surfen wird naturgemäß großgeschrieben. Und an Land wachsen gesundheitsorientierte Sportarten.

Im und auf dem Wasser

Vorsicht beim Baden

Generell darf man die Gefahren der Nordsee nicht unterschätzen. Selbst wenn die Brandung von Ferne relativ harmlos aussieht, sollte man schon etwas **Erfahrung** haben, bevor man sich in tiefere Regionen vorwagt. Wirklich gefährlich kann das Baden bei Ebbe werden, weil dann **starke Strömungen** auftreten, die man beim bloßen Hinsehen nicht vermutet. Besonders überraschend können kleine, kräftige Ströme zwischen den Sandbänken sein, die Badende unter Umständen mit Macht vom Strand wegziehen. Gegen die Sogwirkung der Ebbe anzuschwimmen ist selbst für gute Schwimmer sehr schwierig! Außerhalb der überwachten Badezonen und Badezeiten badet man auf eigene Gefahr.

Badeverbot

An bewachten Stränden sind die Badezeiten jeweils angeschrieben. Zu den angegebenen Zeiten wird eine DLRG-Flagge aufgezogen, Rettungsschwimmer überwachen den Badebetrieb. Ein schwarzer Ball bedeutet: Badezeit. Ein roter Ball zeigt an: Situation ist nicht ungefährlich; Badebeschränkung für Kinder und Nichtschwimmer. **Zwei rote Bälle stehen für ein generelles Badeverbot.** Auf Sylt besteht absolutes Badeverbot an der Südspitze der Insel und im Norden im Bereich des Ellenbogens, ebenso im Bereich von Buhnen. Auf Amrum und Föhr ist das Baden überall auf eigene Gefahr gestattet.

Strandkörbe

Die Vermietung der gemütlichen Strandkörbe liegt in der Regel in den Händen der Kurverwaltungen. Wer während der Hauptsaison in einem Strandkorb entspannen möchte, sollte die **Reservierung** mindestens sechs Wochen vor der Anreise vornehmen.

Angeln

Einfach herumfischen ist tabu – wer in der Nordsee angeln möchte, benötigt einen **Jahresfischereischein.** Mit kräftiger Rute, stabiler Rolle mit großer Übersetzung und fester Schnur lassen sich vor allem Hornhecht, Scholle und Makrele aus den Fluten ziehen. Im Osten der Insel bietet der Anglerverein Sylt Angelmöglichkeiten im Katrevel an, wo sich bei Morsum Hecht, Zander, Barsch, Aal, Karpfen, Schleie so-

Entspannung und Action gibt es an den Stränden der Nordfriesischen Inseln.

wie verschiedene Weißfischarten tummeln. Im 18 km langen Siel, der sich zwischen Tinnum und Morsum durch die Inselmitte schlängelt, gibt es einen reichen Bestand an Karpfen, Schlei, Döbel, Aland, Barsch und Aal. Mit einem Fischereischein darf vom Ufer aus rund um Amrum geangelt werden. Während der Saison lädt der Amrumer Angelverein zum Preisangeln. Mit dem Jahresfischereischein und der Föhrer Angelkarte kann man auf der 2,5 km langen Kanalstrecke in Oldsum, die der Föhrer Sportfischerverein gepachtet hat, auf Hecht oder Spiegelkarpfen angeln.

Surfen

Die Sylter Westküste mit den Wellen des offenen Meers macht Sylt zum **Surf-Dorado.** Einsteiger finden ein schönes Revier am Königshafen, wo man selbst bei Hochwasser noch 300 m vom Strand entfernt stehen kann. Nur bei auflaufendem Wasser kann man an der Spitze des Ellenbogens surfen – wegen der **Muschelbänke** unbedingt Neoprenschuhe anziehen! Zu den besten Surfrevieren am Weststrand gehören Kampen mit den Wellen vor der Sturmhaube, der Brandenburger Strand und der Wave-Spot K4 im Süden der Insel. Achtung: Am gesamten Weststrand gibt es Buhnen, vor denen während der Badesaison von Juni bis Oktober gelbe Kreuze warnen. Ihre Lage ist sonst nur bei Niedrigwasser gut zu erkennen. Auf Amrum konzentriert sich das Surfen vor Norddorf, wo Anfänger wie Cracks gleichermaßen gute Bedingungen vorfinden. Die Nieblumer **Windsurfing-Schule** auf Föhr bietet als einzige deutsche Schule Kite- und Kitebuggykurse auch für Rollstuhlfahrer.

Tauchen Eine **wasserfeste Taschenlampe** sollte mit an den Gurt beim Tauchgang vor den Nordfriesischen Inseln. Zu den beliebtesten Tauchspots auf Sylt gehört der Oststrand bei Hörnum mit einer Tauchtiefe von sechs bis acht Metern. Gute Sichtweiten herrschen besonders im Spätsommer, wenn die Algenblüte beendet ist. Kommerzielle Tauchgänge werden auf Sylt nicht angeboten. Nur Taucher mit Erfahrung im **Strömungstauchen** sollten in den Gewässern rund um Amrum Wracks, Steinfelder, Muschelbänke und Sandbänke erforschen. Auf der Insel gibt es keinerlei Infrastruktur für Taucher! Ähnlich schlecht sieht die Situation für Taucher auf Föhr und den Halligen aus – getaucht wird daher meistens vom Festland aus.

Unterwegs in der Natur

Radwege Sylt besitzt ein 220 km großes Radwegenetz. Besonders abwechslungsreich: eine Fahrt von Nord nach Süd auf der **ehemaligen Gleistrasse der Inselbahn,** heute Rad- und Wanderweg. Alle Radstrecken sind grün-weiß markiert. Und sind die Muskeln müde, nehmen Fahrradbusse den Drahtesel Huckepack.
www.sylt.de

Radtouren Zwei **ausgeschilderte Radtouren** erschließen vor allem den Osten von Amrum. Die kleine Inselrunde führt als 8 km lange Schleife von Wittdün zum Leuchtturm bei Süddorf, dem »Langen Christian«, und via Nebel zurück nach Wittdün, die Fahrtrichtung sollte sich an den Windverhältnissen orientieren. Die 20 km lange Inselrunde dauert rund drei Stunden: Auf dem Waldweg geht es von Wittdün via Nebel nach Norddorf und auf dem Wirtschaftsweg wieder zurück – oder umgekehrt. Geradezu vorbildlich ist das 110 km lange **Radwegenetz von Föhr.** Fünf Thementouren lassen sich per GPS abfahren (Download/Karten: www.foehr.de), die 40 km lange »Eilun-Tour« als Eintagestrip, die geschichtsträchtige, 22 km lange Route »Föhrer Zeitzeugen«, die 15-km-Strecke »Klaar Kimming« mit Aussichtspunkten, der 21 km lange »Kunstweg« und die 28 km lange »Marsch-Viertel«-Tour.

Fahrradverleih Auf jeder Insel können Fahrräder, übrigens auch E-Bikes, ausgeliehen werden. Eine **Reservierung** vor Urlaubsbeginn ist sinnvoll. Viele Verleiher bringen das Rad direkt zum Feriendomizil. Informationen gibt es bei den Kurverwaltungen und Touristeninformationen.

Reiten Ein Ritt am Strand oder doch lieber durch die Heide? Wer auf den Reitwegen von Sylt unterwegs ist, muss zuvor unbedingt eine Kopfnummer an seinem **Pferd** anbringen. Dann stehen 30 km Reitwege zwischen Keitum und Kampen zur Wattseite sowie zwischen Tinnum und Rantum am Weststrand offen. Wer ohne eigenes Pferd anreist, findet 600 Leihpferde in den Ställen und Ponyhöfen der Insel.

Wattwanderung

Das **Weltnaturerbe Wattenmeer** lässt sich am sichersten auf Wattwanderungen mit erfahrenen Führern entdecken. Allein sollte sich niemand ins Watt wagen, denn seine Gefahren sind für Unerfahrene nicht oder zu spät erkennbar. Häufig wird die Flut unterschätzt, ebenso plötzlich auftretende Seenebel und Gewitter. **Organisierte Wattwanderungen** bieten die Naturschutzzentren der Nationalparkverwaltung und der Schutzstation Wattenmeer, professionelle, offiziell zertifizierte Wattführer, Kurverwaltungen und Touristenbüros. Zu den beliebtesten Strecken im Watt gehört die Wattquerung zwischen Dunsum auf Föhr und der Amrumer Odde bei Norddorf.

BAEDEKER MAGISCHE MOMENTE

»KUNSTEIS«

Ein Spaziergang auf den Nordfriesischen Inseln bei richtig frostigen Temperaturen, aber Sonnenschein, ist ein einziger Wintertraum. Strand und Dünen sind wie von Puderzucker überzogen. Auf der zugefrorenen Wattseite bilden sich die tollsten Skulpturen, Kunst aus Eis sozusagen. Die eisigen Fabelwesen verwandeln das Watt in eine einzigartige Märchenlandschaft.

SPORTANGEBOTE

ANGELN

GEMEINDE SYLT
Bahnweg 20–22
Westerland
Tel. 04651 85 10

JAHRESFISCHEREISCHEIN

SYLT TOURISMUS-SERVICE
Gurtstig 23
Keitum
Tel. 04651 33 70

TAGESKARTEN FÜR SYLTER BINNENGEWÄSSER

EDEKA MARKT JOHANNSEN
Munkmarscher Chaussee 6a
Keitum
Tel. 04651 93 55 80

FISCHEREISCHEIN FÜR KÜSTENANGELN

AMTSVERWALTUNG FÖHR-AMRUM
Hafenstraße 23
Wyk auf Föhr
Tel. 04681 500 40

TOURISTEN-ANGELSCHEIN

FÖHRER FISCHRÄUCHEREI
Angelkarte für Föhrer Gewässer für diejenigen, die einen Jahresfischereischein haben; diese Angelkarte gibt es auch bei den Touristeninformationen.
Daniel Wesely
Buurnstrat 79
Oevenum

SEGELN UND SURFEN

CAMP ONE
Dünenstr. 333, Wenningstedt
www.campone-sylt.de

SUNSET BEACH
Brandenburger Str. 15
Westerland
www.sunsetbeach.de

SYLTSURFING
Bi Heef 4, Munkmarsch
www.syltsurfing.de

SYLTER CATAMARAN-CLUB
Hafenstraße, Hörnum
www.sylter-catamaran-club.de

SYLT YACHTING
Liegeplätze für Jachten gibt es bei Hörnum, List und Munkmarsch
Flughafen Halle 74, Sylt-Ost
www.sylter-yachtclub.de

SURFSCHULE AMRUM
K.-J.-Clement-Wai 9, Norddorf
www.boyens-amrum.de

AMRUMER YACHTCLUB
Am Seezeichenhafen 1, Wittdün
www.a-y-c.de

NIEBLUMER WINDSURFING SCHULE
Jens-Jacob-Eschel-Str. 27, Nieblum
www.nws-foehr.de

GOLF

GOLF-CLUB SYLT E. V.
18-Loch-Platz mit Heide- und Arnikaflächen, Wasserhindernissen, naturbelassenen Roughs und schnellen Greens
Norderweg 5, Wenningstedt
www.golfclubsylt.de

MARINE GOLF-CLUB SYLT
Links-Course (18 Loch) mit tiefen Bunkern, kleinen Dünen und kurzgemähten Fairways
Flughafen 69, Westerland
www.sylt-golf.de

GOLF CLUB FÖHR E. V.
27-Loch-Platz
Greveling, Nieblum
www.golfclubfoehr.de

REITEN

GEMEINDEKASSE
Hier gibt's die Kopfnummer für Pferde zum Benutzen der Reitwege.
Bahnstr. 20, Westerland

REITSCHULE GRÜNHOF
Geführte Strandausritte auf Ponys und Pferden
Keitumer Süderstr. 80, Keitum
www.gruenhofsylt.de

KUTSCH- UND PLANWAGENFAHRTEN SYLT
Matthias Tölke kutschiert seine Besucher durch Keitum und Umgebung.
Zur Kratzmühle 4, Westerland
Tel. 0175 207 43 00
Abfahrt: Mi. und So. 11–14 Uhr in Keitum am Großparkplatz
www.syltkutschfahrten.jimdo.com

REITERHOF JACOBS
Bietet Boxen für Reiter, die ihre eigenen Pferde mit auf die Insel bringen
Nieblumweg 1
Alkersum/Föhr
www.reiterhof-jacobs.com

LERCHENHOF
Wattreiten auf Islandponys (kein Reitschulbetrieb mehr)
Lerchenweg 17
Wyk auf Föhr

TENNIS

TENNISCLUB WESTERLAND E. V.
10 Asche- und 3 Hallenplätze
Am Seedeich 38, Westerland
www.tennisclub-westerland.de

FALLSCHIRMSPRINGEN

SEVENTHSKY
Am Flughafen Sylt
www.seventhsky.de

ESSEN UND TRINKEN

Seeluft macht bekanntlich hungrig und so ist es kein Wunder, dass es auf den Nordfriesischen Inseln kulinarisch gesehen eher deftig zugeht: Neben Fisch, Muscheln und Krabben stehen hier seit jeher auch Schweinefleisch, Rindfleisch, Kohl und Kartoffeln auf dem Speiseplan, aber auch für süße Leckereien hat man etwas übrig.

Von deftig bis edel

Dabei mögen manche Zusammenstellungen bei regionaltypischen Rezepten zunächst etwas befremdlich wirken, wie die Kombination von Fisch mit Fleisch oder Saurem, Salzigem und Süßem in einem Gericht. Aber keine Angst, auf den Inseln herrscht eine große gastronomische Vielfalt: Lokalitäten von der kleinen Fischbude über die gutbürgerliche Gaststätte bis hin zum noblen Feinschmeckerrestaurant präsentieren auf ihren Speisekarten für jeden Geschmack und Geldbeutel etwas Passendes. Während die norddeutschen Gerichte generell handfest und wenig gekünstelt sind, hat sich speziell Sylt im

Lauf der Jahre zum wahren **Paradies für Feinschmecker** entwickelt. Regelmäßig werden die einschlägigen Gourmettempel von renommierten Gastronomieführern wie dem »Michelin« oder dem »Gault Millau« mit Sternen und Kochmützen bedacht. Mitunter werden Gerichte für den kleinen Hunger angeboten, die eine ganze Mahlzeit ersetzen können. Zumindest gilt das für die verschiedenen Zubereitungen mit **Schwarzbrot.** In Lokalen wird es oft als Strammer Max (mit Spiegelei, Schinken und Gurke), mit Hackepeter (rohem, leicht gewürztem Hackfleisch) oder mit frischen Krabben serviert.

Fisch

An der Nordsee wird viel Fisch angeboten, wenngleich die Fänge nicht direkt aus den Häfen kommen, sondern auf dem Umweg über Hamburg auf die Inseln gelangen. Wohlschmeckend, aber auch selten und daher entsprechend teuer ist die **Nordseezunge** – als »Müllerin-Art« in Mehl gewendet, in Butter gebraten und mit Zitrone beträufelt, mit zerlassener Butter und Petersilienkartoffeln serviert oder in Mandelbutter gebraten. Scholle erhält man u. a. in Speck gebraten mit Kartoffelsalat oder als zarte **Maischolle** in möglichst schlichter Zubereitung. Auf den Speiseplänen stehen außerdem Heilbutt, Dorsch, Hering, Steinbutt, Forelle oder Aal. **Matjes** ist ein junger Hering ohne Rogen und Milch – Matjeshering kommt aus dem Niederländischen und heißt so viel wie »Mädchenhering« –, der etwa zwei Monate in einer Salzlake »reift«. Die Beilagen dazu reichen von Speckstippe bis zu Preiselbeeren. Beliebt ist die »Hausfrauen-Art« mit einer Sahnesoße mit Apfel- und Zwiebelstücken und dazu Pellkartoffeln.

Deftiges

Vor allem in der kalten Jahreszeit sorgen **Grünkohl und Pinkel,** ein ganz typisches norddeutsches Gericht, für ausreichende Kalorienzufuhr. Vor allem beim Biike-Brennen (► S. 14) wird dieses Gericht serviert und darf nicht fehlen! In das zu allen Tageszeiten servierte **Bauernfrühstück** gehören Rührei, Kartoffeln, Speck, manchmal auch Zwiebeln und ein paar Tomaten. **Labskaus** wiederum ist der Inbegriff eines echten Seemannsgerichts, denn es besteht aus Zutaten, die an Bord gut gelagert werden können: Gepökeltes Fleisch, Kartoffeln, eingelegte Rote Bete werden im Gewürzgurkensaft zu einem Brei gestampft und mit Spiegelei und eingelegter Gurke serviert.

Süßes

Die echte »Rode Grütt« gehört ebenfalls zu den Klassikern. Vor allem in den Sommermonaten ist sie auf den Inseln als Nachtisch oder frischfruchtige Zwischenmahlzeit sehr beliebt. **Friesentorte** gibt es nachmittags zum Tee oder Kaffee. Sie besteht aus Blätterteig und Pflaumenmus, dazu kommt ein ordentlicher Klecks Schlagsahne.

Tee mit Kluntjes

Ohne Tee geht im Norden gar nichts. Allerdings kommt es auf die besondere Zubereitung an. Nachdem der Tee – dazu werden nur ganz bestimmte Sorten und zum Aufbrühen nur chlorfreies Wasser

OBEN: Die Nordseescholle mit Krabben ist ein traditionelles Gericht. (► S. 204)

UNTEN: Die Sansibar gilt als der In-Treff auf Sylt.

TYPISCHE GERICHTE

Herzhaft und manchmal ungewohnt ist die Sylter Küche, aber warum nicht einmal etwas probieren, das einem zunächst gänzlich merkwürdig vorkommt? In aller Regel ist man begeistert von dem, was aufgetischt wird. Ob üppige Hauptmahlzeit oder eine kleine süße Stärkung zwischendurch, die Nordfriesischen Inseln haben kulinarisch einiges zu bieten.

Grünkohl: Bei dem Biike-Brennen (▶ S. 14) darf dieses Traditionsgericht (Bild unten) auf keinen Fall fehlen: Ein Grünkohlessen gehört für die Nordfriesen zum Winterabschied dazu wie der Verdauungsschnaps danach. Ganz klassisch wird Grünkohl mit kleinen, runden »Grünkohlkartoffeln« serviert, die beim Braten in der Pfanne mit ordentlich Zucker bestreut werden und dadurch besonders knusprig sind. Traditionell gibt es auf den Inseln eräucherten Schweinebauch und Pinkel (Grützwurst) bzw. Kohlwürste dazu. Die süßen Kartoffeln bilden einen tollen Kontrast zu dem salzigen Fleisch und dem kräftigen Grünkohl. Bei der Verdauung hilft am besten ein Köm, ein Kümmelschnaps.

Pharisäer: Eine Taufe ohne Alkohol? Was Pastor Georg Bleyer am 12. Oktober 1872 verlangte, bescherte Nordfriesland sein berühmtes Nationalgetränk: den Pharisäer. Die Gäste, die der Taufe von Helene Patria Johannsen damals beiwohnten, versteckten das hochprozentige Innenleben in einem starken, süßen Kaffee unter einer dicken Sahneschicht. Als der Schwindel durch die immer heiterer werdende Stimmung irgendwann aufflog, soll der Pastor erzürnt »Ihr Pharisäer« gerufen haben. 1982 legte das Amtsgericht Flensburg fest, wie echter Pharisäer zubereitet sein muss – mit mindestens vier Zentiliter Rum pro Tasse. Na, dann: Prost!

Labskaus: Jahrhundertelang machte es die Seefahrer satt: Labskaus (Bild links) wird nämlich komponiert aus Zutaten, die an Bord gut gelagert werden konnten. Gepökeltes Fleisch (Corned Beef), Kartoffeln, eingelegte Rote Bete werden im Saft von Gewürzgurken gestampft, bis ein hellroter, sämiger Brei entsteht. Darauf ein knusprig gebackenes Spiegelei, garniert mit etwas eingelegter Gurke – so wird der klassische Schmaus stilgerecht serviert. Für Abwechslung im Einheitsfutter an Bord sorgten ein Hering oder ein Rollmops dazu. Einst ein Arme-Leute-Essen, ist Labskaus heute ein Hochgenuss und bei Gosch auf Sylt ein Bestseller!

Nordseescholle mit Krabben: Ihr zartes, feines Fleisch macht die Scholle zum beliebtesten Plattfisch der Deutschen. Die Inselfriesen lieben sie knusprig gebraten oder in Eihülle auf Bratkartoffeln. Was niemals dazu fehlen darf: eine üppige Portion Krabben, die gemeinsam mit den Schollen gebraten wurde, Speck und eventuell eine schön cremige Sauce Hollandaise (► S. 203).

Rote Grütze: Vor allem in den Sommermonaten ist sie (Bild rechts) auf den Inseln als Nachtisch oder fruchtige Zwischenmahlzeit ein heiß geliebter Küchenklassiker. Traditionell wird die Süßspeise aus roten Beerenfrüchten zubereitet. Anschließend mit Speisestärke, Grieß oder Sago gebunden und mit Vanillesoße, Schlagsahne oder flüssiger Sahne serviert. Inzwischen gibt es auch viele exotischere Zubereitungen, die auch auf Sylt zu finden sind: mit Stachelbeeren, Pfirsichen, Kiwi, Ananas oder Bananen.

verwendet – lange genug gezogen hat, wird er auf einem Stövchen auf den Tisch gestellt, dazu kommen **Kluntjes** (dicke Brocken Kandiszucker) und **echte Sahne.** Nun legt man die Kluntjes in die Tasse und gießt den Tee darauf, wobei das typische Knacken und Knistern entsteht. Dann wird die Sahne mit einem speziellen Sahnelöffel vorsichtig »hineingelegt«, sodass sie sich in weißen Wölkchen im Tee verteilt. Bis sich der Kandiszucker etwas löst und der Tee die richtige Süße erhält, muss man sich dann noch einen Augenblick gedulden.

Grog — Grog ist ebenfalls ein für die Region charakteristisches **heißes Getränk,** zumal in den Wintermonaten. Ein richtiger Grog besteht aus Rum oder Arrak mit heißem Wasser und Zucker. »Steifer Grog« enthält besonders viel Rum. Eiergrog, ebenfalls regionaltypisch, ist mit einem schaumig geschlagenen, gezuckerten Eigelb versetzt.

FEIERN

Von April bis Oktober ist der Kalender auf den Nordfriesischen Inseln reich gefüllt; besonders in den Sommermonaten Juli und August überbieten sich Inseln und Halligen mit sportlichen, kulturellen und unterhaltenden Events.

Hinweis — Im Folgenden sind nur die beliebtesten wiederkehrenden Feste und Veranstaltungen aufgeführt. Über aktuelle Veranstaltungen informieren die **Kurverwaltungen** und die **Inselzeitungen.**

VERANSTALTUNGSKALENDER

JANUAR

NEUJAHRSBADEN

Am Wenningstedter Weststrand und am Wyker Sandwall auf Föhr gehen Hunderte von Schwimmern in die höchstens zwei Grad »warme« Nordsee. Kultspektakel!
www.foehr.de

FEBRUAR

BIIKE-BRENNEN

► S. 14

MÄRZ

SYLTLAUF

Ein 33,3 km langer Volkslauf von Hörnum über Westerland nach List! Rechtzeitig anmelden, denn der Lauf ist sehr schnell ausgebucht.
www.tinnum66.de

FÖHR-MARATHON

Marathon, Halbmarathon sowie Kinderlauf werden einmal im Jahr veranstaltet. Der Start ist in Midlum.
www.foehr-marathon.de

HENNER-KROGH-FÖRDERPREIS
Sylter Musiker aller Stilrichtungen und Altersgruppen konkurrieren um den begehrten Preis.
www.henner-krogh-stiftung.de

SYLTLAUF
Alljährlich starten 1400 Läufer und Läuferinnen auf der 33,333 km langen Strecke beim Syltlauf. Rechtzeitig anmelden!

FRIESENFEST
Theater, Livemusik und Tanz auf der Hallig Langeneß kommen beim Friesenfest zusammen.

APRIL

RINGELGANSTAGE
Naturspektakel auf den Halligen: Riesige Schwärme von Ringelgänsen rasten auf den Halligwiesen.
www.ringelganstage.de

MAI

KULTUR AUF DEN HALLIGEN
Diese Initiative holt Kultur meistens in Form von Musik auf die Halligen Langeneß und Hooge, wobei die Konzerte für Künstler wie Besucher gleich einen Nordsee-Kurzurlaub bedeuten. Künstler wie Stoppok, Max Giesinger, Henning Wehland, Santiano oder Stefan Gwildis sind seit 2009 aufgetreten.
Mai–Okt. | www.kulturaufdenhalligen.com

MUSIK AM MEER
Seit 1879 wird in der Musikmuschel an der Westerländer Strandpromenade von Mai bis Oktober musiziert.
www.insel-sylt.de/musik-am-meer.html

BEACH POLO WORLD CUP SYLT
Zu Pfingsten ist der Hörnumer Oststrand Gastgeber des »königlichen Spiels«.
www.polosylt.de

FÖHRER LITERATURSOMMER
Das Meer, die Küste und die Menschen, die dort leben, sind Thema des Literaturevents.
Mai–Okt., www.foehr.de

JUNI

MITTSOMMERNACHT
Auf Sylt gibt es in der Mitsommernacht einen Fackelumzug um die Südspitze herum und anschließend eine Beachparty am Strand.

INSELCIRCUS
Der InselCircus in Wenningstedt bietet Artistik, Akrobatik und Clownerien.
Ende Juni – Anf. Sept.
www.inselcircus.de

AMRUMER TRACHTENTREFFEN
Im Nebeler Mühlenstadion empfängt die Amrumer Trachtengruppe Trachtengruppen der Region.

JULI

KAMPEN JAZZ BY TILL BRÖNNER
Seit 2016 findet in Kampen dieses Festival statt. Der deutsche Star-Trompeter und Veranstalter Dariush Mizani holen seitdem internationale Stars der Szene an die Nordsee. Der Eintritt am kleinen Festival-Gelände am Strönwai ist frei.
www.kampen.de

KAMPENER LITERATUR- UND MUSIKSOMMER
Prominente Autoren und hochkarätige Lesungen
bis Sept., www.kampen.de

MEERKABARETT
In Rantum auf Sylt geben sich immer im Juli Deutschlands Satiriker, Diseusen und Komödianten ein großes Stelldichein.
www.meerkabarett.de

RINGREITER-TURNIERE
▶ S. 14

PIRATENTAGE
Das Föhrer Kinderfestival am Sandwall ist immer wieder ein Hit!
www.foehr.de

BEACH SOCCER CUP
Vor der Wittdüner Strandbar »Am Kniep« wird der Landesmeister im Strandfußball ermittelt.

AUGUST

HÖRNUMER HAFENFEST
Das Fest im Süden von Sylt bietet Nordseetörns, Schiffsbesichtigungen, Krabbenpulen, Livemusik und ein nächtliches Feuerwerk.
www.hoernum.de

WYKER HAFENFEST
Maritime Marktstände, Livemusik und das spektakuläre Feuerwerk »Föhr on Fire« wird hier geboten.

JAZZ GOES FÖHR
Im Sommer swingt die Insel. Mit dabei ist jedes Jahr auch die NDR Big Band.
www.jazz-goes-foehr.de

AMRUM REGGAE OPEN AIR
Mit Reggae, Calypso und Afro-Beat in Norddorf werden hier die Ohren verwöhnt.
www.amrum.de

DORFFEST
In Nebel auf Amrum gibt es eine bunte Feiermeile: gute Livemusik und ein buntes Kinderprogramm werden im Kurpark veranstaltet.

AMRUMER LEUCHTTURMTAGE
Rund um Amrums Wahrzeichen, den Leuchtturm in den Dünen, treffen sich Insulaner und Gäste zu Livemusik, Kinderprogramm und einem Malwettbewerb.

SEPTEMBER

LONGBOARD-FESTIVAL
Deutschlands einziges Longboard-Festival steigt an Kampens Buhne 16.
www.kampen.de

WINDSURF WORLD CUP SYLT
Wellenreiten, Slalom und Freestyle – es geht um Weltranglistenpunkte
www.windsurfworldcup.de

KURS FÖHR
Traditionsschiffe, Hafenmarkt und viele Veranstaltungen in den Dörfern
www.kursfoehr.de

RUND UM AMRUM
Volkslauf rund um Amrum
www.amrum.de

AMRUMER MUSCHELTAGE
Das kulinarische Fest in Norddorf bietet feine Muschelgerichte und andere Leckereien!

OKTOBER

HERBSTMARKT GOLDENER OKTOBER
Sylter Produkte kann man beim Erntemarkt im Muasem Hüs kaufen.
www.morsumer-kulturfreunde.de

STRANDKORBVERSTEIGERUNG
Ende Oktober findet alljährlich im Lister Erlebniszentrum Naturgewalten eine Strandkorbversteigerung statt.

JAHRMARKT
Buntes Kirmestreiben auf dem Wyker Heymannsparkplatz mit Fahrgeschäften und Feuerwerk – die Wurzeln des Föhrer Volksfests reichen 300 Jahre zurück.

FÖHRER LICHTERWOCHE
Bei der Föhrer Lichterwoche im Oktober werden mehrere Sehenswürdigkeiten von Lichtkünstlern illuminiert.

NOVEMBER/DEZEMBER

WEIHNACHTSMÄRKTE

Den Auftakt der Sylter Weihnachtsmärkte macht das Archsumer Weihnachtsstübchen in der Alten Schule.

WEIHNACHTSBADEN

Nichts für Warmbader: Am 26. Dezember stürzen sich Unerschrockene am Westerländer Hauptstrand in die kalten Wellen.
www.insel-sylt.de

MASKENLAUFEN

Die Silvestertradition in Sylt-Ost bietet friesische Lieder und Gedichte.

SILVESTER OHNE BÖLLER

Um die reetgedeckten Häuser nicht in Brand zu stecken, feiert man auf Amrum Silvester ohne Böller. Feuerwerk kann man dennoch sehen: Wer über's Watt Richtung Föhr guckt, bekommt zum Jahreswechsel etwas geboten.
www.amrum.de

OPEN-AIR-SILVESTERPARTY

Auf Sylt steigt jedes Jahr eine Party an der Musikmuschel in Westerland. Mit Blick auf die Nordsee wird schwungvoll ins neue Jahr hineingefeiert.
www.insel-sylt.de

SHOPPEN

Wenn das Wetter einen einmal nicht an den Strand lockt und die Sehenswürdigkeiten vielleicht schon besichtigt sind, lässt sich die Zeit hervorragend mit dem Besorgen von Nützlichem und Schönem verbringen.

Bernstein

Seit Jahrtausenden fasziniert Bernstein die Menschheit: Bereits in der Steinzeit stellten unsere Vorfahren aus dem fossilen Harz der Bäume Schmuck her. Der Bernstein, der heute an die Küsten der nordfriesischen Inseln gespült wird, entstand vor rund 40 bis 50 Mio. Jahren aus dem Harz **subtropischer Nadelwälder.**

Glas, Kerzen, Wolle

Der Werkstoff Glas begeistert auch nordfriesische Kunsthandwerker und er passt gut zu dem warmen Licht schöner Kerzen, die hier häufig noch daheim in den Familien gezogen werden. Schaffelle in Natur oder gefärbt und warme Sachen aus Wolle gehören zum Standardangebot. Hinzu kommt eine **alte Töpfertradition:** Jenseits von Namenstassen lassen sich handgefertigte Unikate entdecken.

Kulinarisches

Im Gefolge der Slow-Food-Bewegung und der Renaissance regionaler Esskulturen wurden auf den Nordfriesischen Inseln neben den Hofläden der Bauern Manufakturen und Kleinstbetriebe gegründet, die inseltypische Genüsse zum Beispiel ins Glas packen.

Sonntags einkaufen

Mit der seit dem 17. Dezember 2013 geltenden neuen Bäderverordnung dürfen die Läden auf Sylt, Amrum und Föhr sowie auf Hallig

Hooge vom 17. Dezember bis 8. Januar und 15. März bis 31. Oktober sonntags geöffnet sein, ebenso an zwei weiteren Sonntagen zu besonderen Anlässen wie dem Biike-Brennen. Allerdings dürfen nur Waren des täglichen Gebrauchs und touristischer Bedarf verkauft werden, und das innerhalb des Zeitfensters von 11 bis 19 Uhr. Die neue Regelung ist zeitlich begrenzt.

ÜBERNACHTEN

Die Auswahl an Unterkünften – Hotels, Pensionen, Ferienwohnungen – auf den Inseln ist auf den ersten Blick riesig, aber die Nachfrage ist es auch! Wer sein Wunschquartier gefunden hat, sollte nicht lange zögern beim Buchen.

Riesige Auswahl und Nachfrage

Besonders auf Sylt werden Stammquartiere von den Gästen Jahr um Jahr wieder reserviert, sodass es mitunter schwierig sein kann, in den schönsten Ferienwohnungen oder Hotels ein Quartier zu erhalten. Waren einst nur die klassischen Ferienzeiten ausgebucht, spüren die Inseln dank der Hinwendung zu Wellness und anderen gesundheitsorientierten Tourismusangeboten das ganze Jahr eine solide Nachfrage: **Die Auszeit an der Nordsee kennt keine Saison!** Insbesondere die hochpreisigeren Hotels verfügen über große Wellness-Bereiche mit einem vielfältigen Angebot. Ebenfalls für eine gute Auslastung der Häuser außerhalb der Saison sorgen Tagungen und Gruppenreisen. Bei Suche und Buchung helfen natürlich auch die Tourismusbüros und Marketingorganisationen.

Unterkünfte

Feste Zimmerpreise sind besonders auf Sylt längst passé. Gearbeitet wird mittlerweile in vielen Unterkünften mit dynamischen Tagespreisen, die flexibel an Ereignisse, Wetterlage und Buchungslage angepasst werden. Sylt ist ein teures Pflaster, aber auch Amrum und Föhr haben in den vergangenen Jahren deutlich die Preise angezogen. Dafür stimmt aber vergleichsweise häufig auch das **Preis-Leistungs-Verhältnis.** Das Angebot an Ferienwohnungen und -häusern auf den Nordfriesischen Inseln ist schier unermesslich und deckt die komplette Bandbreite von einfach bis super luxuriös ab.

Camping

Camping ist nur außerhalb des Nationalparks Schleswig-Holsteinisches Wattenmeer möglich. Auf Sylt locken zwischen Ostern und Oktober insgesamt **sieben Campingplätze** und **drei Jugendzeltplätze,** die Plätze in Morsum und Tinnum sind ganzjährig geöffnet. Zudem bieten einige Plätze vor Ort komfortable Wohnwagen zum Mieten. Auch für die Stellplätze gilt: Rechtzeitig reservieren! Über die

Anreise mit dem Wohnmobil kann man sich auf Sylt.de informieren. Auf Amrum gibt es einen FKK- und einen konventionellen Campingplatz, auf Föhr bislang noch keinen klassischen Zeltplatz, dafür aber einen **Wohnmobil-Stellplatz** in der Nähe von Utersum. Wild zelten ist überall verboten. Mitunter ist ein Bauer aber einverstanden, dass man sein Zelt gegen eine kleine Gebühr auf seinem Land aufschlägt.

Jugendherbergen

Auf Sylt gibt es gleich drei Jugendherbergen (List Mövenberg, Westerland Dijken Deel und Hörnum Friesenplatz) des Deutschen Jugendherbergswerks (DJH), zudem eine in Wittdün auf Amrum und eine in Wyk auf Föhr. Insbesondere auf Föhr werden Unterkünfte auf dem Bauerhof angeboten. Dort werden seit 2017 auch einige **Schlafstrandkörbe** vermietet, in denen man zu zweit eine romantische Nacht am Strand verbringen kann. Buchung und Infos bei Föhr-Tourismus. Preis pro Nacht: 59 €

EINE NACHT IM STRANDKORB

Sich tagsüber in einen Strandkorb zu setzen, kennt fast jeder, machen auch viele Nordseeurlauber. Aber wieso nicht einfach hier bleiben und eine unvergessliche Nacht verbringen? Auf Föhr gibt es inzwischen Schlafstrandkörbe, in denen man alleine oder zu zweit eine lauschige Nacht inklusive Meeresrauschen genießen kann.

P

PRAKTISCHE INFOS

Wichtig, hilfreich präzise

Unsere Praktischen Infos helfen in allen Situationen auf den Nordfriesischen Inseln weiter.

Vom Wyker Hafen aus starten Dampfschifffahrten zu den Seehundbänken. ►

KURZ UND BÜNDIG

NOTRUFE

POLIZEI, FEUERWEHR, RETTUNGSDIENST
Tel. 112 (kostenloser Euronotruf)

WASSERSCHUTZPOLIZEI SYLT (LIST)
Tel. 04651 87 04 60

ANREISE · REISEPLANUNG

Sylt

Mit dem Auto Wer sein Auto mit auf die Insel nehmen möchte, hat zwei Möglichkeiten: ab Niebüll mit dem Autoreisezug über den Hindenburgdamm bis Westerland oder ab Havneby auf der Insel Rømø/Dänemark mit der Fähre bis List auf Sylt. Die Fahrt mit dem Autozug dauert rund 35 Minuten, die Fährfahrt rund 40 Minuten. Zwischen April und November verkehren die **Autozüge** mindestens halbstündlich, in Stoßzeiten werden noch zusätzliche Züge eingesetzt. Im Winterhalbjahr fahren sie in der Regel stündlich. Platzreservierungen sind nicht möglich und in der Hauptsaison kommt es mitunter zu erheblichen Wartezeiten. Die Fähre fährt ganzjährig alle anderthalb bis zwei Stunden.

Autoreisezug: Tel. 0800 822 83 83 | www.syltshuttle.de
Tel. *01806 25 82 58 | www.autozug-sylt.de
*max. 20 ct/Anruf aus dem Festnetz, Mobilfunk max. 60 ct/Anruf
Fähre: Tel. 0461 86 46 01 | www.frs-syltfaehre.de

Mit der Bahn Mit dem **IC der Deutschen Bahn** geht es von zahlreichen Städten ohne Umsteigen bis nach Westerland. Ganzjährig beispielsweise von Dresden (über Berlin) und Karlsruhe (über Frankfurt/M. und Hannover), in der Saison ab Köln oder Frankfurt/M. Seit 2020 gibt es den ALPEN-SYLT Nachtexpress (Tel. 04661 73 68 744), der von Salzburg nach Westerland/Sylt fährt – seit 2021 mit einer zusätzlichen Verbindung ab Konstanz am Bodensee. Infos dazu unter www.bahn.de oder auf www. sylt.de. Die Fahrradmitnahme sollte rechtzeitig im Voraus reserviert werden. Wer ohne Fahrrad-Reservierung (und dem Schleswig-Holstein-Ticket) mit Bahn & Bike nach Sylt reisen will, nimmt die **Regionalbahn,** die von Hamburg-Altona stündlich fährt und knapp 3 Stunden bis Westerland braucht: Infos unter www.regionalbahn-sh.de. Die Nord-Ostsee-Bahn, die jahrelang die Strecke von der Hansestadt an die Nordsee bedient hat, musste Ende 2016 den Fahrdienst an die DB Regio Schleswig-Holstein abgeben. Der letzte Festlandsbahnhof ist Niebüll, ab dort geht es über den Hindenburgdamm. Während die Züge der Regionalbahn an den Bahnhöfen Morsum und Keitum halten, rauscht der IC bis Westerland durch.

Mit dem Flugzeug

Mehrere Airlines (Lufthansa, SYLT AIR, Rhein-Neckar Air, Eurowings, SkyWork Airlines, SWISS) fliegen den **Flughafen Westerland** an. Abflugorte sind Hamburg, Düsseldorf, Köln/Bonn, Frankfurt, Mannheim, Stuttgart, München, Nürnberg sowie Basel, Bern und Zürich.
www.sylt.de | www.flughafen-sylt.de

Mit dem Schiff

Wer mit dem Auto bis nach Niebüll fahren und es dort abstellen möchte, dem steht ein Großparkplatz mit Parkflächen im Freien oder im Parkhaus zur Verfügung; in der Hauptsaison und an Feiertagen sind die Hallenplätze schnell knapp, eine Reservierung wird daher empfohlen. Eine weitere Alternative ist die Anreise mit dem Pkw bis Nordstrand/Strucklahnungshörn und ab dort mit dem **MS Adler-Express** über die Nordsee nach Hörnum. Auch ab Cuxhaven fahren die Adler-Schiffe in der Saison nach Sylt (kein Pkw-Transport).
www.syltparker.de | www.adler-schiffe.de

Amrum/Föhr/Halligen

Mit der Bahn

Von April bis November fährt der **IC** von mehreren Städten direkt an den Fähranleger nach Dagebüll, wo die Fähren nach Föhr und Amrum ablegen. Ohne Umsteigen geht es an die Nordsee z. B. ab Frankfurt/M. über Köln und das Ruhrgebiet oder ab Dresden via Berlin. Infos unter www.bahn.de/nordseeinseln. Wer mit der Regionalbahn über HH-Altona anreisen möchte, muss in Niebüll in die **»Bimmelbahn«** nach Dagebüll-Mole umsteigen. Ab dort nehmen die Schiffe der Wyker Dampfschiffs-Reederei (W.D.R.) zunächst Kurs auf Wyk auf Föhr (Fahrzeit ca. 1 Std.) und fahren dann weiter nach Amrum (Fahrzeit insgesamt knapp 2 Std.). Wer sein Auto mit auf die Inseln nehmen will, sollte rechtzeitig reservieren. Für alle anderen stehen kostenpflichtige Parkplätze in der Nähe des Fähranlegers zur Verfügung. Wer von Nordstrand aus mit der Fähre nach Amrum übersetzt, kann sein Auto am Hafen Strucklahnungshörn 30 Tage lang kostenlos parken – ein Angebot der Reederei Adler (www.adler-schiffe.de).
W.D.R.: Tel. 04681 800 | www.faehre.de
Inselparkplatz Dagebüll: Tel. 04667 940 34 45 | www.inselparkplatz.de

REISEPLANUNG

BAHN

AUSKUNFT DEUTSCHE BAHN
Servicetelefon 030 29 70
www.bahn.de
www.regionalbahn-sh.de

GEPÄCKBEFÖRDERUNG
Für Urlaub auf allen drei Nordfriesischen Inseln können Sie ihr Reisegepäck zu Hause abholen und es zum Urlaubsziel transportieren lassen. Haus-zu-Haus-Gepäckservice der DB:
www.bahn.de
www.dhl.de
www.hermes.de

SYLT SHUTTLE

DB FERNVERKEHR AG
Inselverkehr Sylt, Trift 1 a
25980 Sylt/Westerland
Servicetelefon: 0800 822 83 83
www.syltshuttle.de

RDC AUTOZUG SYLT GMBH
Büro Niebüll
Bahnhofstraße 10
25899 Niebüll
Servicetelefon: *01806 25 82 58
www.autozug-sylt.de

FÄHRE

RØMØ-SYLT-LINIE
FRS Förde Reederei Seetouristik GmbH & Co. KG
Norderhofenden 19-20
24937 Flensburg
Tel. 0461 86 46 01
www.frs-syltfaehre.de

WYKER DAMPFSCHIFFS-REEDEREI FÖHR-AMRUM GMBH (W.D.R.)
25938 Wyk auf Föhr
Am Fähranleger 1
Tel. 04681 800
www.faehre.de

ADLER-SCHIFFE GMBH & CO. KG
Boysenstraße 13
25980 Sylt / OT Westerland
Tel: 04651 987 08 88

AUSFLUGSSCHIFFE

HALLIGREEDEREI HEINRICH V. HOLDT
Tel. 04674 15 35
www.seeadler-hooge.de

KAPITÄN UWE PETERSEN
Tel. 04667 367
www.halligmeerfahrten.de

KAPITÄN BERND DIEDRICHSEN
Tel. 04841 814 81
www.wattenmeerfahrten.de

FLUGZEUG

FLUGPLATZ WYK
Buchungsbüro:
Tel. 04681 81 39
www.flugplatz-wyk.de

SFG SYLTER FLUGHAFEN GMBH
Flughafenstraße 1
25980 Sylt/OT Tinnum
Tel. 04651 92 06 12
www.flughafen-sylt.de

SYLT AIR GMBH
Bietet Flüge von Hamburg nach Sylt an, im Sommer zudem verschiedene Rundflüge
Zum Fliegerhorst 101
25980 Sylt
Tel. 04651 78 77
www.syltair.de

WESTKÜSTENFLUG
Bietet Flüge von Flensburg, Husum

und Sylt nach Föhr sowie Charterflüge nach Hamburg an
Am Flugplatz 18
25938 Wyk auf Föhr
Tel. 04681 81 39
www.westkuestenflug.de

*20 ct/Anruf aus dem Festnetz, Tarif bei Mobilfunk max. 60 ct/Anruf

---

Mit dem Schiff

Zudem bedient die Flotte der Wyker Dampfschiffs-Reederei auch die Routen zu den Halligen Hooge und Langeneß und steuert in der Saison ab Schlüttsiel auch Amrum an (Fahrtzeit 2,45 Std.). Nach Pellworm legen die Fähren der **Neuen Pellwormer Dampfschifffahrtsgesellschaft** ab Strucklahnungshörn auf Nordstrand ab.
Weitere Verbindungen zwischen den Halligen und den Nordfriesischen Inseln bietet die **Reederei Adler-Schiffe** an. Eine weitere Alternative für Amrum-Urlauber ist die Anreise über Westerland auf Sylt, weiter mit dem Bus nach Hörnum und ab dort mit der Fähre hinüber nach Wittdün. Die Fahrradmitnahme sollte auf allen Fähren rechtzeitig angefragt bzw. reserviert werden.
Tel. 04844 753 | www.faehre-pellworm.de | www.adler-schiffe.de

Mit dem Flugzeug

In der Saison wird der kleine **Föhrer Inselflugplatz** westlich von Wyk von Sylt, Husum oder Flensburg aus auf sogenannten Bedarfs-Linienflügen mit kleinen Cessna-Maschinen aus angeflogen.
www.westkuestenflug.de

KURTAXE

Pflichtabgabe

An der deutschen Nordseeküste und auf den Inseln wird **fast überall eine Kurtaxe** erhoben, an manchen Orten lediglich in der Hauptsaison, an anderen – wie beispielsweise auf Sylt – das gesamte Jahr über. Erstmals wurde die Kurabgabe übrigens bereits im Jahr 1893 von den Gästen verlangt. Damit werden verschiedene Einrichtungen wie Kurmittelhäuser, Parks, Rettungsstationen, Strandreinigung, Promenaden und Kurorchester finanziert.
Die Beträge sind von Insel zu Insel und von Saison zu Saison unterschiedlich. Auf Sylt kostet die Kurtaxe zwischen 2,90 und 3,50 Euro in der Hauptsaison, zwischen 1,20 und 1,75 Euro in der Nebensaison. Auf Amrum und Föhr liegt sie je nach Saison zwischen 1,30 und 2,60 Euro. Auf den Halligen wird auf Hooge (1 €) ganzjährig eine Kurtaxe erhoben, auf Langeneß und Oland fallen in den Sommermonaten pro Tag 1,10 € an, ansonsten 0,60 €.

Bezahlung Urlauber zahlen die Abgabe **in der Regel bei der Anmeldung** in der Unterkunft oder direkt in den jeweiligen Kurverwaltungen vor Ort. Dafür bekommt man eine Kurkarte, die zur kostenlosen Benutzung der Kuranlagen und -einrichtungen berechtigt oder die Kosten von gebührenpflichtigen Angeboten reduziert. Wer als Tagesgast an den Strand möchte, hat in den Buden am Strandaufgang seinen Obolus zu entrichten, der dort noch einmal höher ausfällt.

LESETIPPS

Krimi **Gisa Pauly:** Vogelkoje. Ein Sylt-Krimi. Piper 2017. Die temperamentvolle Mamma Carlotta und ihr Schwiegersohn, Kriminalhauptkommissar Erik Wolf, ermitteln schon zum elften Mal auf Sylt.

Sabine Weiß: Schwarze Brandung. Sylt-Krimi. Bastei Lübbbe 2017. Liv Lammers von der Mordkommission Flensburg, eine gebürtige Sylterin, kehrt zurück auf ihre Heimatinsel, um einen brutalen Mord aufzuklären.

Dora Heldt: Wir sind die Guten. Sylt-Krimi. dtv 2017. Erfolgsautorin Dora Heldt, selbst gebürtige Sylterin, lässt ihr schräges Ermittlerteam um Karl Sönningsen diesmal nach einer Vermissten suchen, während die Westerländer Polizei in einem Mord am Roten Kliff ermittelt.

Belletristik **Gisa Pauly:** Die Hebamme von Sylt, Historischer Roman, Aufbau Verlag 2014. Atmosphärischer, spannender Roman über das Leben bzw. die Entwicklung zweier Kinder, die die Hebamme Geesche Jensen in einer stürmischen Nacht 1872 auf die Welt gebracht hat

Katja Just: Barfuß auf dem Sommerdeich. Mein Halligleben zwischen Ebbe und Flut, Eden Books 2017. Die Münchnerin Katja Just hat Anfang der Nullerjahre die Großstadt München gegen die Hallig Hooge getauscht – und erzählt, warum sie es nie bereut hat.

Ines Thorn: Die Walfängerin. Aufbau Verlag 2017. Sylt im 18. Jh., die Zeit der Kapitäne: Maren, die Tochter eines Fischers verschuldet sich bei Kapitän Rune Boys und muss mit auf ein Schiff, zum Walfang.

Praktisch **Silke von Bremen:** Gebrauchsanweisung für Sylt, Piper 2010. Die Ehefrau des Sylt-Fotografen Hans Jessel arbeitet als Gästeführerin und Heimatforscherin auf Sylt.

Denis Brudna: Sylt im Spiegel zeitgenössischer Fotografie, Hatje Cantz 2012. Fünf Autoren und 23 Fotografen zeigen Sylt jenseits der Klischees – mal trist, mal schön, mal künstlerisch, mal dokumentarisch, aber immer spannend, anders, aufregend.

Bildbände

DuMont Bildatlas Nr. 141: Sylt · Amrum · Föhr. DuMont Reiseverlag 2021. Bilder von Sabine Lubenow und der Text von Hilke Maunder wecken die Sehnsucht nach den Inseln.

REISEZEIT

Saison

Auf den Nordfriesischen Inseln ist **durchgehend Saison**, wenngleich die **Sommermonate und die Weihnachtsferien** als absolute Hauptsaison gelten und mit Abstand die meisten Gäste anlocken. Gerade Sylt ist dann ziemlich überlaufen. Natürlich ist es in den Sommermonaten für ein ausgeprägtes Strandleben am schönsten – sofern das Wetter mitspielt. Doch auch der Winter hat seinen Reiz, nur selten ist es klirrend kalt, meistens sorgt das Seeklima für relativ mildes Wetter.

Wetter

Wer es gerne ein bisschen **ruhiger** hat, der sollte im Spätherbst oder im frühen Frühjahr auf die Inseln reisen. Es ist die Zeit für Wanderungen, die allerdings durch das typisch norddeutsche **»Schietwetter«** getrübt werden können. Das bedeutet Sturm und Regen. Grundsätzlich gilt: Auf den Inseln kann bzw. muss man immer mit einem schnellen Wetterwechsel rechnen. Durch den stetigen Wind wird es selbst im Hochsommer so gut wie niemals richtig schwül.

Klima

Das Klima der Nordfriesischen Inseln ist **atlantisch** geprägt: **mäßig warme Sommer, verhältnismäßig milde Winter.** Im Vergleich zum Festland liegen die Temperaturen vor allem im Herbst und Winter deutlich höher. Für die relativ warmen Winter ist der nahe Golfstrom verantwortlich. Ein Charakteristikum ist das Reizklima, bedingt zum einen durch die hohe UV-Strahlung und zum anderen durch die westlichen Winde, die häufig mit Windstärken von 3 bis 6 Beaufort blasen, nicht selten deutlich darüber. Windstill ist es auf den Inseln eigentlich nie. Westwind ist weitgehend abgasfrei und kaum mit Schwebstoffen belastet. Durch den **Wind** wird das in der Brandung versprühte Meerwasser in feinste Gischtpartikel zerstäubt und die gesunden Jod-und Salzanteile werden vom Körper aufgenommen. Die UV-Einstrahlung ist im Mai und Juni besonders hoch. Sie fördert u. a. die Ausschüttung von körpereigenem Kortisol, das Entzündungen eindämmt. Gleichzeitig gilt natürlich: Aufpassen vor zu hoher UV- bzw. UVB-Strahlung, die kurzfristig zu Sonnenbrand und langfristig zu Hautkrebs führen kann.

Temperatur

Juli und August sind auf Sylt, Amrum und Föhr mit Temperaturen von über 16 °C im Mittel die wärmsten Monate, der **Februar** ist der kälteste Monat mit Durchschnittstemperaturen um den Gefrierpunkt. In schönen Sommern kann die Wassertemperatur der Nordsee auf bis zu 23 °C steigen; meist jedoch schwankt sie von **Juni bis Ende August** zwischen kühlen 18 und frischen 21 °C. Im Allgemeinen ist die erste Jahreshälfte etwas trockener, kurze und kräftige Regenschauer überwiegen. Die Monate **August bis November** sind am niederschlagsreichsten. Durchschnittlich scheint die Sonne auf den Nordfriesischen Inseln pro Jahr 1750 Stunden, das sind 200 Stunden mehr als in Hamburg. Für Mai und Juni bedeutet das täglich acht bis neun Sonnenstunden. Sylt hat dabei den größten Anteil: im Juni durchschnittlich 261 sonnige Stunden.

VERKEHR

Autoverkehr

Der Autoverkehr hat auf allen drei Nordfriesischen Inseln zugenommen. Das ärgert nicht nur die Insulaner, sondern auch die Urlauber selbst. Die gesunde und umweltfreundliche **Alternative** ist das Fahrrad. Eine weitere Alternative sind Busse, die in der Saison relativ häufig fahren und ermäßigte Tageskarten bzw. Sparkarten oder Kombitickets anbieten. Taxis sind deutlich teurer als auf dem Festland. Auf Amrum wird bereits die Anfahrt in den Fahrpreis eingerechnet.

Busverbindung

Vom Bahnhof in Westerland verkehren tagsüber im 20-Minuten-Takt Busse der **Sylter Verkehrsgesellschaft** zu den Inselorten. In Westerland gibt es zwei Stadtbuslinien. Außerdem bietet die SVG Inselrundfahrten an. Auf den an allen Bussen angebrachten gelben Anhängern können Fahrräder transportiert werden. Die **Linie 1** auf Amrum fährt täglich von Wittdün über Süddorf und Nebel nach Norddorf und zurück. Die Fahrzeit für eine Strecke beträgt 20 Minuten. Die Buslinie wird von der Fährlinie W.D.R. betrieben und ist auf die Fährzeiten abgestimmt. Auch auf Föhr betreibt die W.D.R. die Inselbusse. Die Linie 1 fährt als Ringlinie von Wyk (ab Hafen, Fähranleger 3) über Oldsum, Utersum und Nieblum und zurück. Fahrpläne erhält man bei der Reederei, in den Tourismus-Büros oder im Internet.

Sylter Verkehrsgesellschaft: Tel. 04651 83 61 00
www.svg-busreisen.de

Elektroautos

Amrum versucht, dem Problem des zunehmenden Autoverkehrs u. a. mit den halboffenen Elektroautos vom Typ Renault **»Twizy«** zu begegnen, die bei **Amrum-Touristik** für 39 € pro Tag zu mieten sind. Das **E-Mobility-Center auf Sylt** bietet »Stromer« von smart und Mercedes sowie verschiedene E-Scooter an. Radfahren ist grundsätzlich in und wird auf den Inseln auch gern gesehen. So gibt es auf allen Nordfriesischen Inseln inzwischen eine große Anzahl von **Radverleihern,** die zumeist vom Kinder-Fahrrad bis zum E-Bike eine große Auswahl im Angebot haben. Zudem halten die Tourismus-Büros Tourenvorschläge und spezielle Radkarten bereit, auf allen Inseln ist die Infrastruktur für Radfahrer in den vergangenen Jahren ausgebaut und verbessert worden.

Barrierefrei

Das **Angebot** an barrierefreien Unterkünften, Gaststätten und Aktivitäten ist schnell ausgebucht. Für Sylt, Amrum und Föhr hat der Nordsee-Tourismus-Service Informationen zum Urlaub mit Handicap zum kostenlosen Download bereitgestellt. Informationen hält auch die Lebenshilfe Sylt e. V. bereit.

Nordsee-Tourismus-Service: Bastianstraße 22a | 25980 Westerland | Tel. 04651 58 10 | www.lebenshilfe-sylt.de

Weitere Informationen: www.sylt.de | barrierefrei.foehr.de | barrierefrei.amrum.de

PRAKTISCHE INFOS

AUTOVERMIETUNG AUF SYLT

SYLTCAR
Kjeirstraße 17, Westerland
Tel. *0180 225 28 20
www.syltcar.com

ROSIER AUTOVERMIETUNG
Mittelweg 3, Tinnum
Tel. 04651 33 91 20
www.rosier-mietwagen.de

EUROPCAR
Trift 2, Westerland
Flughafenstraße 1, Tinnum
Tel. 04651 71 78
www.europcar.de

SIXT AUTOVERMIETUNG
Industrieweg 2/Ecke Trift
Westerland
Flughafenstraße 1
Tinnum
Tel. *0180 666 66 66

E-MOBILITY CENTER
Strandstr. 32
Westerland
Tel. 04651 99 82 60

TAXI-UNTERNEHMEN AUF SYLT

VEREINIGTE SYLTER FUNKTAXENZENTRALE
04651 55 55 oder 50 50
Kostenlose Servicenummer:
Tel. 0800 477 55 55
www.sylt-taxi5555.de

SYLTER TAXI
Tel. 04651 70 70

TAXI-SERVICE HENKE
Tel. 04651 66 99
www.taxi-sylt.de

TELECAR FOLLEY
List
Tel. 04651 415 00

INSEL-TAXI
Tel. 04651 889 98 00

TAXI BROMBACH
Tel. 04651 13 53

TAXIVEREINIGUNG SYLT
Tel. 04651 10 05

FAHRRADVERLEIH AUF SYLT

M&M FAHRRADVERLEIH
Listlandstr. 23, List
Tel. 04651 877 54 44
sylter-fahrradverleih.com
9 Filialen über die Insel verteilt

FAHRRAD-KONZEPT
Hauptstr. 28, Wenningstedt
Tel. 04651 466 43
fks-sylt.de

JOJO E-BIKE, WENNINGSTEDT
Berthin-Bleeg-Str. 15
Tel. 04651 200 22 73
www.jojo-ebike.de

LEKSUS
Hauptstr. 8 u. Westerstr. 20
Wenningstedt
Tel. 04651 83 50 00
leksus-fahrradverleih.de
Mehrere Standorte auf der Insel

DER FAHRRADLADEN
Gurtstig 44, Keitum
Tel. 04651 328 79
www.sylt-rad.de

BRUNO FAHRRADVERLEIH
Kjerstr. 14, Westerland
Tel. 0170 293 54 31
www.brunorad-sylt.de

EBIKE STURMFLOTTE
Stephanstr. 8, Westerland
Tel. 0172 235 69 38
www.ebikesturmflotte.com

LYDIA'S FAHRRADVERLEIH
Theodor-Storm-Str. 19
Westerland
Tel.: 04651 29 94 94
www.lydias-sylt.de

MIETRAD.DE SYLT
Kirchenweg 7a, Westerland
Tel. 04651 350 93 00
www.mietrad-sylt.de

FAHRRADVERLEIH RANTUM
Strandweg 7, Rantum
Tel. 0170 327 20 76
www.fahrradverleihrantum.de

ABBE'S FAHRRADVERLEIH UND –VERKAUF
Zur Eiche 16, Tinnum
Tel. 04651 352 58

DURCH DEN WIND
Kirchenweg 13, Westerland
Tel. 04561 467 82 31

FAHRRADVERLEIH MATTHIESEN
Rantumer Str. 25, Hörnum
Tel. 0171 312 11 95

NORDSEE-BIKE SYLT
Johann-Möller-Str. 2, Westerland
Tel. 04651 200 25 48
www.nordsee-bike.de/sylt

AUTOVERMIETUNG AUF FÖHR

DIREKT EXPRESS WYK
AUTOHAUS KORNKOOG
Boldixumerstr. 20, Wyk
Tel. 04681 587 10
www.kornkoog.de

AUTOVERMIETUNG FÖHR
Gartenstr. 19, Wyk
Tel. 04681 58 00 72
www.autovermietung-foehr.de

FÖHRCAR AUTOVERMIETUNG
Triibergem 43
Tel. 04683 963 85 56
www.foehrcar.de

TAXIS AUF FÖHR

KING
Wyk, Tel. 04681 82 27

TAXI KORF
Wyk, Tel. 04681 37 05
www.taxi-korf.com

FAHRRADVERLEIH AUF FÖHR

FAHRRADVERLEIH RÜCKENWIND
Ocke-Nerong-Straße 24, Wyk
Tel. 04681 50 10 67
www.fahrradverleih-foehr.de

FAHRRADVERLEIH DEICHGRAF
Hafenstraße 5, Wyk
Tel. 04681 24 87
www.fahrrad-deichgraf.de

FAHRRADVERLEIH WELLUUPER
Jens-Jacob-Eschel-Straße 5
Nieblum
Tel. 04681 747 17 44
www.welluuper.de

FAHRRADVERLEIH LINDEMANN
Jaardenhuug 10a, Utersum
Tel. 04683 15 16
www.nordseebike.de

FAHRRADVERLEIH NORDSEEWIND
Jens-Jacob-Eschel-Str. 26
Nieblum
Tel. 04681 74 89 24
www.nordseewind.de

TAXIS AUF AMRUM
Amrum hat keine Autovermietung.

TAXI HARKSEN
Tel. 04682 96 87 30

FAHRRADVERLEIH AUF AMRUM

MARCS FAHRRADVERLEIH
Am Fähranleger, Wittdün
Tel. 04682 94 90 77
www.marcsfahrradverleih.de

»RAEDEREI«
Am Fähranleger, Wittdün
Tel. 0160 97 52 45 66

AMRUMER RADHAUS
Achtern Strand 14, Wittdün
Tel. 04682 968 80 45
www.amrumer-radhaus.de

PETERS
Ual Hööw 3, Steenodde
Tel. 04682 665

FAHRRADVERLEIH NEBEL
Uasterstigh 11, Nebel
Tel. 0175 888 83 83
www.fahrradverleih-nebel.com

STEFAN'S FAHRRAD-VERLEIH
Strunwai 8, Nebel
Tel. 04682 962 62
www.stefansfahrradverleih.de

NORDDORFER FAHRRADVERLEIH
Lunstruat 9, Norddorf
Tel. 0151 20 14 06 05
norddorfer-fahrradverleih.de

AMRUMER-FAHRRADCENTER
Lunstruat 3, Norddorf
Tel. 04682 962 71
www.amrumer-fahrradcenter.de

«GERÄDERT»
Nei Stich 7, Norddorf
Tel. 04682 10 58
www.amrumschau.com/fahrrad-verleih

»WINDSTÄRKE 13«
Lunstruat 15, Norddorf
Tel. 0171 270 63 07
www.windstaerke13.com

REGISTER

I

J

K

L

M

N

O

P

R

S

T

U

V

W

Z

BILDNACHWEIS

awl images/Sabine Lubenow 58
Bildagentur Huber/Gräfenhain 2, 39
Dumont Bildarchiv/Ralf Freyer 14, 143 (oben), 187
Dumont Bildarchiv/Sabine Lubenow 3 (2x), 7, 12, 16, 19, 24, 27, 41, 45, 47, 48, 63, 70, 93, 102, 105, 107, 113, 119, 121, 138, 146, 156 (2x), 195, 197
Dumont Bildarchiv/Olaf Meinhardt 51
Föhr Tourismus GmbH/Jens Oschmann 211
fotolia/Christian Jung 205 (unten)
fotolia/karepa 8
fotolia/PhotoSG 205 (oben)
getty images/Zero Creatives 154
glowimages/Imagebroker/gourmet-vision 203 (oben), 204
glowimages/Michael Krabs 143 (unten)
HUBER IMAGES/Günter Gräfenhain 87
Karl Baedeker Verlag U 7
laif/Toma Babovic 87
laif/Christian O. Bruch 29
laif/Christian Kerber 203 (unten)
laif/ Kreuels 129
laif/Christoph Goedan 144
LOOK-foto/Sabine Lubenow 79
Sabine Lubenow 97
mauritius images/360b/Alamy 190
mauritius images/Udo Bernhart 20
mauritius images/Ingo Boelter 99
mauritius images/Peter Lehner 171
mauritius images/Travel Collection/ Schmitz, Walter 65
mauritius imageBROKER/Jochen Tack 199
Picture alliance/Daniel Bockwoldt/dpa 161
picture alliance/dpa 22, 137, 149
Picture alliance/dpa/dpaweb 52
picture alliance/PantherMedia 110
picture alliance/dpa/Wolfgang Runge 72
picture alliance/ZB/euroluftbild 116
Szerelmy 137

Titelbild: Getty Images/Beate Zoellner/ F1online

VERZEICHNIS DER KARTEN UND GRAFIKEN

IMPRESSUM

Ausstattung:
66 Abbildungen, 21 Karten und Grafiken, eine große Reisekarte

Text:
Sven Bremer, Dr. Eva Missler, Hilke Maunder

Bearbeitung:
Baedeker-Redaktion
(Lisa Spägele, Dr. Eva Missler)

Kartografie:
Christoph Gallus, Hohberg, Klaus-Peter Lawall, Unterensingen, MAIRDUMONT Ostfildern (Reisekarte)

3D-Illustrationen:
jangled nerves, Stuttgart

Infografiken:
Golden Section Graphics GmbH, Berlin

Gestalterisches Konzept:
RUPA GbR, München

12. Auflage 2022

Trotz aller Sorgfalt von Redaktion und Autoren zeigt die Erfahrung, dass Fehler und Änderungen nach Drucklegung nicht ausgeschlossen werden können. Infolge der Corona-Pandemie kann es darüber hinaus zu kurzfristigen Geschäftsschließungen und anderen Änderungen vor Ort gekommen sein. Dafür kann der Verlag leider keine Haftung übernehmen. Jede Karte wird stets nach neuesten Unterlagen und unter Berücksichtigung der aktuellen politischen De-facto-Administrationen (oder Zugehörigkeiten) überarbeitet. Dies kann dazu führen, dass die Angaben von der völkerrechtlichen Lage abweichen. Irrtümer können trotzdem nie ganz ausgeschlossen werden. Kritik, Berichtigungen und Verbesserungsvorschläge sind jederzeit willkommen. Schreiben Sie uns, mailen Sie oder rufen Sie an:

MairDumont: Baedeker Redaktion
Postfach 3162
D-73751 Ostfildern
Tel. 0711 4502-262
info@baedeker.com
www.baedeker.com

BAEDEKER VERLAGSPROGRAMM

Viele Baedeker-Titel sind als E-Book erhältlich.

A
Ägypten
Algarve
Allgäu
Amsterdam
Andalusien
Australien

B
Bali
Baltikum
Barcelona

Belgien
Berlin · Potsdam
Bodensee
Böhmen
Bretagne
Brüssel
Budapest
Burgund

C
China

D
Dänemark
Deutsche Nordseeküste
Deutschland
Dresden
Dubai · VAE

E
Elba
Elsass · Vogesen
England

F
Finnland
Florenz
Florida
Frankreich
Fuerteventura

G
Gardasee

Golf von Neapel
Gomera
Gran Canaria
Griechenland

H
Hamburg
Harz
Hongkong · Macao

I
Indien
Irland
Island
Israel · Palästina
Istanbul
Istrien · Kvarner Bucht
Italien

J
Japan

K
Kalifornien
Kanada · Osten
Kanada · Westen

Kanalinseln
Kapstadt · Garden Route
Kopenhagen
Korfu · Ionische Inseln
Korsika
Kreta
Kroatische Adriaküste · Dalmatien
Kuba

L
La Palma
Lanzarote
Lissabon
London

M
Madeira
Madrid
Mallorca
Malta · Gozo · Comino
Marrokko
Mecklenburg-Vorpommern
Menorca
Mexiko
München

N
Namibia
Neuseeland
New York
Niederlande

Norwegen

O
Oberbayern
Österreich

P
Paris
Polen
Polnische Ostseeküste · Danzing · Masuren
Portugal
Prag
Provence · Côte d'Azur

R
Rhodos
Rom
Rügen · Hiddensee
Rumänien

S
Sachsen
Salzburger Land
Sankt Petersburg
Sardinien
Schottland
Schwarzwald
Schweden
Schweiz
Sizilien
Skandinavien
Slowenien
Spanien
Sri Lanka
Südafrika
Südengland
Südschweden · Stockholm
Südtirol
Sylt

T
Teneriffa
Thailand
Thüringen
Toskana

U
USA · Nordosten
USA · Südwesten

Usedom

V
Venedig
Vietnam

W
Wien

Z
Zypern

Meine persönlichen Notizen

Meine persönlichen Notizen

Meine persönlichen Notizen

Meine persönlichen Notizen

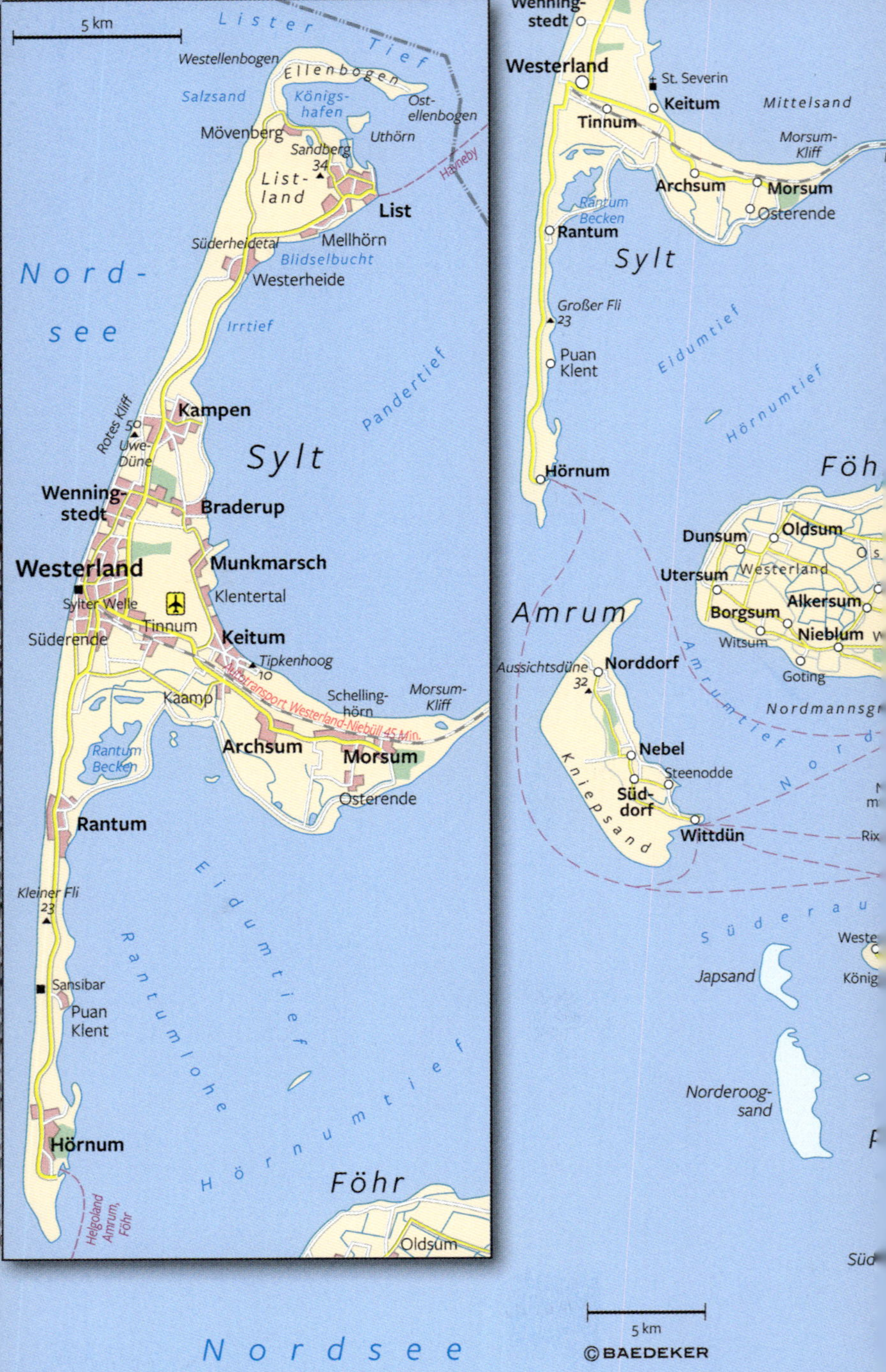

5 km
Lister Tief
Westellenbogen
Ellenbogen
Salzsand
Königshafen
Ost-ellenbogen
Mövenberg
Uthörn
Sandberg 34
List-land
List
Hayneby
Süderheidetal
Mellhörn
Blidselbucht
Nord-see
Westerheide
Irrtief
Pandertief
Rotes Kliff 50
Kampen
Uwe-Düne
Sylt
Wenning-stedt
Braderup
Westerland
Munkmarsch
Sylter Welle
Klentertal
Tinnum
Süderende
Keitum
Tipkenhoog 10
Autotransport Westerland-Niebüll 45 Min.
Kaamp
Schelling-hörn
Morsum-Kliff
Archsum
Morsum
Rantum Becken
Osterende
Rantum
Eidumtief
Kleiner Fli 23
Rantumlohe
Sansibar
Puan Klent
Hörnumtief
Hörnum
Föhr
Helgoland Amrum, Föhr
Oldsum
Nordsee
Wenning-stedt
Westerland
St. Severin
Keitum
Mittelsand
Tinnum
Morsum-Kliff
Archsum
Morsum
Rantum Becken
Osterende
Rantum
Sylt
Großer Fli 23
Eidumtief
Puan Klent
Hörnumtief
Hörnum
Föh
Dunsum
Oldsum
Utersum
Westerland
Amrum
Alkersum
Borgsum
Witsum
Nieblum
Aussichtsdüne 32
Norddorf
Goting
Amrumtief
Nordmannsg
Nebel
Kniepsand
Steenodde
Süd-dorf
Wittdün
Rix
Süderau
Japsand
Weste
Könic
Norderoog-sand
Süd
5 km
©BAEDEKER